民國文化與文學研究文叢

五　編

李　怡 主編

第11冊

民國時期文學的城市敘述

張鴻聲 著

國家圖書館出版品預行編目資料

民國時期文學的城市敘述／張鴻聲 著 -- 初版 -- 新北市：花木蘭文化出版社，2015〔民 104〕
目 2+164 面；19×26 公分
（民國文化與文學研究文叢 五編；第 11 冊）
ISBN 978-986-404-253-1（精裝）
1. 中國文學 2. 文學評論
541.26208　　104012147

民國文化與文學研究文叢
五　編　第十一冊　　ISBN：978-986-404-253-1

民國時期文學的城市敘述

作　　者　張鴻聲
主　　編　李　怡
企　　劃　四川大學現代中國文化與文學研究中心
　　　　　北京師範大學民國歷史文化與文學研究中心
總 編 輯　杜潔祥
副總編輯　楊嘉樂
編　　輯　許郁翎
出　　版　花木蘭文化出版社
社　　長　高小娟
聯絡地址　235 新北市中和區中安街七二號十三樓
　　　　　電話：02-2923-1455／傳眞：02-2923-1452
網　　址　http://www.huamulan.tw 信箱 hml 810518@gmail.com
印　　刷　普羅文化出版廣告事業
初　　版　2015 年 9 月
全書字數　153289 字
定　　價　五編 24 冊（精裝）新台幣 45,000 元　

民國時期文學的城市敘述

張鴻聲　著

作者簡介

張鴻聲，生於河南開封，文學博士，中國傳媒大學文學院教授，博士生導師，復旦大學博士後，「中國現當代文學史」國家級精品課主持人，中國作家協會會員，教育部中文教學指導委員會委員。主持國家社科基金《中國當代城市題材文學研究（1949 ～ 1976）》、北京市社科基金《中國現當代文學中的北京城市形象研究》、教育部重大項目《全媒體時代的文藝形態研究》與國家軟科學重大項目等課題，出版《文學中的上海想像》等個人專著 4 部，主編、合著《北京文學地圖》、《上海文學地圖》、《河南文學史（當代卷）》等 5 部，合著著作 6 部，主編、合著《中國現當代文學史教程》等教材 4 部（3 部在臺灣出版），主編叢書 4 種。在國內外刊物發表論文 130 餘篇。

提　　要

本書共分爲四章。第一章分爲「民族國家想像中的上海城市身份敘述」、「城市：公共領域、紳商社會與國家性表達」、「新文學的選擇：從啓蒙現代性到城市現代性」、「城市觀：理性與情感表達的兩難」四節。主要論述了中國現代城市文學的現代性表達問題。首先討論了上海城市的文化身份是如何在近現代以來中國人的民族國家想像中形成的，以及由此怎樣形成了上海城市身份所負載的近現代中國的國家現代性訴求，並將這種現代性在城市文學中予以體現。同時討論了城市文學在現代性表達中啓蒙理性、日常消費等多重性質，以及理性與情感扭結的複雜狀態。第二章主要討論了海派文學的文化意義，包括「早期海派小說與現代主義」、「海派文學的法國文化淵源」、「海派小說與大眾文化」三節，討論了海派的形成與創作形態同法國文化、現代主義文化、大眾文化的關係，以及海派文學的文化指向。第三章具體討論了海派的創作，包括了對海派文學的兩個傳統形成的討論以及對施蟄存、杜衡、穆時英與張愛玲的作品分析。第四章整理並詳述了近現代以來中國書刊、媒體中各種文體對於城市的記述，包括清末、民國報刊對於上海和北京的記述，也包括西方人、日本人對於北京的記述，以及這些記述所表達的意義。

民國文學：闡釋優先，史著緩行
——第五輯引言

李　怡

中國學界提出「民國文學」的概念已經超過十五年了，〔註1〕在新一波的文學史寫作的潮流之中，人們對民國文學的研究也出現了一種期待，就是希望盡快見到一部《民國文學史》，似乎只有完整的文學通史才足以證明「民國文學」研究的合理性，或者說在當前林林總總的文學史寫作意見裏，證明自己作爲新的學術範式的存在。在我看來，受各種主客觀條件的限制，目前最需要開展的工作還不是撰寫一部體大慮深的文學史著，而是努力從不同的角度深入勘探、考察，對這一段歷史提出新的解釋。

一

眾所周知，中國文化具有悠久漫長的「治史」傳統。在一個宗教裁決權並沒有獲得普遍認可的國度，人們傾向於相信，通過歷史框架的確立可以達到某種裁決與審判的高度，所謂「名刊史冊，自古攸難，事列春秋，哲人所重。」〔註2〕中國最早的史官除了司職記事，還負責主持祭祀，占卜吉凶，溝通神靈。史不僅可以成爲「資治通鑒」，甚至還具有某種道德的高度，所謂「孔子成《春秋》，亂臣賊子懼」，〔註3〕史家如司馬遷等也是以「究天人之際，通古今之變」自我期許。

〔註1〕中國大陸最早的「民國文學」設想出現在1997年（陳福康），最早的理論倡導出現在2000年代早期（張福貴）。

〔註2〕劉知幾撰，浦起龍釋：《史通通釋・人物》第240頁，上海：上海古籍出版社1978年版。

〔註3〕《孟子・滕文公章句下》，見楊伯峻《孟子譯注》上冊155頁，中華書局1960年版。

文學史的出現原本是現代的事物，它顯然不同於古代的史官治史，這種來自西方的學術方式更屬於學院派知識份子的個體行爲。但是，歷史的因襲依然存在，尤其是在一些世代交替的時節，無論是政治家還是知識份子本身，都自覺不自覺地認定「著史」可以樹立某種新的「標準」，完成對過往事物的「清算」。於是，如下一些史著的意義是可以被我們津津樂道的：

奠定中國現代文學學科的基礎是王瑤先生的《中國新文學史稿》。集中代表了撥亂反正過渡時期的文學史觀的是唐弢、嚴家炎先生主編的《中國現代文學史》。

體現了新時期的現代文學視野、集中展示研究新成果的是錢理群、陳平原、溫儒敏等人的《中國現代文學三十年》。

生動體現著「重寫文學史」意義的是陳思和的《中國當代文學史》。

展示 1990 年代以降學術研究的「歷史化」傾向的是洪子誠的《中國當代文學史》。

揭示「文學周邊」豐富景觀的是吳福輝獨撰的插圖本《中國現代文學史》。

錢理群主編的最新三卷本《中國現代文學編年史》展示了以「廣告爲中心」的文學生產、流通、接受及其他社會文化環節，讓文學敘述的圖景再一次豐富而生動。

今天，隨著「民國文學」研究的呼聲漸起，在一系列命名和概念的討論之後，應該展示更多的文學史研究實績，只有充分的實績才能說明「民國社會歷史框架」的確具有特殊的文學視野價值，如何集中展示這些實績呢？目前容易想到的似乎就是編寫一部紮實厚重的《民國文學史》。

但是，在我看來，文學史編寫的工作固然重要卻又不可操之過急。因爲，今天所倡導的「民國文學」，並不僅僅是一個名稱的改變（以「民國」替代「現代」），更重要的是一些研究視角和方法的調整。這些重要的改變至少包括：

正視民國歷史的特殊性，而不是簡單流於「半封建半殖民地」等等的簡略判斷。據史學界的知識考古，「半封建」一詞曾經出現在馬克思、恩格斯筆下，列寧第一次分別以「半封建」「半殖民地」指稱中國，以後共產國際以此描述中國現實，「半殖民地」一說並先後爲中國國民黨人與中國共產黨人所接受，又經過蘇聯內部的理論爭鳴及共產國際的理論演繹，「半封建半殖民地」的並稱出現在 1926 年以後，〔註 4〕又經過 1930 年代初的「中國社會性質問題論戰」，逐步成爲中共領導的馬克思主義史學的基本概括。到延安時期，毛澤東最爲完整清晰地論述了這一學說，從此形成了對中國知識份子歷史認知的主導性影響，直到今天應該說都有其獨到的深刻的一面。但是作爲一種總體的社會性質的認定，是不是就完全揭示了民國歷史的特點呢？就不需要我們具體的歷史問題的研究了呢？當然不是。例如對「封建」一詞的定義在史學界一直爭議不已，民國時代的經濟已經明顯走上了資本主義的發展道路，忽略這一現實就無法解釋中國近現代工商業文化對於文學市場的重要作用，辛亥革命之後的中國儘管軍閥混戰，也難掩其專制獨裁的性質，但是卻也不是「帝國主義買辦與走狗」這樣的情感宣泄就能「一言以蔽之」的。對於民國史，國外史學界同樣多有研究，有自己的性質認定，這也需要我們加以研讀和借鑒。之所以強調這一點，乃是因爲在此之前的《中國現代文學史》，幾乎都是以主流史學界的社會性質概括作爲文學發展的前提，從舊民主主義革命到新民主主義革命就是中國現代文學發生發展的基礎，文學的偉大和深刻就在於如何更加深刻地反映了這一歷史過程，1980 年代以後，爲了急於從這些政治判斷中脫身，我們的文學史又試圖在「回到文學自身」的訴求中另闢蹊徑，所謂「審美的文學史」成爲了口號，但是關於中國現代文學在民國時代的諸多歷史基礎的辨析卻被擱置了起來，今天，如果不能正視民國歷史的特殊性，也就不能在文學的歷史前提方面有眞正的突破。

發掘民國社會的若干細節，揭示中國現代文學生存發展的具體語境。無論是政治、經濟、社會文化等方面，民國社會的種種特徵都直接影響了現代中國文學的生產、傳播和接受，決定著文學的根本生存環境。關於這方面的研究，最近幾年已經在「文化研究」的推動下頗有收穫，不過，鑒於文化研究在來源上的異質性，實際上我們的考察也還較多地襲用外來的文化

〔註 4〕一般認爲，1926 年上半年，蔡和森在莫斯科中共旅俄支部會上作《中國共產黨的發展（提綱）》，已經提到「半殖民地和半封建的中國」和「半封建半殖民地的國家」（《聯共（布）、共產國際與中國國民革命運動（1926～1927）》，下冊第 408 頁，北京圖書館出版社，1998 年），另據李洪岩考證，最早的「半殖民地半封建」字樣，則是 1926 年 9 月 23 日莫斯科中山大學國際評論社編譯出版的中文周刊《國際評論》創刊號上的發刊詞，見《半殖民地半封建理論的來龍去脈》（《中國社會科學院近代史研究所青年學術論壇 2003 年卷》，社會科學文獻出版社，2005 年）。

理論，沒有更充分地回到民國自己的歷史環境。例如性別研究、後殖民批判、大眾文化理論等等的運用，迄今仍有生吞活剝之嫌。要眞正揭示這些歷史細節，就還需要完成大量紮實的工作，例如民國經濟在各階段的發展與營運情況，各階層的經濟收入及其演變，社會分化與社會矛盾的基本情形，經濟與政治權利的區域差異問題，法制的發展及對私人權利（包括著作、言論權利）的保護與限制，軍閥政治對輿論及思想的控制方式，國民黨政權對輿論及思想的控制方式，國民政府時期的「黨政關係」及其內在的間隙，國民黨內部各派系的矛盾及其對思想控制的影響，民國各時期書報檢查制度的制定與實施情況，民國時期出版人、新聞人、著作人各自對抗言論控制的方式及效果，主流倫理的演變及民間道德文化的基本特點，文學出版機構的經營情況與文學傳播情況，民國時期作家結社及其他社會交往的細節等等，所有這些龐雜的內容倉促之間，也很難爲「文學史」所容納，在一個相當長的時間裏都將成爲文學研究的具體話題。

解剖民國精神的獨特性、民國文本的獨特性，凸顯而不是模糊這一段文學歷史的的形態。文學史究竟是什麼史？這個問題討論過很多年，至今也可能存在不同的意見，在我看來，儘管我們今天一再強調歷史研究與文化研究的重要性，但是所有這些討論最終還都應該落實到對於文學作品的解釋中來，否則文學學科的獨立性就不復存在了。最近幾年，民國文學研究的倡導與質疑並存，但更多的時候還都停留在口號的辨析和概念的爭論當中，就文學研究本身而論，這樣並不是對學術發展的眞正推進。如果民國文學研究的提倡不能以大量的具體文學作品的闡釋爲基礎，或者說民國文學的理念不能落實爲一系列新的文學闡釋的出現，那麼這一文學史框架的價值就是相當可疑的；如果我們尙不能對若干文學作品的獨特性提出新的認識，那麼又何以能夠撰寫一部全新的《民國文學史》呢？

以上幾個方面的工作都是一部新的文學史寫作的必須的前提。我們的文學史的新著，從大的歷史框架的設立與理解到局部事件的認定和把握，乃至作爲歷史事件呈現的文本的闡釋都與應該此前我們熟悉的一套方式——革命史話語、現代性話語——有所不同，如果只是抓住名稱大做文章，幾乎可以肯定的是，其結果必然很快陷入到業已成熟的那一套知識和語言中去，所謂「民國文學史」也就名不副實了。早在 1994 年，人民出版社就出版過《中國民國文學史》，這個奇特的書名——不是「中華民國文學史」而是「中國民國文學史」——顯然反映出了當時的某種政治禁忌，平心而論，在10年前，能夠涉及「民國」二字，已屬不易，對於其中所承受的禁忌，我們深表理解；但是也的確因爲這一禁忌的存在，所謂「民國」的諸多歷史細節都未能成爲文學史觀察和分析的對象，所以最終的成果還是普遍性的「現代化」歷史框架，「中國民國文學史」的主體還是不折不扣的「現代文學三十年」，對歷史性質、文學意義的描述都依然如故，對作家的認定、作品的解釋一如既往，只不過增加了一點補充：民國建立到五四新文化運動發生的幾年。這樣的文學史著，自然還不是我們理想中的「民國文學史」。

二

當然，能夠標舉「民國」概念的文學史論已經出現了，這就是臺灣學者尹雪曼主編的《中華民國文藝史》及周錦主編的《中國現代文學研究叢刊》系列叢書，也包括最近兩岸學者的最新努力。

尹雪曼（1918～2008），本名尹光榮，河南汲縣（今衛輝市）人。抗戰時期西北聯合大學畢業，美國密西里大學新聞學院文學碩士。曾主編重慶《新蜀夜報》副刊，在上海、天津、西安等地擔任報社記者，1949年去臺灣。曾任臺灣中國作家藝術家聯盟會長，《中華文藝》月刊社社長，在成功大學、中國文化大學等校任教。自 1934 年起，創作發表了小說、散文及文學評論多種。是很有代表性的遷臺作家。周錦（1928～1992），江蘇東臺人，1949年赴臺，曾經就讀於臺灣師範大學、淡江大學等，後創辦燕智出版社，擔任臺北中國現代文學研究中心主任。兩人的最大貢獻便是撰寫、主編或者參與編撰了一系列的中國現代文學研究論著，在新文學記憶幾近中斷的臺灣，第一次系統地總結了五四以來的中國文學發展歷史，尹雪曼撰寫有《現代文學與新存在主義》、《五四時代的小說作家和作品》、《鼎盛時期的新小說》、《抗戰時期的現代小說》、《中國新文學史論》、《現代文學的桃花源》，總纂了《中華民國文藝史》。〔註 5〕其中，《中華民國文藝史》大約是第一部以「民國」命名的大規模的系統化的文學史著作，民國歷史第一次成爲文學史「正視」的對象；周錦著有《中國新文學史》、《朱自清作品評述》、《朱自清研究》、《〈圍城〉研究》、《論呼蘭河傳》、《中國新文學大事記》、《中國現代小說編目》、《中國現代文學作家本名筆名索引》、《中國現代文學作品書名大辭典》、《中國現

〔註 5〕《中華民國文藝史》由臺北正中書局 1975 年初版。

代文學鄉土語彙大辭典》等，此外還主編了《中國現代文學研究叢刊》三輯共 30 本，於 1980 年由成文出版社有限公司印行出版。《中國現代文學研究叢刊》的史論也具有比較鮮明的「民國意識」。《中國現代文學研究叢刊編印緣起》這樣表達了他的「民國意識」：

> 中國新文學運動，是隨著中華民國的誕生而來。儘管後來有各種文藝思潮的激蕩以及少數作家思想的變遷，但中國現代文學卻都是在國民政府的呵護下成長茁壯的……〔註 6〕

這樣的表述，固然洋溢著大陸文學史少有的「民國意識」，不過，認眞品讀，卻又明顯充滿了對國民黨政權形態的皈依和維護，這種主動向黨派意識傾斜，視「民國」爲「黨國」的立場並不是我們所追求的學術客觀，也不利於眞正的「民國」的發現，因爲，眾所周知的事實是，疲於內政外交的「國民政府」似乎在「呵護」民國文學方面並無傑出的築造之功，嚴苛的書報檢查制度與思想輿論控制也絕不是現代文學「成長茁壯」的理由。民國文學的眞實境遇難以在這樣的意識形態偏好中得以呈現。

同樣基於這樣的偏好，民國文學的優劣也難以在文學史的書寫中獲得准確的評判，例如尹雪曼《中華民國文藝史・導論》作出了這樣概括：「中華民國的文藝發展，雖然波瀾壯闊，變幻無常；但始終有民族主義和人文主義作主流；因而，才有今日輝煌的成就。」「至於所謂『三十年代』文藝，則不過是中華民國文藝發展史中的一個小小的浪花。當時間的巨輪向前邁進，千百年後，再看這股小小的浪花，只覺得它是一滴泡沫而已。其不値得重視，是很顯然的。」〔註 7〕

民國時期的現代文學是不是以「民族主義」爲主流，這個問題本身就値得討論，至少肯定不會以國民政府支持下的「民族主義文藝運動」爲主導，這是顯而易見的；至於所謂的「三十年代文藝」當指 1930 年代的左翼文學，事實上，無論就左翼文學所彰顯的反叛精神還是就當時的社會影響而言，這一類文學選擇都不可能是「一個小小的浪花」、「是一滴泡沫而已」，漠視和掩蓋左翼文學的存在，也就很難講述完整的民國文學了。

由此看來，20 世紀下半葉的冷戰不僅影響了大陸中國的學術視野，同樣扭曲了海峽對岸的學術認知。受制於此的文學史家，雖然不忘「民國」，但他

〔註 6〕周錦：《中國新文學簡史》1 頁，臺北成文出版社 1980 年。
〔註 7〕尹雪曼總纂：《中華民國文藝史》1 頁，臺北正中書局 1975 年。

們自覺不自覺地要維護的中華民國依然是以國民黨統治爲唯一合法性的「黨國」，民國社會歷史的眞正的豐富與複雜並不是「黨國」意識關心的對象。以民國歷史的豐富性爲基礎構建現代中國的文學敘述，始終是一個難題，對大陸如此，對臺灣也是如此。

當然，考慮到臺灣歷史與文學的種種情形，《民國文學史》的寫作可能還會再添一個難度：如何描述海峽對岸當今的文學狀況，是排除於我們的「民國文學史」還是繼續延伸囊括，〔註8〕排除於現實不符，從「民國」敘述轉向「臺灣」敘述，恐怕也正是「獨派」的願望，相反，努力將「臺灣」敘述納入「民國」敘述才能體現中華統一的「政治正確」；不過，納入卻也同樣問題重重，「民國」與「人民共和國」並行，不僅有悖於「一個中國」的基本政治理念，就是在當下的臺灣也糾纏不清。我們知道，在今日，繼續奉「民國」之名的臺灣目前正大張旗鼓地推進「臺灣文學」甚至「臺語文學」，所謂「民國文學」至少也不再是他們天然認同的一個概念，學術考察如何才能反映出研究對象本身的思想追求，這個問題也必須面對。也就是說，在今日臺灣，「民國」之說反倒曖昧而混沌。

2011 年，臺灣學者陳芳明、林惺嶽等著的《中華民國發展史．文學與藝術》出版，較之於此前冷戰時期的文學史，這一著作終於跳出了「黨國」意識的束縛，體現出了開闊的學術視野，〔註9〕但是由於歷史的阻隔，關於民國文學的豐富細節都未能在這一史著中獲得挖掘，我們看到的章節就是：百年來文學批評的開展與轉折，百年女性文學，百年現代詩發展與自我身份的探求，故事萬花筒——百年小說圖志，美學與時代的交鋒——中華民國散文史的視野，百年翻譯文學史，從啓蒙救亡開始：中華民國現代戲劇百年發展史等等。從根本上說，《中華民國發展史．文學與藝術》由多位學者合作，各自綜述一個獨立的文學藝術領域，在整體上更像是一部各種文學藝術現象的概觀彙集，而不是完整的連續的歷史敘述。

也是在 2011 年，大陸學者湯溢澤、廖廣莉出版了《民國文學史研究》

〔註8〕丁帆先生試圖繼續延伸民國文學的概念，他區分了政治意義的「民國」和作爲文化遺產的「民國」，試圖以此作爲破解難題的基礎，不過這一延伸也不得不面對與臺灣作家及臺灣學者對話、溝通的問題（見《關於建構民國文學史過程中難以迴避的幾個問題》，《當代作家評論》2012 年 5 期）。

〔註9〕陳芳明、林惺嶽等著：《中華民國發展史．文學與藝術》，臺灣政治大學、聯經出版公司 2011 年。

（1912-1949）。〔註 10〕湯先生是中國大陸較早呼籲「民國文學史」研究的學者，在這一部近 40 萬字的著作中，他較好地體現了先前的文學史設想：回歸政治形態命名的歷史記事，上溯民國建立的文學發端意義，恢復民國時期文學發展的多元生態。可以說這都觸及到了「民國文學史」的若干關鍵性環節，《民國文學史研究》由「史觀建設」與「編史嘗試」兩大部分組成，前者討論了民國文學史寫作的必要性，後者草擬了「民國文學史綱」，嚴格說來，「史綱」更像是民國時期文學的「大事記」，似乎是湯先生進一步研究的材料準備，尚不能全面體現他的「民國文學史」面貌。

海峽兩岸的學者都開始彙集到「民國文學」的概念下追述歷史，這令人鼓舞，但目前的成果也再次說明，書寫一部完整的《民國文學史》，無論是史觀還是史料，都還有相當的欠缺，時機尚未成熟，同志仍需努力。

三

民國文學史，在沒有解決自己的史觀與史料的時候，實在不必匆忙上陣。在我看來，民國文學研究在今天的主要任務還是對民國社會歷史中影響文學的因素展開詳盡的梳理和分析，對現代文學歷史演變中的一些關鍵環節與民國社會各方面的關係加以解剖，如民國建立與新文學出現的關係、民國社群的出現與現代文學流派的形成、民國政黨文化影響下的思想控制與文學控制、民國戰爭狀態下的區域分割與文學資源再分配等等，至於文學自身力量也不能解決的文學史寫作難題當然更可以暫時擱置（如當代臺灣文學進入民國文學史的問題）。只要我們並不急於完成一部完整系統的民國文學史，就完全可以將更多的精力放在民國文學一個一個的具體問題之上，可供我們研究範圍也完全可以集中於民國建立至人民共和國建立這一段，我想，海峽兩岸的學者都可以認定這就是「民國歷史」的「典型」時期，這同樣可以爲我們的雙邊交流營造共同的基礎。在民國文學史誕生之前，我們應該著力於歷史更多更豐富的細節，對細節的了悟有助於我們歷史智慧的增長，而歷史智慧則可以幫助我們最終解決這樣或那樣的歷史書寫的難題。

那麼，在一部成熟的《民國文學史》誕生之前，還有哪些課題需要我們清理和辨析呢？

〔註 10〕湯溢澤、廖廣莉：《民國文學史研究》（1912～1949），吉林大學出版社 2011 年。

我覺得在下列幾個方面，還有必要進一步研討。

一是「民國文學」研究究竟能夠做什麼。隨著近幾年來學界的倡導，對於「民國文學」研究的優勢大約已經獲得了基本的認識，但是也有學者提出了自己的疑慮：研討民國文學，對於那些反抗民國政府的文學該如何敘述？例如左翼文學、延安文學。或者說，民國文學是不是就是國統區追求民主、自由這類「普世價值」的文學，「民國機制」是不是與「延安道路」分道揚鑣？在我看來，「民國文學」就是一種近現代中國進入「民國時期」以後所有文學現象的總稱，既包括國統區的文學，也包括解放區的文學，因爲「民國」不等於「黨國」，也代表了某種「革命者」共同的「新中國」的夢想，左翼文化、解放區反抗的是一黨專制的「黨國」，而不是民主自由均富的「新中國」，尤其在抗戰時期，當解放區轉型爲民國的特區之後，更是恰到好處地利用了民國的憲政理想爲自己開闢生存空間，爲自己贏得道義與精神上的優勢，只有在作爲「新中國」的「民國」場域中，左翼文學與延安文學才體現出了自己空前的力量，「延安道路」才得以實現。「民國文學」也不是歌頌民國的文學，相反，反思、批判才是民國時期知識份子的主流價值取向，所以，我們可以發現，「民國批判」往往是民國文學中引人矚目的主題，左翼文學精神恰恰是民國時代一道奪目的風景，儘管它的文學成就需要實事求是地估價。在這個意義上，民國文學史的研究肯定是中國近現代史學的組成部分，而不是大眾時尚潮流（如所謂「民國熱」）的結果。

民國文學研究更深入的理論問題還在於，這樣一種新的文學史研究範式的出現究竟有什麼深刻的學術意義？對整個文學史研究的進行有何啓發？我認爲，相對於過去強調「現代性」時間意義的「中國現代文學史」而言，「民國文學史」更側重提醒我們一種「空間」的獨特性，也就是說，從過去的關注世界性共同歷史進程的「時間的文學史」轉向挖掘不同地域與空間獨特涵義的「空間的文學史」，以空間中人的獨特體驗補充時間流變中的人類共同追求，這就賦予了所謂「民族性」問題、「本土性」問題與「中國性」問題更切實的內涵，從此出發，中國文學研究的新範式也許可以誕生？

二是「民國文學」研究當以大量的具體文學現象的剖析爲基礎。這一方面是繼續考察各類民國文化現象對於文學發展的重要影響，包括經濟、政治、法律、教育、宗教之於文學發展的動力與阻力，也包括各區域文化現象對於文學生長的有形無形的影響，包括民國時期一些重要的歷史事件對於文學的特殊作用，例如國民革命。過去我們梳理中國現代的「革命文學」，一般都從1927 年大革命失敗之後的無產階級文學倡導開始，其實「革命」是晚清以來就一直影響思想與現實的重要理念，中國現代文學的「革命意識」受到了多重社會事件的推動，從晚清種族革命到國民革命再到無產階級革命等等都在各自增添新的內容，仔細追溯起來，「革命文學」一說早在國民革命之中就產生了，國民革命也裹挾了一大批的中國現代作家，爲他們打上了深刻的「革命」意識，不清理這一民國的重要現象，就無法辨析文學發展的內在脈絡。大量現代文學現象（特別是文學作品）的再發現、再闡釋是民國新視野得以確立的根據。如果我們無法借助新的視野發現文學文本的新價值，或者新的文學細節，就無法證明「民國視野」的確是過去的「現代文學視野」能夠代替的。所幸的是，最近幾年，一些年輕的學者已經在「民國機制」的視野下，發掘了中國現代文學的新的內涵。這裡僅以《文學評論》雜誌爲例：顏同林從「法外權勢的失落與村落秩序的重建」這一角度提出對趙樹理小說的嶄新認識〔註 11〕，周維東結合延安文化，剖析了解放區文學「窮人樂」主題的意味〔註 12〕，李哲發現了茅盾小說中沉澱的民國經濟體驗〔註 13〕，鄔冬梅結合1930 年代的民國經濟危機重新解讀了左翼文學〔註 14〕，羅維斯發現了民國士紳文化對茅盾小說的影響〔註 15〕，張武軍透過「民國結社機制」挖掘了從南社到新青年同仁的作家群體聚散規律，賦予社團流派研究全新的方向〔註 16〕。在重新研討新文學發生過程的時候，李哲發現了北京大學教育「分科」的特殊意義〔註 17〕，王永祥則解剖了民國初年的國家文化所形成的語境與氛圍〔註 18〕。這樣的研究都在很大程度上突破了過去的「現代文學」研究視域，通過自覺引入民國歷史視角而推動了文學史研究的發展。

〔註 11〕顏同林：《法外權勢的失落與村落秩序的重建——以趙樹理四十年代小說爲例》，《文學評論》2012 年 6 期。

〔註 12〕周維東：《解放區的天是明朗的天——延安時期的移民運動與「窮人樂」敘事》，《文學評論》2013 年 4 期。

〔註 13〕李哲：《經濟・文學・歷史——〈春蠶〉文本的三個維度》，《文學評論》2012 年 3 期。

〔註 14〕鄔冬梅：《民國經濟危機與 30 年代經濟題材小說》，《文學評論》2012 年 3 期。

〔註 15〕羅維斯：《「紳」的嬗變——《動搖》的一種解讀》，《文學評論》2014 年 2 期。

〔註 16〕張武軍：《民國結社機制與文學的演進》，《文學評論》2014 年 1 期。

〔註 17〕李哲：《分科視域中的北京大學與「新文化運動」》，《文學評論》2013 年 3 期。

〔註 18〕王永祥：《〈新青年〉前期國家文化的建構與新文學的發生》，《文學評論》2013 年 5 期。

當然，類似的文本再解釋、歷史再發現工作還遠遠不夠，我們期待更多的研究者加入。

三是對於從歷史文化的角度闡釋現代文學的這一思路本身也要不斷反思和調整。在相當多的情況下，民國文學研究與現代文學研究都擁有相似的研究對象，相近的研究方法，不過，相對而言，「民國」一詞突出的國家歷史的具體情態，「現代」一詞連接的則是世界歷史的共同進程。所以，所謂的民國文學研究理所當然就更加突出民國歷史文化的視角，更自覺地從歷史文化的角度來分析解剖文學的現象，倡導文學與歷史的對話。鑒於民國歷史至今仍然存在諸多的晦暗不明之處，對於歷史的澄清和發現往往就意味著主體精神的某種解放，所以澄清外在歷史眞相總是能夠讓我們比較方便地進入到人的內在精神世界之中，因而作爲精神現象組成部分的文學也就得到了全新的認識。最近幾年，中國現代文學研究中較有收穫的一部分就是善於從民國史研究中汲取養分，詩史互證，爲學術另闢蹊徑，文學研究主動與歷史研究對話，歷史研究的啓發能夠激活文學研究的靈感，「民國文學」的概念賦予「現代文學」研究以新機。雖然如此，我們也應該不斷反思和調整，因爲，隨著歷史研究、文化研究在文學考察中的廣泛運用，新的問題也已經出現，那就是，我們的文學闡述因此而不時滑入到了純粹的歷史學、社會學之中，「忘情」的歷史考察有時竟令我們在遠離文學的他鄉流連忘返，遺忘了文學學科的根本其實還是文學作品的解釋。捨棄了這一根本，模糊了學科的界限，我們其實就面臨著巨大的自我挑戰：面向文學的聽眾談歷史是容易的，就像面對歷史的聽眾談文學一樣；但是，如果眞的成了面對歷史的聽眾談歷史，那麼無疑就是學科的冒險！對此，每一位文學學科出身的學人都應該反覆提醒自己：我準備好了嗎？

在這個意義上，我們應該始終牢記，從歷史文化的角度研究文學，最終也需要回到「大文學本身」，民國文學研究對民國時期文學現象的研究，而不是以文學爲材料的民國研究。將來我們可能要完成的也不是信馬由繮的《民國史》而是不折不扣的《民國文學史》。

沒有對這些研究前提、研究方法的反思，就不會有紮實的研究，當然最終的文學史是什麼樣子，也就難以預期了。闡釋優先，史著緩行，民國文學史的寫作，當穩步推進。

目次

第一章　城市文學的現代性表達

第一節　民族國家想像中的上海城市身份敘述

本尼迪克特・安德森的《想像的共同體——民族主義的起源與散佈》是討論民族主義問題最重要的理論著作之一，特別是其「想像的共同體」概念的提出，在闡釋民族與民族主義方面具有極大的空間。他認爲，民族，「它是一種想像的政治共同體，並且它是被想像爲本質上是有限的，同時也享有主權的共同體」，各民族「區別不同的共同體的基礎，並非是他們的虛假／眞實，而是他們被想像的方式。〔註1〕安德森指出，「民族」本質上是一種現代的（modern）想象形式，它源於人類意識在步入現代性（modernity）過程當中的深刻的變化。〔註2〕

在近代，民族國家運動使「想像的共同體」得以完成。有人認爲，由於民族國家這種政治力量的出現，民族主義作爲歷史潮流應運而生，民族國家與民族主義是現代化國家的衍生物。因爲工業社會存在的基礎之一，是人們以抽象方式交往和溝通的能力，所以一個工業社會必須有普遍接受的文化以滿足這一條件。這種文化不僅取決於人們共同擁有的語言，也取決於一套文化規則。同時，工業化、現代化是一項大規模的社會工程，都是在民族國家的框架下進行的。一個社會的工業化與現代化，要求民族國家在意識形

〔註1〕本尼迪克特・安德森：《想像的共同體——民族主義的起源與散佈》，吳叡人譯，上海世紀集團，2005年版，第6頁。

〔註2〕本尼迪克特・安德森：《想像的共同體——民族主義的起源與散佈》，吳叡人譯，上海世紀集團，2005年版，第8頁。

態、文化的一致性上以及全民的政治文化認同上承擔這種社會動員。因此，民族國家的現代化與工業化過程同樣伴隨著文化上的「想像的共同體」的形成。〔註 3〕

本尼迪克特・安德森還認爲，伴隨著民族國家的興起，想像的過程也是一個公開化、社群化的過程，並主要依靠兩種媒體——小說與報刊，「爲『重現』（representing）民族這種想像的共同體提供了技術手段」，〔註 4〕而且「民族」這個「想像的共同體」，最初併且最主要的是通過文字閱讀來進行的。

一個現代化國家究竟是否憑藉印刷媒體想像而構成，或者說，現代民族國家的中國究竟是否出自印刷媒體想像而來的文化認同，這屬於另外的問題。〔註 5〕我所感興趣的是，現代國家想像如何賦予一個城市以意義？又是什麼意義？這種想像又如何立足於城市，以及這種想像是怎樣在城市知識中完成的？筆者認爲，上海，不僅是經驗中的，也是文本中的，即文本中的上海。很大程度上，它是一個被賦予意義的城市。在近代以來，主要表現爲現代性意義的賦予，尤其是國家的現代化意義，進而導致人們對上海現代性誇大想像的理解。這一動機源於世界主義背景下國人對「中國現代化」這一「想像的共同體」，而上海則充當了這一想像的最大載體，而不能體現出這一想像的城市特性則被弱化了。於是，上海城市複雜多元的身份與特性在這一層面上被統一化、普遍化了起來。

一、關於上海的兩大形象譜系

民族國家的想像究意賦予上海什麼意義呢？這是一個極其複雜的問題，爲簡便起見，不妨從近代以來關於上海的形象譜系入手。

我們看一看通行的城市知識如何敘述上海。

1979 年版《辭海》專設「上海市」詞條，除了地理特徵與物產的說明之外，大略如下：

〔註 3〕徐迅：《民族主義》，中國社會科學出版社，1998 年版，第 42 頁。

〔註 4〕本尼迪克特・安德森：《想像的共同體——民族主義的起源與散佈》，吳叡人譯，上海出版集團，2005 年版，第 8～9 頁。

〔註 5〕杜贊奇認爲中國人的民族與民族認同在前現代就已存在，是印刷媒體與口頭語言構成的混合體，而不是印刷資本主義構成了中國民族想像的載體。「促使漢族中國人在與其他群體相遇時意識到『他者』並相應地認識到自己的群體的，並不僅僅是，或主要不是印刷媒體。」見杜贊奇《從民族中拯救歷史》，王憲明譯，社會科學文獻出版社，2003 年版，第 41 頁。

唐屬華亭縣，宋始設上海鎮，元至元二十九年（1292 年）設上海縣。鴉片戰爭後帝國主義強迫清政府辟爲商埠。1928 年設上海特別市，1930 年改上海市。有光榮的革命歷史：1927 年 7 月 1 日中國共產黨在此誕生，1925 爆發「五卅運動」，1926～1927 年先後三次舉行工人武裝起義，以及解放前夕進行反飢餓反迫害、反內戰的革命鬥爭等。解放前，工業產品以消費原料爲主，原料大部分依賴進口。解放後已改建成重、輕工業各個門類比較齊全的綜合性工基地，鋼鐵、機械、造船、儀表、電子、化學、石油化工、紡織、醫藥、印刷等工業都占全國重要地位。它是我國沿海南北航線的中樞和對外貿易港，是長江流域出海的門户，萬噸輪可常年通航，並有國際航線和航空線通往國外。鐵路經滬寧、滬杭等線，聯繫全國各地。全國科學技術和文化中心之一……有中國共產黨第一次全國代表大會會址，中共中央駐上海辦事處舊址（「周公館」）等，虹口公園內建有魯迅紀念館、魯迅墓。解放後，逐步改善市區原有工業的生產條件，並在郊區陸續修建了若干新工業區。〔註 6〕

在《簡明不列顛百科全書》關於「上海」的詞條中，對上海的地理、氣候、水文、土壤以及城治沿革、解放後的經濟發展介紹都更加詳盡。需要說明的是，在《簡明不列顛百科全書》中，中方負責撰寫純屬中國的條目，因此這一詞條可以認爲是代表國家立場的觀點。其在涉及上海近、現代，特別是民國以來的城市狀況時，有如下文字：

外國資本和中國買辦資本在「租界」開工廠、設銀行。繅絲、紡織、日用輕工、印刷等近代工業興起，導致原有的手工棉紡織業等的衰落。船舶修造和打包業已開始建立，以適應外國資本從這裡大量輸出原料和初級產品的需要。上海從此逐步淪爲半殖民地性質的城市。爲了掌握自己的命運，上海人民在 20 世紀初期曾奮起抗爭，血染南京路，並舉行了三次武裝起義。1945 年收回「租界」，但仍處於外國資本和官僚資本的雙重控制下，城市性質並未改變，民族工商業發展艱難。〔註 7〕

〔註 6〕《辭海》，上海辭書出版社，1980 年版，第 171 頁。

〔註 7〕《簡明不列顛百科全書》第 7 卷，中國大百科全書出版社，1986 年版，第 97 頁。

如此繁鎖地引述這樣的文字，是試圖從中梳理出關於上海的形象譜系。從詞條敘述的順序來看，我發現依人們所認爲的重要程度，上海被作了以下幾種認知：

首先是其體現的革命的歷史，即左翼史。這是《辭海》最爲強調的。《辭海》用最簡約的文字敘述其開埠這一最爲重要的事件，但用了大量篇幅講述關於中共建黨、起義與反內戰等左翼角度的政治事件。甚至於在介紹上海名勝時，《辭海》也仍然表現出左翼的政治視角，選取了中共第一次代表大會舊址與周公館以及與魯迅相關的勝蹟；其二，附帶的，《辭海》對舊上海的經濟只是在殖民性角度作了「消費性」等簡單判斷。《簡明不列顛百科全書》對舊上海的經濟介紹文字稍多，也有一些中性文字涉及上海經濟的全球化問題，但兩者都最終歸之於「半殖民地」城市的經濟依附於西方的殖民性與邊緣性。在介紹新上海的經濟狀況時，則強調經濟的國家成分以及中心地位，不斷使用「齊全」、「重要」、「改善」、「中心」、「中樞」等詞彙。由以上分析可能看到，通行的城市知識對於上海的主導性闡述線索爲：舊上海的半殖民地性造成了經濟的畸形與在全球資本主義世界的邊緣性與政治上的不斷革命，而革命的成功使上海成爲國家經濟中心。這種從「邊緣」到「中心」的闡釋線索發生於政治學上的意義，其考察背景從世界性的轉向國內的，經濟角度的上海資本主義史是完全被否定的。

與滯重呆板的詞典詞條的政治性解析不同，80 年代以來學界則著眼於上海特別是民國時期上海在現代化進程中表現出的發達狀況，考察線索轉向了世界主義背景，上海的資本主義史在經濟角度又給予了充分肯定。權威的上海史專家唐振常先生在其表述中溢美之狀畢現：「與上海同闢爲通商口岸的尚有四埠，惟只有上海日新月異，變化迅速，獨耀其輝煌」〔註 8〕，「上海之所以成爲上海，之所以成爲名譽世界的城市，其飛躍的發展，無疑是在一八四三年開埠之後」。他甚至不無感歎地認爲，1949 年以後的上海「鎖閉則死則衰」〔註 9〕。1988 年，伴隨著舊上海懷舊熱的初步興起，上海古籍出版社編輯「上海灘與上海人」叢書。編者在出版說明中說：「從荒涼偏僻的濱海小縣，到五光十色的國際大都會；從葦荻蕭蕭的漁歌晚唱到聲光化電的頻率節

〔註 8〕唐振常：《文化上海・序》，上海教育出版社，1998 年版，第 1 頁。

〔註 9〕唐振常：《滬城滄桑七百年》，《上海 700 年》，上海人民出版社，1991 年版，第 3～4 頁。

奏，……上海灘與上海人所經歷的這一個多世紀的歷史，是近代中國由閉關自鎖到走向世界過程的縮影」。《上海的發端》前言說；「鴉片戰爭後，上海向世界開放，跨出了近代化的步伐」〔註 10〕。還有學者將上海百年歷史總結爲「從閉鎖到開放」這一第三世界融入全球的圖景：「通過這一切試圖告訴讀者：開放是歷史的選擇；開放，只能是主動地開放，別無他途」。〔註 11〕由以上表述我們可能看出，對上海的另一認知線索的闡釋建立於上海城市的現代化的強大邏輯基礎之上，不僅肯定上海在近代融入全球化（主要是西方）的過程，而且將其視爲上海城市的最基本邏輯。

之所以大量引述有關詞典與書籍的序言，在於這些文字的平易簡短，最能代表國人對上海的一般性認知。由於近代以來，表達對上海特性看法的文字汗牛充棟，僅列名人文字，亦可匯成百萬字巨冊，本文只作簡略引述。

上海史學者熊月之曾對清末、民國以來關於上海特性的討論分爲兩個較集中的時期：一是清末民初，一是 30 年代。就討論的內容上，熊月之分爲「從奇妙洋場、東方巴黎到大染缸」、「西學窗口」、「天堂地獄」三種，〔註 12〕並作了詳細引述。在他看來，第一種認知比較集中於對繁華上海的道德厭惡的主題上。晚清民初以上海爲題材或背景的文字，多種屬於黑幕、揭秘、傳奇、大觀、遊驂錄一類。但也有對上海繁榮的盛讚。至 1881 年上海已有「東方巴黎」之稱。《申報》社論曾說「人之稱譽上海者，以爲海外各地惟數法國巴黎斯爲第一，今上海之地不啻海外之巴黎斯」。〔註 13〕甚至有人贊曰：「自華洋互市，中外通商以後，遂成巨埠，繁華等於巴黎，蕃盛駕於倫敦」，甚至「吾謂英之倫敦，未及吾之海上之富有也；法之巴黎，無過吾海上之奢麗也。六十年來，吾海上乃仙都也，吾海上乃樂國也」。〔註 14〕第二種認識則視上海爲中國面向西方文明的窗口。自 19 世紀以來，從郭嵩燾、劉光第、康有爲、梁啓超到 20 世紀初的章太炎、蔡元培、劉師培、張元濟、嚴復、章士釗、陳獨秀、馬君武等均有此類表述。康有爲 1882 年途經上海，看出上海繁榮背後「西人治術之有本」，初步領略西方文明，大購西書而回。姚公鶴在

〔註 10〕葉亞廉、夏林根主編：《上海的發端》，上海翻譯公司，1992 年版，第 1 頁。

〔註 11〕于醒民、唐繼無：《從閉鎖到開放》，學林出版社，1991 年版，封底。

〔註 12〕熊月之：《近代上海形象的歷史變遷》，http://www.wslx.com。

〔註 13〕《論上海今昔情形》，原載《申報》1881 年 12 月 10 日。

〔註 14〕雲間天贅生：《商界現形記》序言，商業會社，1911 年版。

1917年出版的《上海閒話》中說：「上海者，外人首先來華之根據地，亦西方文化輸入之導火線也」。蔡元培把上海看成是「黑暗的」中國的一線希望：「黑暗世界中，有光彩奪目之新世界焉。……此地何？曰上海。」〔註15〕在于右任主持的《民立報》上，曾有這樣的描述：「上海係南北航線之要點，東西洋貿易之樞紐，新學輸入，風氣之開，較他處先」，「上海者，新文明之出張所」，「一有舉動，輒影響全國……故一切新事業亦莫不起於上海，推行於內地。斯時之上海，爲全國之企望，負有新中國模型之資格。」〔註16〕由此，關於上海是西方文明的「窗口」這一說法也開始出現。此種看法，隱含著現代化邏輯上的上海知識。至20世紀初，關於上海城市的殖民地性以及其與殖民主義、帝國主義的關係開始提出。當時如《警鐘日報》、《民立報》、《神州日報》等常有蔡元培等革命黨人的文章，並提出上海形象是美醜合一的命題。其「丑」指白人統治下的主權喪失。至30年代，由西人撰寫，並有中西版本的上海著作如《上海——冒險家的樂園》（1937）、《出賣的上海灘》（1940）、《上海——罪惡的城市》（1945），更加深了人們對上海殖民形態的認知。〔註17〕總括上海開埠後百餘年關於對上海的認知可以看出，19世紀末，人們對上海的看法，一方面，承認其是現代文明的淵藪，一方面又將上海惡的形象歸之於道德方面；至20世紀30年代，上海惡的形象則主要表現在其政治上的殖民性。

由於上海是當時中國的首位城市，人們對他的理解不可避免地帶上了國家思維，某些時候甚至是關乎國體的重大事件。〔註18〕因爲對它的理解，事關獨立、殖民、傳統、現代等國家問題，上海最大程度地把國家近代歷史與國家近代特性凸現出來。於是，國家邏輯不可避免地被移位於上海。這使人們對上海的認識較之其他任何地方都要複雜得多，同時相應地，也要比其他任何城市都清晰。由此我們可以歸納出近代以來關於上海形象的兩大譜系：一是從現代性有關民族國家意識出發，去認知舊上海作爲世界主義殖民體系中的邊緣性，和它的消費性、工業畸形、道德淪喪等派生特點，以及它最終脫離殖民體系獲得解放，並成功擺脫西方帝國主義、資產階級經濟、文

〔註15〕蔡元培：《新上海》，載《警鐘日報》1904年6月26日。

〔註16〕田光：《上海之今昔談》，載《民立報》1911年2月12日。

〔註17〕熊月之：《近代關於上海城市特性的討論》，http://www.ucs.org.cn；《近代上海形象的歷史變遷》，http://www.xslx.com 部分引文來源於此。

〔註18〕比如上海外灘申請「世界文化遺產」而導致的「民族性」風波。

化遺存的國家元敘事；一是上海作爲中國近代化、現代化進程中的中心地位所包含的現代性普遍價値，其與西方的同步，引領著中國現代化的進程，表現爲物質與文明的擴張與物質烏托邦、大工業的組織化的，以及超越傳統的力量。

由上海的兩大形象譜系，衍生出對上海城市文化身份的認同。上海被指認爲充分具有或代表現代性的一座城市。在表述中，其現代性大致集中於兩個方面：一是民族國家的主權喪失與恢復，這一過程伴隨著融入世界以及擺脫殖民而獲得獨立的現代國家形成的意義，並由此開始獨立國家意義上的現代化；二是中國現代化進程的中心，發達的經濟物質形態以及工業社會所呈現出的組織化特徵。兩者都共同建立於近代中國世界主義全球性的背景之下，無論是其曾有的殖民史與解放史，還是其發達狀況，都無法脫離全球性的視野，或者說都是在世界工業一體化中所得到的結論。因此，在人們認識上海現代性意義之時，往往將上海視爲現代中國的中心，將對上海形態與歷史的理解上昇爲超越其自身與超越特定區域（包括國家區域、地域區域與文化區域）的文本性事物，具有了烏托邦的國家意義或世界意義，城市邏輯也被等同於國家的邏輯與世界現代化史的邏輯了。

在談到現代性時，吉登斯指出，現代性的一個重要特徵是「脫域」（disembodying）。所謂「脫域」，「指的是社會關係從彼此互動的地域性關聯中，從通過對不確定的時間的無限穿越而被重構的關聯中『脫離出來的』」，〔註19〕依據這一理論，文本的上海即是這種現代性結果，它不再是地方知識，而是由現代性意義網絡建構起來的，並進而擴大爲普遍意義的產物。在這個過程中，上海自身的「在場性」業已屈居次要了。比如，美國學者羅茲·墨菲的上海學名著《上海：現代中國的鑰匙》一書，就表明了將上海問題國家化的方法。這本書對 1843～1949 年的上海進行了各種研究，書中認爲：「上海，連同在近百年來成長發展的格局，一直是現代中國的縮影」，「上海提供了用以說明中國已經發生和即將發生的事物的鑰匙」。〔註20〕由此，「鑰匙」一詞被廣泛使用，不管是民國時期，還是人民共和國時期，幾乎都成爲學術界與公眾公認的結論，在官修的上海史觀念中也大量出現。比如上

〔註19〕安東尼・吉登斯：《現代性的後果》，譯林出版社，2000 年版，第 16、18～19 頁。

〔註20〕羅茲・墨菲：《上海：現代中國的鑰匙》，上海人民出版社，1986 年版，第 4～5 頁。

海研究中心與上海人民出版社共同編著的《上海 700 年》，由中共上海市委宣傳部部長龔心瀚作序，其中說：「上海——近代和現代中國的鑰匙，這是史學界的普遍認識。誠然，上海是中國的上海，上海是中國的一個縮影。《上海七百年》提供的歷史事實和知識，可以幫助人們特別是青年人塡補一部分歷史知識的明顯的不足和缺乏」，〔註 21〕這一情形說明，上海比任何其他城市都具有表達現代性意義上的優勢，它常常被當作現代中國歷史元敘事的文本，因此也就被賦予了民族國家的意義。

在上海形象的譜系當中，明顯地具有中心性、統一性的知識特徵。也就是說，在兩大形象譜系的系統中，人們把上海特性中的一種即現代性特徵整體化、中心化和邏輯化了，而上海特性當中的多元性、不統一性和非歷史邏輯性被悄悄排除。這一情形來自於人們在上海形象譜系基礎上形成的上海想像中的現代性中心心態，上海作爲現代性城市的文化身份由此確定。

二、上海城市身份敘述中的權力與想像

應當引起足夠重視的問題是，文化身份可能並不是一個統一的事實。我們不妨細加辨析。按斯圖亞特・霍爾的看法：「我們先不要把身份看作已經完成的、然後又由新的文化實踐加以再現的事實，而應該把身份視作一種『生產』，它永不完結，永遠處於過程之中，而且總是在內部而非在外部結構的再現。」〔註 22〕斯圖亞特・霍爾所說的「新的文化實踐加以再現」其實就是一種敘述，它來自於話語實踐。按照後現代歷史觀的推衍：沒有客觀的歷史，只有歷史的敘述，而敘述不可能是客觀的，因此，歷史不可能主觀呈現。歷史的非客觀性主要在於敘述，來自於語言。

文化身份是需要通過敘述才能表達出來的。按福柯的說法：「文本敘述是一種話語實踐，它植根於社會制度的權力關係中」，也如斯圖亞特・霍爾說的，文化身份「它們決不是永恆地固定在某一本質化的過去，而是屈從於歷史、文化和權力的不斷『嬉戲』」。霍爾認爲，只有從這一立場出發，才能發現黑人民族與黑人經驗怎樣成爲白人立場上的一種表述，它「被定位和被屈從於主導再現領域的方式是文化權力的批評實踐和規範化的結果」。因此，「在

〔註 21〕龔心瀚：《從歷史中汲取教益》，《上海 700 年》，上海人民出版社，1999 年版，第 4 頁。

〔註 22〕斯圖亞特・霍爾：《文化身份與族裔散居》，羅鋼、劉象愚主編《文化研究讀本》，中國社會科學出版社，2000 年版，第 208 頁。

歐洲的想像中，非洲已經被看作『黑暗的大陸』。〔註 23〕霍爾所看到的非洲大陸被西方人所想像，事實上源於西方民族與非西方民族之間殖民與被殖民的權力結構。而一般意義上，歷史敘述中的權力因素，按海登・懷特的看法是「意識形態或宣傳」的作用。他認爲應當使「歷史學家避免自己成爲意識形態先決條件的俘虜」，「不能把歷史編纂學貶低到意識形態或宣傳的地位上」，但是，情形恰恰是，「諸多歷史學家往往沒有認識到這一點，把意識形態先決條件當作評論『眞實事件』的『正確』觀點。」〔註 24〕

上海是一個城市，也是一個文化文本，既需要被表述也需要被閱讀。我們是否也憑藉了文化權力而在史學與文學中對它進行了帶有權力因素的敘述呢？我認爲是這樣的。近代以來，依籍近代中國的國家邏輯，特別是其中由殖民形態到獨立民族國家形態、由封建形態到資本主義形態與社會主義形態的「新民主主義論」式的基本思維，以及啓蒙角度關於中國現代化是近代以來中國歷史基本脈絡的認識，關於民族國家「革命解放」的歷史邏輯與關於民族國家「現代化」的邏輯構成了對中國近現代歷史闡釋的兩種最大原則，上海現代性文化身份中的多元性、差異性與未完成狀態，分別在這兩種原則下，由「革命」與「啓蒙」兩種意識形態的需要而統一起來。恰如霍爾所說的，對於文化身份理解的思維模式，即「把『文化身份』定義爲一種共有的文化，集體的『一個眞正的自我』，藏身於許多其他的、更加膚淺或人爲地強加的『自我』之中」，「按照這個定義，我們的文化身份反映共同的歷史經驗和共有的文化符碼，這種經驗和符碼給作爲『一個民族』的我們提供在實際歷史變幻莫測的分化和沉浮之下的一個穩定、不變和連續的指涉和意義框架」。〔註 25〕對於上海來說，我們對它的理解，總是要尋找到所謂「共有的文化」，這種「共有」，即是與近現代中國國家性一致的「共同體」。不管上海與近代中國有沒有不一致性，不管上海有多少與其現代性主導形態不統一的、差異的邊緣性特徵，我們必然要按照這種模式去理解上海。否則，上海作爲中國最大的經濟文化中心，如果對它的闡釋不能與國家闡釋相吻合，那麼這

〔註 23〕斯圖亞特・霍爾：《文化身份與族裔散居》，羅鋼、劉象愚主編《文化研究讀本》，中國社會科學出版社，2000 年版，第 211、213 頁。

〔註 24〕海登・懷特：《作爲文學虛構的歷史文本》，張京媛編《新歷史主義與文學批評》，北京大學出版社，1993 年版，第 178 頁。

〔註 25〕斯圖亞特・霍爾：《文化身份與族裔散居》，羅鋼、劉象愚主編《文化研究讀本》，中國社會科學出版社，2000 年版，第 209 頁。

種國家闡釋又怎麼能成立呢？

比如，從文學的角度來說，我們的現代文學總體闡釋原則是基於進化主義原則上的新舊對立這一標尺。按這一標尺，現代文學基本上等同於中國新文學，這樣一來，不僅把現代文學的古典傳統淵源一筆抹殺，而且也把舊文學在現代的延續（如舊體文學）部分相應地取消了。上海，既是新文學的中心，又是現代階段舊文學的中心，這便是文學中上海特性的複雜之處。如果完全抹殺文學中上海特性的多重因素，張愛玲小說的古典淵源（如《海上花列傳》）便無法說明。同時，既使按現代性的標準，在西方文化強大的上海，舊文學作爲母體中國文化，其對殖民性文化的抗拒，也是中國現代性之一種。不能理解這種文化上的差異與不統一性，我們的「上海文學史」一類著述，不過是「在上海的現代文學史」或「在上海的國家文學史」的各種變體罷了。

說到底，上海的城市文化身份建構過程，也是一個意識形態闡釋從建立到鞏固到穩定的過程，一個「穩定的、不變和連續的指涉和意義框架」，一個「共有的文化符碼」，一句話，是一個被中心性認知固定下來的意義主體。由於被國家邏輯與現代化邏輯高度規定，對上海文化身份的認知也基本上被限定於其政治、政權體制與經濟、物質層面，或者說是以現代性爲主導的國家政治、經濟層面，而與現代性存有衝突的分裂、不穩定、不成熟狀態，大都在理解中被排斥或被減弱了。

柯文曾談到，在西方漢學界與中國學界，對於中國近代史的研究存在著三種模式：一是費正清等人的「衝擊——回應」模式（impact－response model）。此種模式認爲，自 19 世紀以來，中國歷史發展的主導因素或主要線索是西方的衝擊以及中國被迫的改變，從而誇大了西方衝擊的作用；二是列文森等人的「傳統——近代」模式（tradition－modernity model），這種模式的前提是認爲西方近代社會是當今各國萬流歸宗的「楷模」（norm），因此將中國近代以來的歷史闡釋爲從傳統社會演變爲西方近代式社會，而在西方社會進入之前幾乎不發生什麼變化；第三種是「帝國主義」模式（imperialism model），即認爲帝國主義是中國近代以來歷史變化的主要動因，也是百年來社會崩解、民族災難和無法發展的禍根。柯文認爲，這三種模式，不論是哪一種，是對西方進入中國贊許也好，還是批判也好，在本質上同屬「西方中心模式」，因爲它們都認爲 19 世紀、20 世紀中國所經歷的一切變化都是西方

式的，或者說是由西方帶來的，這樣，便失去了從中國內部來探索中國近代社會自身變化的途徑。〔註 26〕

我們看到，在百餘年來關於上海形象的各種認知中，大多數都包含著各式「中心」論（包括西方現代性中心、國家中心、經濟與政治現代性中心）的痕跡，也就是說，把上海自闢口岸而融入西方當作上海史的起點與歷史基本線索。這一理解當然不錯。但關鍵在於，在這一理解中，由西方進入中國（或上海）而造成的中西社會文明混雜、融合而呈現出來的複雜圖景往往被忽略不計了。從而，一個過分清晰的畫面就這樣被製造出來。

西方漢學界的上海研究與國內學界稍有不同，在相當程度上，他們看到了上海城市在現代性主體中的多元構成。上海「既非純粹的現代化又非完全的西方化」，最好把它「看作是思想文化的前線和不同文化衝突的前哨。」〔註 27〕比如白吉爾與顧德曼都談到，上海資本家在整個經營事務中事實上是按東方的宗族倫理形式展開的〔註 28〕；而裴宜理在對上海工人的研究當中，也注意到上海熟練工人中的地域性特徵乃至中國傳統中的幫會性質，有時會大於其階級集團性質。〔註 29〕韓起瀾的《姐妹們與陌生人》，則闡釋上海女工社會關係的地緣基礎大於其階級身份認同。〔註 30〕即使是現代性的獲得，也會不同時間不同區域表現出不同。法國史學家白吉爾曾指出：公共租界與法租界給上海帶來的現代性是不同的。前者帶來了市場觀念、資本運作、科技與企業管理與資本主義發展模式，後者則提供了市政管理、城市建設、保護宗教和公共利益與官僚主義統治樣本。〔註 31〕有人甚至認爲，上海是一個「馬賽克」城市，英、法、美租界「再加上原來的縣城及其背後的傳統水鄉，上海形成了一個世所罕見的極爲不合常規的城市空間」，「由於它們之間的相互滲透，出現了罕見的異文化的越界乃至融合的現象，產生了世界性大

〔註 26〕柯文：《在中國發現歷史——中國中心觀在美國的興起》，林同齊譯，中華書局，2002 年版。

〔註 27〕柯文：《在傳統與現代之間：王韜與晚清政治》，雷頤、羅檢秋譯，江蘇人民出版社，2003 年版，第 166 頁。

〔註 28〕白吉爾：《中國資產階級的黃金時代》，張富強、許世芬譯，上海人民出版社，1994 年版；顧德曼：《家鄉、城市與國家》，上海古籍出版社，2004 年版。

〔註 29〕裴宜理：《上海罷工》，劉平譯，江蘇人民出版社，2001 年版。

〔註 30〕韓起瀾：《姐妹們與陌生人》，上海社會科學出版社，2005 年版。

〔註 31〕白吉爾：《上海史：走向現代之路》，王菊、趙念國譯，上海社會科學出版社，2005 年版，第 4 頁。

都市特有的極其『混沌』的景觀」。〔註 32〕因此，不論是將上海置於從殖民地形態到社會主義國家首位城市的國家邏輯上，還是置於現代性不斷獲取並充分鞏固的現代化邏輯上，上海城市新舊糾結、分裂、衝突的一面自一開始便被完成形態、完成時態的結論式判斷所剝奪，從而爲各式的上海想像提供了便利。

柯文在對中國研究的幾種模式進行批評之後，提出了幾種糾正性的方法，如：「動態觀點」、「歷史描繪的精細化」、「內部取向」（即「中國史境」）、「個人直接經驗的歷史」、「移情方法的使用」、「對理論框架的戒心」〔註 33〕等等，也就是說，西方的介入不是「作爲一把足以打開中國百年來全部歷史的總鑰匙」，而是應當「把它看成是各種各樣具體的歷史環境中發生作用的幾種力量之一」〔註 34〕。但這種方法在我們的上海形象譜系構建中是很難見到。由於普遍的「中心」性模式的拘囿，研究者在論及上海現代性時，使用西方中心思維；在論及上海與中國內陸的關係時，則使用上海中心思維。當然，這種情況並非指涉所有的上海研究成果與結論，而是指一種主導模式。一旦上海形象認知的中心性產生，想像性描述則不可避免。

三、被弱化的上海非現代性身份與地方性特性

那麼，在中心性的上海想像當中，人們究竟排除或減弱了哪些上海城市的特性呢？

首先是排除或減弱了上海作爲中國城市的東方性。這又表現爲兩個方面：一方面，是對上海城市史邏輯的「斷裂」理解。上海建城雖有七百年，但通常被看作鴉片戰爭後開埠的城市，其功能以工商貿易爲主，並被納入到全球資本主義的政治、經濟體系之中。由於其起源與功能迥異於傳統中國都市，因而被稱爲「飛地」。應該說，這是中國極少數不太具有古城記憶與城市史邏輯的大都市之一，它的歷史起點，通常是在與古代中國的文化斷裂中被人們給予了「歷史終結」式的理解，也即，上海史只是一部現代史，一部不

〔註 32〕劉建輝：《魔都上海——日本知識人的近代「體驗」》，甘慧傑譯，上海古籍出版社，2003 年版，第 7～9 頁。

〔註 33〕柯文：《在中國發現歷史——中國中心觀在美國的興起》，林同齊譯，中華書局，2002 年版，第 11～28 頁。

〔註 34〕柯文：《在中國發現歷史——中國中心觀在美國的興起》，林同齊譯，中華書局，2002 年版，第 128 頁。

斷獲得和已經獲得現代性的歷史。與此相伴隨的另一方面是忽略東方傳統在近代上海的遺留，甚至於傳統城市形態幾乎不作爲上海城市形態的一部分。在多數理解中，人們把上海的近代特徵理解爲完成狀態，而忽略了上海近代形態是在傳統與現代性之間衝突、融合之中以不穩定、不成熟的面目出現的。也說是說，上海的近代形態並非統一和完整的，其傳統文化的遺存使上海顯得「拖泥帶水」。情形恰恰如羅茲・墨菲所說：「就在這個城市，勝於其他任何地方，理性的、重視法規的、科學的、工業發達的、效率高的、擴張主義的西方和因襲傳統的、全憑直覺的、人文主義的、以農業爲主的、效率低的、閉關自守的中國——兩種文明走到一起來了。」〔註 35〕在上海，中西文化是以「實用主義的方式來達到平衡的」，它「並沒像世界上其他殖民地城市那樣喪失自我。她向全中國做出示範，何爲洋爲中國」。〔註 36〕張旭東也認爲：「上海渴望由普遍現代性來界定自己的本質。然而它只能在有關現代性本質的一系列海市蜃樓般的幻影中去拼湊這座城市起源的神話。與巴黎或紐約的現代社會文化相比，上海的城市文本主要表現爲物質、社會和政治意義都處於分裂狀態和脆弱的現代性」。〔註 37〕其實，上海近代形態與特徵並不表現爲現代性的天然主流，而是在中西、傳統與現代之間糅合而成的「奇異智慧」，這才是上海特性。如盧漢超博士所說的上海人「擇善而從」，〔註 38〕並不以現代性爲唯一標尺。由於對上海城市起源與功能誇張的現代性理解，城市的東方性既使被人注意到，也無法安排在一個「合適」的歷史邏輯之中，也即是說，東方文化在上海是以什麼形式存在：是在外在層面，還是潛在層面；是精英的形式，還是民間的形式？都不甚了了。

其二，重視上海城市形態中政治、經濟層面的現代性主導，而忽略上海社會形態在傳統民間形式上的存在。大量上海史或上海文化著作都以政治、經濟精英階層爲主導展開，比如我們經常把上海近代政治理解爲工人階級同具有西方帝國主義背景的資產階級之間的矛盾鬥爭，在這裡，「階級」、「黨

〔註 35〕羅茲・墨菲：《上海：現代中國的鑰匙》，上海人民出版社，1986 年版，第 5 頁。

〔註 36〕張仲禮：《上海史：走向現代之路序》，白吉爾《上海史：走向現代之路》，上海社會科學出版社，2005 年版，第 3 頁。

〔註 37〕張旭東：《上海的意象：城市偶像批判與現代神話的消解》，載《文學評論》2000 年第 5 期。

〔註 38〕參見盧漢超：《霓紅燈外：二十世紀初日常生活中的上海》，上海社會科學出版社，2005 年版。

派」與國家佔據了主導地位，並構成上海城市的「社會特徵」。但顧德曼在《家鄉、城市和國家》一書中認爲：在移民占主導地位的上海，由於政府控制力量的弱小，在社會經濟與文化領域，同鄉會組織扮演了極其重要的角色。在近代上海，一方面同鄉組織傳統的功能繼續存在，另一方面又有類似現代政府的功能（比如慈善會、賑災會、救火會），有時甚至起了「半個政府」的作用。這與羅威廉、蘭金等人指出的紳商社會就是中國的公共領域的觀點是契合的。事實上，同鄉會集傳統鄉村與現代城市諸多功能於一身〔註39〕。這提醒人們，即使是上海城市主導性的政治、經濟功能，有時也要建立於傳統民間形式之中。又比如在勞資衝突、罷工與黨派政治方面，宗族的、地域的成份有時要大於階級成份。裴宜理的《上海罷工》一書認爲：有時，上海工人的地域差異要大於其階層差異，技術工人與半技術、無技術工人都有地域性特徵，這與中國內地的教育、社會程度的差異有關；而整個工人階級，都有行會、幫會背景。因此，經濟鬥爭能否上昇到政治層面，存在有複雜原因，而不是階級性能夠全然解釋的。〔註40〕事實上，包括同鄉會在內的諸多民間形式，由於廣泛吸納政府公務人員、工人加入，基本上實現了國家功能與社會功能的重疊。直到南京國民政府後期，新的社會組織——如勞工組織、政黨——才構成了主導性社會力量。

其三是忽略或減弱了對上海地域性的表述。這或許就是極其穩固的「飛地」意識。儘管也有一些認識涉及到近現代上海文化與蘇州、寧波以及上海周邊地域文化的聯繫，但「差異性」總是理解上海與內地城市關係的主流觀點。在這種認識中，上海作爲資本主義近代城市的特徵被當作了與其他地域的重要區別，即現代的中國與古代中國的分野，而相對忽略在地域文化上上海與其他城市或地區的一致與關聯。從文學角度來說，上海文學的地域色彩通常不被強調，所謂「上海風味」實乃是「都市風味」的別稱。《海上花列傳》一類滬語小說，也因使用方言造成閱讀障礙而無法普及，「五四」以後便基本消失。更重要的原因在於，上海文學中的「國際風格」有助於強化讀者對上海的現代性、國際化想像，而地域性的存在只會削弱這一點。

〔註39〕熊月之：《海外上海學歷程》，熊月之、周武編《海外上海學》，世紀出版集團、上海古籍出版社，2004年版，第25頁。

〔註40〕裴宜理：《上海罷工》，劉平譯，江蘇人民出版社，2001年版。

我們對上海的認知，只注意到它在現代性移植過程中的「普遍化」，而沒有注意到世界主義現代性建立時與本土結合的「特殊化」，忽略了上海也是中國母體文化的一個載體。一旦上海成爲現代性「普遍主義」的文本，它的地方知識的一面也就變得微不足道了。正是在這一意義上，上海成爲了一個「普遍性文本」，而非單純的地方文本。鑒於此，羅茲・墨菲在 70 年代修正了他「上海是現代中國鑰匙」的說法，而是認爲上海是上海，中國是中國，上海的模式僅限於口岸城市，而未能推廣到內陸，它未能像加爾各答與孟買改變印度那樣改變中國。〔註 41〕墨菲前後觀點變化很大，但僅從方法論上來說，他注重普遍性中「特殊化」的傾向值得借鑒。

第二節　城市：公共領域、紳商社會與國家性表達

一

現代文學學科經歷了數十年的發展歷程，每一個研究概念的出現，都表明了文學史闡釋標尺的變動，並暗含著對近代以來中國社會發展的不同理解。人民共和國時期 50～70 年代的「革命」、「階級」等概念，屬於對文學史的左翼的社會革命闡釋。基於當時中國的社會政治主潮，現代文學被看作是新民主主義的文化實踐。而 80 年代以後伴隨著新的現代化、城市化進程，以及當時的思想啓蒙運動，一種啓蒙角度的思想史闡釋標尺開始出現。90 年代以後，隨著商品原則的確立、新的消費社會形成，現代文學史特別是其中的城市文學被看成是自晚清以來市民社會的一種形態，加之李歐梵、王德威等域外學術力量對城市日常性、晚清現代性研究範式的推舉，遂將西方市民社會理論的重要概念導入研究之中。

在這方面，哈貝馬斯的「公共領域」（public sphere）理論開始被較多地被研究者使用，特別是在報刊研究與城市文學研究中，「公共領域」成爲炙手可熱的概念與方法。一種情形是：「公共領域」被視爲近代以來中國報刊發源的基礎，同時，報刊本身的欄目、話語、機制乃至受眾，也都被用以印證中國近代城市的「公共領域」之狀況。另一種情形是，自晚清以來上海等城市的所謂「公共領域」，又被視爲城市文學產生的契機。從晚清小說到新感覺派，

〔註 41〕羅茲・墨菲：《通商口岸與中國現代化》，密西根大學出版社，1971 年版，未有中譯本。

再到張愛玲等後期海派創作，都被看作是與書局、小報、咖啡館、舞廳一樣的公共空間產物。可以說，「公共領域」已成爲現代城市文學研究中與「日常性」、「市民社會」等並駕齊驅的主導概念。

在將「公共領域」引入中國現代文學研究中，域外學界以李歐梵的研究較爲完備。在《晚清文化、文學與現代性》〔註 42〕和《批評空間的開創——從〈申報〉「自由談」談起》〔註 43〕等文章中，李歐梵談及中國的「公共領域」如何在晚清時代的上海產生，以及經過民初、「五四」與 30 年代「公共領域」變化的情況。其間，李歐梵又引入本尼迪克特・安德森的「想像的共同體」作爲互動概念，論析了晚清知識分子開始依憑報紙、雜誌、小說等印刷媒體空間展開文化政治批判，構成不同於政治國家的社會中間領域，並指涉對未來中國的政治想像空間。在這個空間中，中國人最早開始了對民族國家的建構，並通過報刊等媒體的傳播，使國民獲得了最初的民族國家認同。而由此看來，「公共領域」不僅造成現代城市文學，也造成了自晚清起來的現代文學的濫觴。

應當說，學界套用「公共領域」者不在少數，即將近代中國（包括晚清與民國）的社會文化狀況與哈貝馬斯「公共領域」理論直接對應。李歐梵在使用「公共領域」這一概念時，還是較爲謹愼的，這反而使他的研究表現出某種矛盾之處：一方面，他認爲在清末民初的「公共領域」中，初步的民族國家想像已經完成；另一方面，他又認爲梁啓超等人的未來國家想像並未在公眾中完成。他說：「當膽識過人者如梁啓超，開始要對一種新的民族想像作大敘述的時候，他並未預料到中國讀者群將會不合作」。〔註 44〕這反映出他的一種深刻疑慮，即「公共領域」在近代中國是否成熟。因此，在對《申報・自由談》的研究中，他倒認爲，至 30 年代，雖然印刷媒體較晚清時期發達得多，但是公共空間的言論自由卻反而越小。當然，李歐梵爲此所尋找到的原因是奇怪的。他認爲在於左翼「把語言不作爲『中介』性的媒體而作爲政治宣傳或個人攻擊的武器和工具，逐漸導致政治上的偏激文化（radicalization），而偏激之後也只有革命一途」。〔註 45〕但事實上，左翼言論雖然不無偏激，或

〔註 42〕李歐梵：《中國現代文學與現代性十講》，復旦大學出版社，2002 年版。

〔註 43〕李歐梵：《現代性的追求》，三聯書店，2000 年版。

〔註 44〕李歐梵：《中國現代文學與現代性十講》，復旦大學出版社，2002 年版，第 13 頁。

〔註 45〕李歐梵：《「批評空間」的開創——從〈申報〉「自由談」談起》。

者「把光明與黑暗劃分爲兩界進行強烈的對比」，但仍屬對社會批判性的非國家力量，其本身仍應劃入公共空間。

李歐梵對於近代中國「公共領域」闡釋的困惑之處恰恰反映出一個問題，即近代中國有無哈貝馬斯意義上的「公共領域」，中國近代以來的「公共領域」有著怎樣的中國本土性，以區別於歐洲國家？我們發現，如果不顧中國國家的實際情況，而硬性將哈貝馬斯意義上的「公共領域」作爲研究的主導概念，即使如李歐梵等學養深厚的大家也難免左右掣肘，更不用說許多未及其意便輕率套用的情形了。

二

有學者認爲，哈貝馬斯的公共領域理論，是從歐洲歷史中抽象出來的，既是一個經驗的理想類型，又是一個訴諸於現實批判的烏托邦解放模式〔註46〕。也就是說，「公共領域」帶有明顯的歐洲歷史經驗，其源頭可上溯到古希臘時代，同時，又主要是以中世紀歐洲（法國、德國、英國）歷史爲背景，帶有歐洲的本土特徵；另一方面，其烏托邦色彩也說明了它的未完成狀態。就其歷史的演進來說，它的前身是文學公共領域，如洛可可風格的貴族沙龍的文學藝術討論，與咖啡館、俱樂部一類，爾後發展至整個社會。它並非指被政府與官方單方面製造和強加的所謂「公共利益」，而是指以個人爲信念基礎，以民間團體爲決策主體的新型公共社區。它原則上向所有人開放，不隸屬於國家官僚機構的法律規章，且人們無明確的責任去服從它們。這一情形實際上有賴於市民社會建立的基礎。沒有市民社會，當然也就沒有公共領域。

正像吉登斯談到的現代性的一個重要特徵——「脫域」（disembodying）一樣，「現代性條件下，地點逐漸變得模糊不定，即是說，場所完全被遠離它們的社會影響所穿透並據其建構而成。建構場所的不單是在場發生的東西，場所的『可見形式』掩藏著那些遠距關係，而正是這些關係決定著場所的性質。」〔註47〕「公共領域」這一理論正在脫離它的歐洲歷史基礎，而被廣泛地運用於對非歐洲國家社會的歷史文化研究，成爲一個普遍性的現代性問題。但是，如同歐洲歷史上產生的許多概念，如「市民社會」、「資本主義」、

〔註46〕許紀霖：《近代中國城市的公共領域》，高瑞泉、山口久和主編《中國的現代性與城市知識分子》，上海古籍出版社，2004年版，第53頁。

〔註47〕吉登斯：《現代性的後果》，譯林出版社，2000年版，第18～19頁。

「市民」一樣，「公共領域」既是一種普遍主義現代性的東西，同時也是基於歐洲歷史的「特殊」產物。既使在西方文明擴展到全球（包括中國）後，也必然存在著「特殊」產物被「普遍」化之後與非歐洲國家本土結合的問題。對於中國而言，它也有在中國的「特殊化」過程。這使得非西方國家既使出現了「公共領域」，也會產生與其歐洲摹本的許多不同。事實上，哈貝馬斯本人對此就有清醒的認識，他在《公共領域的結構轉型》的序言中坦呈，不能把「公共領域」這個概念與歐洲中世紀市民社會的特殊性隔離開，也不能隨意將其運用到其他具有相似形態的歷史語境中。〔註 48〕

近代中國，即使有「公共領域」，其情形也與歐洲有較大不同。通常，人們認為晚清末年在上海開始出現公共知識分子，如鄭觀應、王韜、馮桂芬等人，而且，民間社團開始大量出現，以致「各處會所如林，黨員如鯽」，「鄉曲措大，市井鄙夫，或則濫竽工會，或則側身政黨」；另外，日報、月報、周刊等工業時代媒體開始風行，於是，公共知識分子、社團、媒體構成了最早的中國「公共領域」。但是，明顯的事實是，上述因素實際上是依托於上海 19 世紀末開始出現的所謂「上海勢力」的基礎，而「上海勢力」則是包含了西方資本、中國官紳與地方商人的多元力量，其頭面人物是盛宣懷這一類有著官與商多重身份的人物。在多次的歷史事件中，如庚子年的「東南互保」，其背後還有劉坤一、張之洞等人的背景。也就是說，它並不完全產生於市民社會，更何況當時的上海尚未產生市民社會。所以，海外學者如美國的羅威廉與蘭金，通過對晚清漢口與浙江的地域研究，認為近代中國的「公共空間」並非哈貝馬斯意義上的，而是中國傳統士紳社會的結果，在近代，不過又加入了商的成分，即城市紳商社會。黃宗智則乾脆提出另一個概念：「第三領域」，即在國家權力與社會之間以城市紳商為主體的結構場域。中國近代的「公共領域」有時並不是市民社會的結果，相反，它還可能是傳統中國社會功能的一種延續，並帶有宗族色彩。美國學者顧德曼的《家鄉、城市和國家》認為，上海社會兼有國家與地方宗族多重色彩，各種社團其實與地方宗族有關。比如同鄉會。一方面，同鄉會履行著傳統功能，如為移民介紹職業、喪葬遷棺、節慶活動，另一方面，又舉辦慈善賑災、管理稅收與維持地方秩序，有時起到了半個政府的作用。而裴宜理與韓起瀾也通過研究發

〔註 48〕參見哈貝馬斯：《公共領域的結構轉型》初版序言，中譯為曹衛東，學林出版社，1999 年版。

現了社團背後的政府、幫會背景，比如工會。在這裡，理解的關鍵是「公共性」到底是什麼。中西方的「公共」含義有所不同，西方的公共性是市民社會的自由狀態中出現的，近代中國的「公共性」則帶有國家性質。中國近代的「公共領域」有著較多對國家事務的參與，如賑災、興修水利，乃至救火與地方軍事保護等等，它同時也得到了國家的高度認可，其國家性是一目了然的。

從文學角度來說，如果認爲始於晚清的民族國家濫觴於「公共領域」的報刊媒體的話，那麼，結合中國近代「公共領域」的國家背景，可以認爲，這種文學上的民族國家想像也並非完全市民社會公共領域的產物，因爲它的國家意志甚爲明顯。梁啓超的《新中國未來記》、陸士諤的《新中國》、碧荷館主人的《新紀元》，甚至陳天華的《獅子吼》，都從重塑中國國家未來的世界霸權地位構架新中國形象，如中國皇帝作了世界彌兵會會長，中國宰相擔任萬國和平會會長，世界改用黃帝紀元等等。而 20 年代末 30 年代初國民政府推行的南京「首都計劃」、「大上海計劃」等反映出的民族主義國家理念，也是民族主義文學表達國家意願的基礎；甚至茅盾《子夜》對吳蓀甫等人的激賞，也有孫中山《建國方略》這種國家藍圖的因素。也就是說，中國近代產生的國家「想像的共同體」，也絕非完全市民社會「公共領域」的結果，而是某種國家政治使然。

再看城市文學的情況。由 30 年代上海咖啡館、影劇院、文人沙龍、舞廳而產生的 30 年代海派文學，大致是最符合哈貝馬斯的「公共領域」的原本含義的。從張資平、周全平上海開設咖啡館開始，海派文人經常聚集於俄商復興館、沙利文、Federal（聯邦咖啡館）、D. D. cafe 以及新雅茶室；曾樸與曾虛白父子，也確實仿照法國沙龍性質組織聚集會所，現代派、海派（包括其中在 30 年代的骨幹力量——新感覺派）乃至民族主義文學的一些骨幹經常側身其中。但若以此說明上海城市文學完全建立於嚴格意義上的哈貝馬斯所說的「公共領域」卻未免過於武斷。上海 30 年代的城市文學，不僅包括了海派，而且也包含左翼在內。左翼不僅有樓適夷、姚蓬子等人的《上海狂舞曲》，《都市 sonata》等具有海派風格的作品，更應包括茅盾、丁玲、蔣牧良等人有突出左翼特徵的作品。事實上，有著極強國家使命的左翼陣營，也應當是中國特色的「公共領域」裏的強大分子，而這就不是沙龍、咖啡店一類歐洲公共領域所能闡釋清楚的，它可能依存於亭子間、廣場，甚至街頭的遊行隊伍。這也是一種「公共」空間。至於說到中國 30 年代「公共領域」的縮小其責任在於左翼的偏狹，便無論如何也講不通。因爲，左翼的種種努力也許是帶有強烈偏狹色彩的，但卻是在擴大中國式的「公共領域」，而絕非縮小它。之所以出現這種悖論，癥結在於將中國近代社會的「公共領域」完全等同於哈貝馬斯所說的歐洲公共領域。

三

以上論述，無非是要說明，源自西方理論的一類概、術語，無法直接套用於近代中國的社會文化。若未加理論辯析便直接使用，難免會發生解析中國問題上的困難。與「公共領域」一樣，引入中國問題研究的西方概念還有很多，如「市民社會」、「市民」、「階級」等等，到目前仍在被未加辯析地使用於對中國文學，尤其是城市文學研究中。當然，對於「公共領域」等西方概念，結合中國國家社會具體情形，究竟應當提出哪一個漢語詞彙作爲合適概念以代替之，這是一個複雜的史學、社會學問題，並不是本書的任務。

分析將西方概念直接套用於中國這一現象，可以見出中國學界在使用現代性概念研究中國問題的深層弊端。中國學者對現代性進入中國，大都採用「斷裂性」理解。當然，現代性來自於歐洲社會，在進入鄉土中國之後自然會給中國的價值體系、社會模式、組織結構帶來衝擊，並迫使之改變；同時，對於西方來說，「斷裂」也是現代性的一個重要特徵。〔註 49〕那麼，在東方，現代性所造成的與傳統社會秩序的「斷裂性」則更加明顯。但是，「斷裂性」的出現，並不意味著現代性本土化語境的消失，恰恰相反，「斷裂」所造成的現代性與本土性之間的衝突會更加劇烈，反而容易見出本土性的存在。這是我們爲什麼必須在借用西方概念時採用中國語境與中國立場的根本原因。不加分析的「斷裂性」理解，容易導致對於現代性在中國「完成狀態」的有害思維。在目前學界，類似「公共領域」、「市民社會」、「日常性」、「階級」等等西方概念，如果去掉了它的中國背景與成份，無疑是將中國社會等同於現代性發達的歐美國家，而忽略了中國社會從傳統到現代的過渡狀態。比如我們的近代城市與城市文學研究，特別是對於上海的研究，大都是在與古代中國的斷裂中被人們賦予了「歷史終結」式的判斷，也即一部上海（包

〔註 49〕吉登斯認爲「現代性以前所未有的方式，把我們拋離了所有類型的社會秩序的軌道，從而形成了其結構形態。」見安東尼·吉登斯：《現代性的後果》，譯林出版社，2000 年版，第 4 頁。

括文學）的歷史，只是一部現代史，一部不斷獲得和已經獲得現代性的歷史，一種完成狀態，而忽略了上海近代形態是在傳統與現代性之間衝突與融合中，以不穩定、不成熟的東方面貌出現的。換句話說，東方的現代性並非統一和完整的，更不是完成狀態。對於文學來說，我們不能僅僅以新感覺派或早期海派的現代性來印證上海文學「已經完成」的現代性風貌。因爲，如果照此理解，張愛玲小說的古典淵源（如《紅樓夢》、《海上花列傳》、《歇浦潮》）便無法說明。對於報刊研究來說，如果不能理解上海等城市近代的紳商社會形態與國家民族主義的權利空間，而歸結於西方式的「公共領域」，也就無法說明中國民族國家想像存在的特殊土壤。在談到現代上海文學中，張旭東認爲：「上海渴望由普遍現代性來界定自己的本質。然而它只能在有關現代性本質的一些列海市蜃樓般的幻影中去拼湊這座城市起源的神話。與巴黎或紐約的現代社會文化相比，上海的城市文本主要表現爲物質、社會和政治意義都處於分裂狀態和脆弱的現代性」。〔註 50〕

與國內學界形成比照的是，西方漢學界對於近代中國問題的研究反而有某種「中國語境」的本土化傾向。與費正清、列文森等早期漢學家不同，柯文就反對把西方的介入「作爲一把足以打開中國百年來全部歷史的總鑰匙」，而倡言把它「看成是各種各樣具體的歷史環境中發生作用的各種力量之一。」〔註 51〕法國的白吉爾，美國的魏斐德、黃宗智、顧德曼、裴宜理、韓起瀾、盧漢超等人都從各方面論及近代中國城市現代轉型的「過渡」狀態與本土背景，如「公共領域」問題、企業組織問題、階級的地域、幫會背景等等。各種情形，很值得人們思索。應當說，在對中國問題研究中，完全採用西方概念，而放棄本土性立場，這不是一個簡單的方法問題，更爲重要的癥結在於一種心態：中國學者普遍存在急欲把中國放入全球化環境，渴望現代性已經完成的焦慮：既在話語層面上與西方接軌，同時也渴望中國社會與西方同步。這呈現出東方邊緣向西方中心靠攏的一種訴求。但是，一味採用西方立場，反而使這種焦慮更不易消除，更加表現出弱勢的一面。

羅伯森在談到全球化理論時說：「存在適用於作爲整體的世界的普遍性理論，會自動地導致文明（或者就此而言，導致社會的）獨特性減少嗎？我認

〔註 50〕張旭東：《上海的意象：城市偶像批判與現代神話的消解》，載《文學評論》2000 年第 5 期。

〔註 51〕柯文：《在中國發現歷史——中國中心觀在美國的興起》，林同齊譯，中華書局，2002 年版，第 128 頁。

爲，對此問題作肯定回答的誘惑，是由於將理論的普遍性與經驗的同質性連同起來而產生的。」〔註 52〕換句話說，我們只是將「同質性」經驗推廣才得到了「普遍性」認知，卻沒有認識到異質經驗在普遍性中的位置。他認爲，全球化既包含了源於西方的現代性「特殊主義」在全球的「普遍化」，同時也應包含已經成爲「普遍主義」的西方現代性在第三世界的「特殊化」。遵循這一思路，可以認爲，在將西方概念套用於中國問題時，我們只注意到了它在現代性移植中的「普遍化」，而沒有注意到其與本土結合的「特殊化」。這說明，本意要獲取中國研究的全球文化視野，但套用西方概念，恰恰不能獲得完整的全球文化視野。

第三節　新文學的選擇：從啓蒙現代性到城市現代性

一

從晚清到「五四」，是一個多元現代性逐漸定於一尊的過程。由於「五四」進化主義學說與觀念的建立，進化論分別以宇宙觀與工具論的方式進入文學視野，並逐步轉向工具論的實用理性，初步誕生了世界主義中心／邊緣基本模式，並出現多元現代性向啓蒙現代性的過渡。在地域上，則由口岸城市轉向北京新文化中心〔註 53〕，文學中的城市現代性有所減弱。

在「五四」新文學主導的啓蒙表意系統中，新文學的基本形態屬於知識者文學範疇。從題材來說，大致分爲農民題材與知識分子題材。知識者思想狀態與整個中國社會的對立構成此期文學的大致框架，也就是說，啓蒙的先驅知識分子與近代中國麻木庸眾的衝突構成了文學主脈。晚清以城市現代性爲「進步」的表意體系遭到壓制，而被置換爲以知識分子啓蒙現代性爲「進步」的表意系統，城市與鄉村間的形態區別大都被漠視，城市之間的形態區別則更是見不到了。比如，在魯迅僅有的數篇城市題材中，城市與鄉村在文化形態上並無太多區別。《頭髮的故事》指出，雖然民國已經建立，但北京市民並沒有國民自覺，依舊不過是奴隸而已，與農民無異。作品中的 N 先生激憤地認爲：

〔註 52〕羅伯森：《全球化：社會理論和全球文化》，梁光嚴譯，上海人民出版社，2000 年版，第 186 頁。

〔註 53〕王一川：《晚清：中國文學現代性的發生時段》，載《江蘇社會科學》2003 年第 2 期。

> 我最佩服北京雙十節的情形。早晨，警察到門，吩咐道「掛旗！」「是，掛旗！」各家大半懶洋洋的踱出一個國民來，撅起一塊斑駁陸離的洋布。這樣一直到深夜——收了旗關門；幾家偶而忘卻的，便掛到第二天的上午。

在這兒，魯迅雖然以北京城市見聞爲背景，但這個背景並不表現出特定的城市形態，卻與保守、閉塞的鄉村無異。另外，《示眾》中北京人看殺頭的場面與《傷逝》中的會館胡同與機關，也與鄉村並無二致，反而與小說中的鄉村世界同構。對於上海，雖然作家們以資本文化去看待，但也仍然與新文化啓蒙思想構成對立。如陳獨秀所說：「什麼覺悟，愛國，利群，共和，解放，強國，衛生，改造，自由，新思潮，新文化等一切新流行的名詞，一到上海僅僅做了香煙公司、藥房、書賈、彩票行的利器。」〔註 54〕或許這可以算做是「五四」時期的城市想像，城市被賦予了鄉村反啓蒙的意義。

在「五四」時期的文學中，對感受現代文明的表述，從晚清民初時代的上海轉向域外。特別是創造社的大部分人，大都在青少年時代負笈東渡，他們比先輩們更深切地感受到彼邦現代文明的強烈刺激。在他們筆下，對日本城市文明的羨慕代替了晚清文人對上海的熱情。比如郭沫若《筆立山頭展望》、《日出》中輪船、煙筒、摩托車的城市文明，顯然不是故國能夠給予他的。鄭伯奇曾指出，早期創造社具有「移民文學傾向」，意思便是說在文明與愚昧對立的大框架中，創造社所採用的是日本與中國之間的比較角度，而非通常意義上的上海與內地之間的對比。對於上海，他們也普遍採用了一種否定性的認知。郭沫若曾在詩中說：「遊閒的屍／淫囂的肉／長的男袍／短的女袖／滿目都是骷髏／滿街都是靈柩／亂闖／亂走。」郭沫若遂感到「我從夢中驚醒了，disillusion 的悲哀喲」！於是，在創造社作家早期作品中，幾乎都出現一個相似的情節模式，即無法忍受在東洋所受屈辱而不忘故土，回國後又無法忍受中國城市特別是上海之骯髒而返回日本，以致知識者飄流於日本城市與上海之間成爲主要的情節構架。在郭沫若《月蝕》、《陽春別》、《漂流三部曲》中，作者把愛牟在上海的生活歸之於「失敗的一頁」，因爲「上海的煩囂不利於他的著述生涯」。在上海，或者「看不見一株青草，聽不見一句鳥聲，生下地來便和自然絕了緣，把天眞的性靈斫喪」（《聖者》）；或者如同墳

〔註 54〕陳獨秀：《再論上海社會》，《獨秀文存》，安徽人民出版社，1987 年版，第 589 頁。

場，像愛牟感到的「他讓滾滾的電車把他拖過繁華的洋場，他好像埋沒在墳墓一樣」（《漂流三部曲》）。

最明顯的當屬陶晶孫。他十歲隨父赴日，在日本完成了小學、中學、大學的教育，在整個大正年間都居留於日本，對日本文化的認同遠超出其他作家。日本文化對於他來說，不僅是文化認同，還是對各種日本生活細節的接受，因而覺得祖國「百事都不慣」。《到上海去謀事》批評上海的人情淡薄。主人公「想來想去覺得在此地沒有我立腳的餘地了，這百鬼夜行的上海畢竟不是我可以住的地方，我想立即辭職，馬上回日本去研究」。同樣的選擇也見於郭沫若。愛牟在上海生計無著時，憤然道：「中國哪裏容得下我們，我們是在國外太久了。」陳翔鶴將「上海」定性爲一個美國式青年的人生方式：滿口的商業英語，「經日除食、眠、經營、謀利、娶妻生子，過著本能生活而外完全不知其他」（《不安寧的靈魂》）。

在「五四」知識者文學中，漂泊主題已經成爲固定模式。比如成仿吾、郭沫若的人物在東京、上海之間漂泊，郁達夫的人物在上海、東京、北京、安慶、杭州之間漂泊，周全平的人物在上海與瀋陽之間漂泊，林如稷、陳翔鶴的人物在上海與北京之間漂泊。在這種模式中，上海僅僅是一個旅行空間，除了與東京在文化上有差別外，與國內其他城市並無區別。林如稷《將過去》中的主人公若水，到北京去是一次失望，而到上海，也覺得在熱鬧之中的「淒涼冷淡」：「荒島似的上海與沙漠似的北京有什麼區別？」石評梅則將上海徑直看做沙漠：「上海地方繁華囂亂，簡直一片鬧聲的沙漠罷了！……我半分的留戀都沒有，對於這鬧聲的沙漠。」（《一瞥中的上海》）綜上所述，晚清基於城市現代性的城市敘述至「五四」時代被替換爲啓蒙現代性之下的新／舊文化的對立模式後，上海現代性想像的傳統暫時終止。這一傳統的恢復，應該是在 20 年代末普羅文學與左翼文學的開端期。

二

20 世紀 20 至 30 年代，中國新文學發生巨大動盪。簡言之，其背景已由「五四」時期的啓蒙革命轉向 20 年代末與 30 年代初的社會變革。「中國社會向何處去」成爲這時期的中心意識，「五四」新文學中對知識者個體意義、價值的思考轉向對國家、社會性質與發展趨向的探索。比如，從 20 年代有關人生觀問題的大論戰，到這一時期關於中國社會性質的論戰，便是這種轉向的例證。其背景是30年代初，以上海爲中心的沿海、沿江城市日益明顯的資本主義化進程以及由此帶來的社會整體變遷，城市開始再次成爲國家生活主體。經過十數年的發展，至1930年，上海全市人口已達314萬，1933年又增至340萬，按國外觀察家的話來說，上海達到它由來已久的命運的頂點。作家們也開始以不同形式高度地介入上海城市生活。隨著首都南遷，文化中心也從北京轉移至上海，以至於30年代接近百分之七十的作家都寓居上海。作家觀察社會生活的視角，也與啓蒙時代城鄉渾然一體構成舊文化環境不同，被置換爲城鄉的高度對立。所以，在抗戰爆發之前，純粹的鄉村社會基本上沒有大規模進入作家視野。比如，由茅盾、鄭振鐸向全國征集合編的《中國的一日》文集中，絕大多數是記錄城市人特別是上海人的生活的。城市文學已開始佔據中心地位。以這一時期三大文學流派——左翼、海派與京派而言，其中兩支都是上海城市的產物，並且由於對上海的不同理解，導致其文學中不同的上海圖景呈現。

先說左翼。嚴家炎先生曾談到普羅與左翼文學的核心問題。他說：「無產階級單獨領導中國革命的新形勢，要求新文學從第一個十年『混合型的革命文學』（李初梨語，指「五四」時代的啓蒙文學——引者），向前推進到正面倡導『普羅塔列亞文學』的新階段。」〔註55〕也就是說，普羅文學與左翼文學的基礎在於對中國國家革命的認識。30年代初爆發的對中國國家性質大討論說明了這一時代的中心興奮點，而城市，特別是上海在反殖民主義國家革命中的地位，便成爲多數作家不得不面對的問題。在上海，如何發動反殖民主義革命，成爲左翼人士進行想像的絕大空間。

熊月之認爲，在對上海城市的認知描述中，30年代前後是一個重要的時期，其主要特點是上海形象開始與殖民主義、帝國主義侵略聯繫在一起。「五四」、「五卅」運動之後，上海作爲帝國主義侵略中國的大本營這一形象益發凸現。這大大不同於清末民初國人從「文明」與「墮落」角度對上海的認知。清末民初時期，不管是立足於現代意義上對「未來」想像的「維新」題材，還是政治、科幻小說中的國家想像，都基於中國的現代化這一角度。而20世紀20、30年代，上海城市的殖民特徵被廣泛地認知。誠如有的學者所說：「上海在刺激現代中國民族主義的興起中，起到了重要作用。」〔註56〕除了由沈

〔註55〕嚴家炎：《中國現代小說流派史》，人民文學出版社，1989年版。
〔註56〕羅茲・墨菲：《亞洲史》，黃磷譯，商務印書館，2005年版，第473頁。

從文等人發起的京派、海派之爭外，另一場較大的對於上海特性的討論，是由當時的《新中華》雜誌發起的。1934 年《新中華》雜誌以「上海的將來」爲題發起了徵文，寓居上海教育界、出版界、學術界的名流如茅盾、郁達夫、章乃器、王造時、孫本文、李石岑、林語堂、沈志遠等紛紛來應徵，其中的 79 篇文章被輯爲一書，同年由中華書局出版。書中文章多半都從國家立場出發，認定上海是帝國主義統治中國、國際資本對中國經濟侵略的中心，並大量使用「吸血」、「壓榨」、「剝削階級」、「國際資本帝國主義」、「殖民地」、「畸形」等政治與經濟詞彙。由此看來，關於國家民族與階級對立的學說，開始引入上海知識界。這是 20、30 年代左翼人士表現上海的時代背景。

左翼對上海的認識，當然來源於晚清以來的現代性想像。在民族國家的建構中，這種現代性具有了反對殖民主義與反抗資本主義的雙重色彩。由於基於成熟資本主義社會結構的勞資結構、階級對立被橫向移植爲殖民地國家的社會構建，因此，民族立場又常常被置換爲階級立場，最終成爲以城市現代性表述民族國家訴求的混合體。左聯成立之後，左翼作家開始拋棄了「五四」以來新文學表現個性主義的傳統，在創作題材上，依照 1931 年 11 月左聯執委通過的決議，開始「注意中國現實社會中廣大的題材，尤其是那些最能完成目前新任務的題材」。左聯執委甚至還硬性規定了作家必須表現的五種題材：即「反帝國主義的」、「反對軍閥地主資本家政權以及軍閥混戰的」、「抓取蘇維埃運動」、「描寫白色軍隊剿共的殺人放火」、「描寫農村經濟的動搖與變化」。這幾乎是國家民族革命與民主革命的全景。在創作方法上，蘇聯「拉普」於 1930 年提出的「唯物辯證法的創作方法」，開始爲左翼理論界引進。馮雪峰譯介的法捷耶夫《創作方法論》指出：辯證法對社會的把握就是「社會不是個人，而是團體」，「不是一個人，而是階級」〔註 57〕。於是，基於知識者思想存在而產生的城市經驗，被替代爲階級對立的城市概念，階級鬥爭與產業無產階級的革命學說構成左翼的城市知識。

其實，早在 20 年代中期，左翼人士對上海的理解已經開始變化，上海已被指稱爲工人階級與資產階級對立鬥爭的集合體。在郭沫若集《前茅》中，階級論觀點代替了早期詩集《女神》、《星空》中對上海的泛化指謫，類似「污濁的上海市頭／乾淨的存在／只有那青青的天海」一類詩句不再有了，而是接近工人隊伍的一種「進入上海」的過程：「我赤著腳，蓬著頭，叉著我的兩

〔註 57〕載《北斗》1930 年第 2 期。

手／在馬路旁的樹蔭下傲慢地行走／赴工的男女工人分外和我相親。」也由此，上海的圖景在勞資對立衝突上展開：「馬路上，面的不是水門汀，／面的是勞動人的血汗與生命！／血慘的生命呀，血慘的生命，／在富兒的汽車輪下……滾，滾，滾……／兄弟們喲，我相信：／就在靜安寺路的馬路中央，／終會有劇烈的火山爆噴。」(《上海的清晨》) 郭沫若對上海的空間想像發生於靜安寺路，這一想像的依據在於這些地區曾發生的罷工浪潮。而 30 年代殷夫對上海空間的想像則更具說服力，「五卅呦，立起來，在南京路上走」(《血字》)，直接將空間對應於「五卅」意義。由此，從靜安寺路到黃浦江口這一段馬路，不再是現代中國走向西方文明的時間性想像，而是中國新興工人階級進行革命的空間意義。上海雖然「腐爛」、「頹敗」、「有如惡夢」、「萬蛆攢動」，但同時也成爲了「中國無產階級的母胎」(殷夫《上海禮贊》)。

左翼反對在普遍的現代性意義上建立上海的合法性，首先是在「飛地」意識中建立的口岸城市對於傳統中國的「非正統」觀念，即上海的異己性，上海的「非中國化」特徵成爲民族國家的一個巨大障礙。有人曾指出，左翼電影《馬路天使》與《十字街頭》所採用的「傳達知性觀念」的街景蒙太奇手法：「攝影機角度或是極端偏左，或是極端偏右，使觀眾產生一種巨大的水泥建築行將崩塌的感覺。」〔註 58〕因此，它必須在「反抗上海」這一線索中建立上海的現代性意義。左翼的「上海」繼承了此前人們對於上海的各種想像，如道德主義的、民族主義的，同時，又提供了一個新的上海——社會主義思想上的。

在茅盾《虹》這部作品中，主人公梅女士有一條對於上海的認識線索，從中我們可以探知，左翼怎樣在新的城市空間裏形成對上海的認識。初入上海，梅女士對他的引路人——革命者梁剛夫說：「上海當然是文明的都市，但是太市儈氣，你又說是文化的中心。不錯，大報館、大書坊，還有無數的大學都在這裡，但這些就是文化嗎？一百個不相信！這些還不是代表了大洋錢、小角子，拜金主義就是上海的文化。在這個圈子裏的人都有點市儈氣……不錯，上海人所崇拜的就是利。」顯然，這與「五四」時期創造社等人對都市的看法有著共同之處。梅女士目睹了各式各樣的上海面貌：這裡既有市儈味的都市氣，也有渾身國粹味的舊文人、舊式詞賦與舊小說、遜清掌

〔註 58〕孫紹宜：《都市空間與中國民族主義——解讀 30 年代中國左翼電影》，載《上海文化》1996 年第 3 期。

故；既有醒獅派國家主義的運動，也有不新不舊的畸形婚姻，更有徐自強式的雖曰革命、其實墮入腐爛生活方式中的革命者。而她卻最終認定了一個「上海」，即她所謂「眞正的上海」。她對友人徐綺君說：「你沒有看見眞正的上海的血液在小沙渡、楊樹浦、爛泥渡、閘北，這些地方的蜂窩樣的矮房子裏跳躍。」

「左翼的波希米亞人常常出沒於虹口地形複雜的弄堂、亭子間、小書店和地下咖啡館，充滿了密謀的氛圍。」〔註 59〕在左翼的空間想像中，大略由以下一些典型的圖景構成：楊樹浦、閘北、工廠、亭子間、灶披間、監獄、滬北貧民窟、外灘、港口等等。借助這一空間，左翼文學要完成一幅關於國家革命的圖景。正如同蔣光慈《短褲黨》對上海的判斷：「整個的上海完全陷入反動的潮流裏，黑暗勢力的鐵蹄踏得居民如在地獄中過生活，簡直難以呼吸。」蔣光慈要以上海三次工人起義爲題，以達成這樣的雄心：「本書是中國革命史上的一個證據。」從普羅文學到左翼文學，大都進行類似的階級鬥爭敘述，如龔冰廬、馮乃超的《阿珍》，左明的《夜之顫動》，樓適夷的《活路》及田漢的《年夜飯》、《梅雨》、《姊妹》、《顧正紅之死》、《月光曲》等。一方面，上海的城市生活被置於雇傭勞動這一典型的資本主義經濟制度主導之下，人物的身份大都爲制度所限定，如「包身工」、「包飯作」、「買身工」等。人物命運既然與經濟制度相關，因此，城市個體的遭際往往上昇爲制度問題。以田漢《火之跳舞》爲例。田漢偶見刊有浦東大火的報導，此事純屬肇事者性格原因所致，但田漢卻深究下去：「工人阿二因失業不名一文，其妻疑有外遇，豈非因他不拿錢回來？阿二不拿錢是失業的結果，無從得錢。再一問阿二爲何失業，這問題就與整個社會問題相結合了。」〔註 60〕因此，這一幕性格悲劇，被最終寫成了工人因失業與資方收租人之間衝突的社會悲劇，倒與個人性格無關了。在這裡，作品的主題並不重要，重要的是田漢以社會制度爲主體的想像方式，也就是說，與階級、制度無關的社會生活不可能獲得左翼敘述上海的合法性。某些作品也只是在這一層面有局限突破，而不可能完全脫離這一範式，如丁玲的《奔》、魏金枝的《奶媽》等。另一方面，階級鬥爭的國家革命被左翼文學認定爲必須帶有集團政黨性質。殷夫的詩歌經常寫到工人運動程序化

〔註 59〕許紀霖：《20 世紀中國知識分子史論》，新星出版社，2005 年版，第 437 頁。
〔註 60〕田漢：《田漢戲曲集・序》，現代書局，1930 年版，第 2 頁。

內容，如《一九二九年的五月一日》、《議決》所寫的委員會組織、會議表決等等。其使用的第一人稱「我們」是典型的公共主體，表明了左翼文學在國家政治公共空間的存在特性。

在左翼的視野中，上海城市的殖民性與左翼政治構成上海表述的兩個基石，兩者都具有世界主義背景。前者是將上海等城市的經濟、政治納入到全球性經濟危機與政治動盪背景之下，結論是在全球資本主義體系中上海的邊緣性，於是，大量表現上海經濟破產的作品紛紛出現，並以《子夜》爲代表，表明了在中國進入世界後對國家殖民性的思考。後者則最終導向有關民族國家的革命敘述。在這一線索下，晚清民初的民族主義敘述與「五四」時期改造國民性的啓蒙敘述，被轉換爲階級立場，即以無產階級的國內鬥爭完成民族國家。這一思維顯然也具有當時全球性的無產階級國家運動背景，例如德國的無產階級作家聯盟、朝鮮的「高麗無產階級藝術同盟」與日本的「全日本無產者藝術聯盟」等都有此傾向。

左翼的寫作模式在30年代成爲一種時尚，對其他各種形態的文學都有影響。早期海派中也有從經濟、政治角度對近代中國國家公共性的寫作文本。新感覺派的穆時英曾計劃創作長篇小說《中國一九三一》（又名《中國進行》）。該書並未面世，但從其卷首引子《上海的狐步舞》中可以看出「上海，造在地獄上的天堂」一類路子。趙家璧曾回憶說，穆時英受到帕索斯《美國三部曲》的影響，「準備按多斯・帕索斯的寫法寫中國」，把時代背景、時代中心人物、作者自身經歷和小說故事的敘述，融合在一起寫個獨特的長篇」〔註61〕。其友人曾談到他的寫作計劃：「他雄心勃勃地想描繪一幅1931年中國的橫斷面：軍閥混戰、農村破產、水災、匪患，在都市裏，經濟蕭條、燈紅酒綠、失業、搶劫。」〔註62〕《良友》雜誌還爲其刊登廣告，說「寫一九三一年大水災和九一八前夕中國農村的破落，城市里民族資本主義與國際資本主義的鬥爭」。這幾乎可以說是《子夜》的翻版。「大水災」也好，「九一八」也好，都是中國國家問題的標誌，而「民族資本主義與國際資本主義的鬥爭」，更是《子夜》式的內容。當然，這並非說海派有濃重的國家敘述之傾向，而是說，即使如早期海派這樣力圖抹去國家內容的派別，也存有以經濟、政治主導性表達國家意義的情況。

〔註61〕嚴家炎：《穆時英長篇小說追蹤》，載《新文學史料》2001年第2期。
〔註62〕黑嬰：《我見到的穆時英》，載《新文學史料》1989年第3期。

不過，左翼文學所遵循的是左翼政治經濟學理論與唯物史觀，即從經濟入手，發現社會現象的經濟動因與階級鬥爭的社會主體結構，以此全面闡釋中國城市社會政治、道德文化的新動向。而無保留地接受馬克思建立於歐洲發達資本主義國家社會分析基礎上的社會理論，往往導致在對上海城市的表現上，無可避免地產生以歐洲理論將中國格式化的情形，這種情形反而容易導致對上海城市的資本主義理解，造成城市現代性中心的問題。比如，工業經濟以及相應的社會組織（如商會、工會）對城市的主導，城市經濟、政治對鄉村中國的主導，城市人屬性中的經濟性對於倫理性的主導，城市階級關係對多元社會關係的主導，城市現代性對於鄉村社會的摧毀等等。即以經濟角度來說，其表現形式大多爲「雇傭勞動」這一資本主義最典型的經濟形式，而產業工人的鬥爭也被認爲是一種完全集團化的組織活動。無疑，這反而導致對上海已經資本主義化與高度現代性的中心性想像，相應的，上海這座中國城市的非現代性與不發達狀態反而被忽略。究其原委，在於左翼的上海敘事是一種非個人、非經驗的敘述。不僅以國家敘述代替上海敘述，也以經濟的政治中心性敘述代替個人的經驗的多元性敘述。

在這裡，以經濟政治爲主導，從而判定城市資本、政治權力關係的「國家性」思維可能是一個妨礙。爲了清晰地製造一個現代國家的城市文本，必然要將上海本有的混沌狀態格式化爲一元主體。有意思的是，日本新感覺派作家橫光利一有一部小說，書名即叫《上海》，其中以 1925 年的「五卅」反日、反英運動爲中心事件。橫光也要突出上海城市的現代性，並認爲它主要體現爲「東洋對歐洲的最初戰鬥」。但同時，他沒有忘掉上海作爲東方城市的地方性，想描寫的「只是一個布滿塵埃的不可思議的東方城市」。這部小說被認爲對上海的定位有三個向度，即「殖民地城市」、「革命城市」，「貧民窟城市」。「甲谷代表了殖民地資本主義的代理人，阿彬代表了都市風俗的陰暗面，宮子代表了都市上層的風俗，高重代表了日本資本主義，芳秋蘭代表了工人運動和革命勢力，山口代表了東洋的頹廢和亞洲主義者，白俄妓女奧爾加代表了流亡者和娼妓中的世界主義者」，因此，橫光利一的《上海》「把上海這個城市的全體當作了主人公」，並「發現了資本主義和大眾這兩者眞正的關係」〔註 63〕，而不是純粹的政治、經濟意義上的上海。所以，橫光利一「也

〔註 63〕劉建輝：《魔都上海——日本知識人的「近代體驗」》，甘慧傑譯，上海古籍出版社，2003 年版，第 109～110 頁。

對廣爲人知的上海的場所加以想像，一邊把無名的里弄編織進去，充分表現了當時上海的複雜和深不可測」〔註 64〕。從這一點上，我們看出了其與茅盾等人的區別。自明治維新以來，日本的許多作家都有遊歷上海的經歷。一開始也有基於上海的西方想像，如岸田吟香、谷崎潤一郎等。但是到了 20 世紀初，上海中西混雜的一面開始成爲他們對亞洲性思考的來源，如芥川龍之介、井上紅梅、村松梢風、金子光晴、吉行幸助以及橫光利一等。雖然他們對上海「不正宗的西洋」的看法不免日本人心態，但卻規避了單純的現代性視野，其經常使用的「魔都」一詞，帶著對上海新舊莫名複雜狀態的地方知識色彩。

三

至 20 世紀 30 年代，自晚清開始的另一種上海城市現代性，即物質與消費現代性前所未有地凸現。美國學者白魯恂曾說：「在兩次世界大戰之間，上海乃是整個亞洲最繁華的國際化的大都會。上海的顯赫不僅在於國際金融和貿易，在藝術和文化領域，上海也遠居其他一切亞洲城市之上。當時東京被掌握在迷頭迷腦的軍國主義者手中；馬尼拉像個美國鄉村俱樂部；巴達維亞、河內、新加坡和仰光只不過是殖民地行政機構中心；只有加爾各答才有一點文化氣息，但卻遠遠落後於上海。」〔註 65〕此時的上海，已經成爲世界第五大都市，港口貨運量占中國 4／5，吞吐量達到 40000 萬噸，外貿總額達到 10 億美元。作爲金融中心，上海集中了世界 40 多家銀行、170 多家保險公司，占西方在華金融投資的 79.2%。至 1936 年，總行設在上海的西方洋行有 771 家，工業資本總額占全國的 40%，產值占全國一半。其中，上海民族機器工業投資占全國 35.3%，產值占全國一半以上。1936 年，上海鋼鐵及其製品輸出占全國的 78.6%，機器及其零件輸出占全國的 80.2%〔註 66〕。

從城市風貌來說，至 30 年代，上海的城市面貌大致完成。外灘一帶建築的歐化風格尤其突出。從 20 世紀初期至 30 年代，外灘建築先後經過晚期文藝復興式、巴洛克式、折衷主義等建築風格，至 20 年代末與 30 年代初進入早期現代派與現代派風格時期，比如外灘的沙遜大樓、中國銀行大樓、百老

〔註 64〕廣重友子：《橫光利一：〈上海〉中的空間表現》，高瑞泉，山口久和主編《中國現代性與城市知識分子》，上海古籍出版社，2004 年版，第 200 頁。

〔註 65〕白魯恂：《中國民族主義與現代化》，載《二十一世紀》1992 年第 2 期。

〔註 66〕唐繼無，于醒民：《從閉鎖到開放》，學林出版社，1991 年版。

匯大廈和法國航空公司等。外灘之外，南京路上的四大公司即先施公司、永安公司、新新公司與大新公司相繼建成，其風格從折衷主義過渡到早期現代派風格。跑馬廳附近的四行（金城、鹽業、中南、大陸）儲蓄會大樓、國際飯店與大光明戲院業已是現代主義風格。24 層的國際飯店在當時與此後數十年間，其高度都居遠東首位。而整個法租界，則已建成歐式商業住宅區。自霞飛路迤西迤南廣闊區域，由於移植了巴黎拉丁式的風格，不僅引發了歐洲人的「鄉愁」，也使更多的中國人沉浸在異國生活情致之中。歐洲人的休閒娛樂也開始構成了上海城市文化的一部分。

高大建築、咖啡館、西式馬路、影劇院、跑馬場、回力球場、舞廳、公園等，「一面展現了異國風情，一面也在新建的娛樂場所中呈現了想像力」〔註 67〕，同時也造就了上海一群有著高度西方素養的文人在消費生活方面現代性想像的空間，並通過眾多的雜誌、小報以及文學作品將這一異域的空間想像延展開來。

首先是上海消費與文化生活的歐洲情調，造就了一批生活歐化的文人，而這恰恰是 30 年代海派產生的生活基礎。創造社後期的張資平在開設樂群書店期間，曾開了一間咖啡館。到 1929 年，創造社後期的小夥計周全平從關外到上海，在南市區西門中華路開辦西門書店與咖啡館，並仿傚北四川路上的「上海咖王非」，取名「西門咖王非」，常常聚集一批文藝界人士，其生活方式已經相當歐化。在南京東路的新雅茶室三樓東廳，經常聚集著像李青崖、葉秋原、邵洵美、劉吶鷗、張資平、葉靈鳳、杜衡、施蟄存、穆時英等人，不僅在此地閒話，而且構思寫作〔註 68〕。當時海派文人經常光顧的咖啡店一類的消閒場所還有沙利文、聯邦咖啡館和霞飛路。據徐遲回憶，下午四點至六點，在新雅有時竟能聚集 30 多位作家、藝術家〔註 69〕。「現代主義派文化必定在法國城（指法租界——引者）的咖啡館聚會，這是作爲都市布爾喬亞階級的空間象徵。」〔註 70〕熱衷於法國文化的曾樸與兒子曾虛白於 1927 年創辦「眞善眞出版社」，效法法國沙龍，成爲文學中親法人士的聚集會所，同仁

〔註 67〕白吉爾：《上海史：走向現代之路》，王菊，趙念國譯，上海社會科學出版社，2005 年版，第 281 頁。

〔註 68〕林徽音：《深夜漫步》，楊斌華編《上海味道》，時代文藝出版社，2002 年版，第 121 頁。

〔註 69〕李歐梵：《上海摩登》，北京大學出版社，2001 年版，第 27 頁。

〔註 70〕許紀霖：《都市空間視野中的知識分子研究》，載《天津社會科學》2004 年第 3 期。

有徐霞村、張若谷、邵洵美、徐蔚南、田漢、朱應鵬等人。而據施蟄存回憶，後來成爲現代派、新感覺派中堅力量的一些人物，其生活也已相當西化：「每天上午大家都耽在家裏各人寫文章、譯書。午飯後睡一覺，三點鐘到虹口游泳池去游泳，在四川路底一家日本開的店裏飲冰，回家晚餐。晚飯後到北四川路一帶看電影，看過電影，再進舞場，玩到半夜才回家。這就是當時一天的生活。」〔註 71〕穆時英個人生活之摩登，則更是盡人皆知的。他燙頭髮，著筆挺的西裝，經常出入於舞場或電影院，「是個摩登 boy 型，衣服穿得很時髦，懂得享受，煙捲、糖果、香水，舉凡近代都市中的各種知識他都具備」〔註 72〕。他經常出入舞場，並追逐一位舞女，甚至最後在香港娶她爲妻。這一情形導致了文學中另一個上海的出現，即茅盾所說的「百貨商店的跳舞場電影院咖啡館的娛樂的消費上海」〔註 73〕，而且以前所未有的藝術方式呈現出來。30 年代的海派特別是新感覺派將上海鎖定於一個街頭、跑馬場、夜總會、大戲院、富家別墅、特別快車、新式跑車、遊樂場的公共性消費場所，展開他們對於上海國際化、歐洲化的想像，就像張若谷坐在俄商復興館喝咖啡的感覺一樣：「坐在此地，我又想起從前在法國巴黎的情形來了，此地有些像是香塞麗色路邊個露天咖啡攤。」〔註 74〕

基於這種日常消費性的世界主義國際化風格的想像，海派文學賦予上海以工業的、暴力的、男性的西方都市色彩。應當說，這與晚清以來將上海看做世界性經濟中心的現代化邏輯基本上是一致的。當然，與晚清民初小說中的「維新」敘事不同的是，它建立於物質消費的現代性意義之上，並以某種烏托邦形式展開，將對上海的消費性經驗轉化爲國際資本主義欲望與物質的冒險經歷，其大量描寫的性征服、競技、烈酒、恐怖、高大建築、異國冒險等，帶上了西方人的物質經驗與冒險經歷，一切都在國際性消費生活的意義上符號化。同時，在國際化風格之下，往往採用鳥瞰、漫步、男女聚散、電影蒙太奇與當下的時間狀態等手法，並伴有語言暴力。他們將上海生活置於一個平面化的瞬間狀態，避免對上海城市歷史與東方性深度內容的深究，以造成對上海與巴黎、紐約等國際性都會並無差異的理解。這便是新感覺派的上海敘述。

〔註 71〕施蟄存：《我們經營過的三個書店》，載《新文學史料》1985 年第 1 期。

〔註 72〕卜少夫：《穆時英之死》，《無梯樓雜筆》，新聞天地出版社，1947 年版。

〔註 73〕茅盾：《都市文學》，載《申報月刊》第 2 卷第 5 期。

〔註 74〕張若谷：《俄商復興館》，楊斌華編《上海味道》，時代文藝出版社，2001 年版，第 17 頁。

第四節　城市觀：理性與情感表達的兩難

現代作家對於城市的現代性選擇，除了上述之外，還有非常複雜的情感狀態，這就是在理性與情感的兩難。

清末民初以來，京滬兩類不同的都市形態，深刻影響了中國新文化人的生存方式與文化心理，也影響了中國現代城市文學的發展格局。上海，對於中國新文化、新文學以及新文化人來說，具有至關重要的地位與作用，以致有研究者稱爲「聖地」。首先，上海現代經濟的發展，爲中國接受西方文明提供了良好的土壤，使得「五四」倡導的新文化得以在此植根。它以其具體的形態，給了中國文化人一個感知現代文明的窗口。30 年代林庚曾說：「這個現代的都市與我以初次的驚奇，車過靜安寺路時那百樂門舞場的燈火，是北方所從來看不見的。路的好、街的整潔，在一恍惚裏，我只看到一個純粹現代化的社會……」〔註 75〕許多未曾留洋或長期寓居內地的文化人，是最先從上海得到對現代文明的初步印象的。大批莘莘學子，從四面八方萃集上海，而上海作爲發達的城市社會，亦可滿足新文化人的職業需求與成就願望。其次，在清末民初，上海以其多元政治色彩與民主力量的強大，使它成爲多元文化力量的棲身之處。美國學者梅爾·戈德曼曾說：「中國青年作家之所以被上海所吸引，不僅是因爲魯迅在那裡，也因爲上海的外國租界中尙有若干自由，尙可發表一些不同政見。」〔註 76〕由於上海較其他地方更能保證作家人格的自由與完整，因此，也易於組成多元文學的集團性力量。30 年代，百分之七八十的中國作家寓居上海。在新文學流派團體中，除京派與解放區文學團體外，絕大部分都立足上海，如「左聯」、海派、現代評論派，以及普羅小說派、民族主義文學、現代詩派、創造社、太陽社，乃至鄉土小說派、東北流亡作家群等等。不佔領上海，便是失掉了全國。

新文學作家與上海的密切關係，是中國城市文學產生的基礎。作家城市意識的獲得、作品的內容表現，甚至文體技法，相當程度上都依賴於上海給他們的生活實感。以至於上海不僅是城市文學的開創之地，而且始終佔據十之七八的地位。30 年代表現上海的城市小說，其產生與發展本身，就是上海

〔註 75〕林庚：《四大城市》，載《論語》1934 年第 49 期。

〔註 76〕梅爾·戈德曼：《〈五四時期——中國現代文學〉前言》，《國外中國文學研究論叢》，中國文聯出版公司，1985 年版，第 93 頁。

現代性、多元性文化的產物。眾多都市意識、表現內容與技巧文體不盡相同的文學流派，竟能同時並存於一地，這在其他城市是不可想像的。

然而，現代文人對於上海的道德情感與文化態度要顯得複雜得多。儘管在社會文明進化的歷史價值天平上，上海完全符合新文化人的理性判斷，然而幾千年來積澱於文人文化心理中的傳統價值尺度與情感傾向，並未被這份理性完全替代。許許多多作家，包括那些外表看來非常洋化的作家心中，上海仍是一個中國人難以認同的尤物。它的高度運轉，它的聒噪繁亂，它的貧富懸殊，它的道德淪喪，乃至上海人住處的逼仄，視野的迫促，都難以吻合文人的傳統的歸屬感，以至時時被人稱之爲「紅塵十丈」、「水深火熱」。「兩腳踏中西文化」的林語堂直斥上海是「銅臭」、「行尸走肉」的「大城」，「中西陋俗的總匯」，是「浮華、平庸、澆漓、淺薄」，是「豪奢」，「貧乏」，是「淫靡」、「頹喪」。〔註 77〕新文化人一方面無法離開上海，但同時都不把上海視爲自己的根，在許多表述中，都以「逃離上海」作爲潛在的心理趨向（儘管並不曾實現）。即使是在某些情感上親近城市的作家的文字中，讀到的也是另一番滋味。比如張愛玲曾說：「我喜歡聽市聲。比我較有詩意的人在枕上聽松濤，聽海嘯，我是非得聽見電車響才睡得著覺的。」然而有趣的是，她由高層公寓生活中發現的，卻是解脫都市煩囂的所在：「公寓是最合理想的逃世的地方。」〔註 78〕柯靈面對「人海滔天、紅塵蔽日」的上海，卻在夜間尋覓些許「片刻的安寧」，於冷清的末班電車與街頭小鋪中領略人際的溫馨與「遼遠的古代」的意蘊。〔註 79〕像殷夫這樣明確地意識到都市產業工人集團力之美的都市無產者代言人，也竟於初到上海時詛咒道：「上海是白骨造成的都市／鬼狐魑魅到處爬行。」〔註 80〕文人們不斷疾呼：「回去、回去，上海不可久留。」〔註 81〕甚至像葉靈鳳這樣的都市之子，在遊歷了北平之後，竟一再表示：「我眞詛咒這上海幾年所度的市井生活。」〔註 82〕

〔註 77〕林語堂：《上海之夜》，《我的話》，上海時代書局，1948 年版，第 26～27 頁。
〔註 78〕張愛玲：《公寓生活記趣》，《流言》，五洲書報社，1944 年版，第 26、30 頁。
〔註 79〕柯靈：《夜行》，錢理群編《鄉風市聲》，人民文學出版社，1992 年版，第 62～63 頁。
〔註 80〕殷夫：《妹妹的蛋兒》，《殷夫集》，浙江文藝出版社，1984 年版，第 109 頁。
〔註 81〕《上海不可久留》，載《小說月報》第 14 卷第 7 號。
〔註 82〕葉靈鳳：《北遊漫筆》，《靈鳳小品集》，現代書局，1933 年版，第 102 頁。

在眾多作家那裡，理性判斷與對城市的情感承受能力尚未合一。對此，我們對此無法苛求。在一個延續了幾千年農業文明的國度，一旦聳起一座西洋色彩的妖豔之花，其驚駭與衝擊是不言而喻的。可以說，中國現代作家的文化觀念中存有一個基本的結構，即理性與鄉情的糾結與悖離。前者，是新文化人所受新文化思潮與西方文化所致，並具體作用於對上海的理性認識中。後者，則是作爲一個不能脫離傳統的文人內心情感的需求，往往體現在他們對鄉村與鄉村型城市的情感維繫之中。在這個結構中，上海只是文化人理性的一極，而另一極，則繫於鄉村，或者鄉村型的城市——近代的北京。

在北京作家群中，對現代都市的恐懼與疏離，使作家心理中「非都市化」傾向至爲濃重，「五四」以來的民粹思潮又使之更爲強化。李大釗就把城市視爲集人間罪惡、醜陋、畸形於一身的奧革阿斯牛圈。黎錦明甚至在其《烈火集》再版自序中說，城市人如其有靈魂，他們的靈魂恐怕未有不染了灰色罷？某些京派文人則自稱生活於都市是「誤入」歧途。李健吾說：「我得承認我是個鄉下孩子，然而七錯八錯，不知怎麼，卻總呼吸著城市的煙氛。身子落在柏油馬路上，眼睛觸著光怪陸離的現代，我的沾滿黑星星的心，每當夜闌人靜，不由嚮往綠的草、綠的河、綠的樹和綠的茅舍。」〔註 83〕然而，由於北京的鄉村文化形態，使許多作家於情感上感到一種親近，「在普遍的都市嫌惡中，把北京悄悄挑除在外」〔註 84〕。老舍說：「假使讓我『家住巴黎』，我一定會和沒有家一樣的感到寂苦。」〔註 85〕在眾多作家心中，「家」的定義是由北京提供的。30 年代的文人曾一再談到北京「住家爲宜」，這個「住家」的概念，或許以心理學的含義更多一些。它意味著傳統文化爲現代的人們留下的一份寧靜與安詳，一種歸屬感。

或許，這種心理滿足，在北京尚屬北洋政府駐地時還並不明顯，而當北京不再是首都，成爲一座衰落的文化城的時候，則顯得更爲濃烈，在「五四」與 20 年代，我們很少看到作家們眷念北京的文學。而 30 年代，作家們對北京的嚮往與懷戀則達到頂峰。1936 年，在上海的《宇宙風》雜誌曾陸續推出「北平特輯」，共出 3 輯，其中大部分文章又以《北平一顧》爲題結集出版。

〔註 83〕李健吾：《〈畫廊集〉——李廣田先生作》，《李健吾創作評論選集》，人民文學出版社，1984 年版，第 474 頁。
〔註 84〕趙園：《北京，城與人》，上海人民出版社，1991 年版，第 7 頁。
〔註 85〕老舍：《想北平》，載《宇宙風》1936 年第 19 期。

同時《立言畫刊》、《歌謠周刊》也設立不少有關記敘北京風情的專欄。有趣的是，這些文章的作者大都生活於上海，個中意味，頗耐人仔細品嘗。30 年代是中國現代文化與現代城市文化迅猛發展的時期，作家們愈是緊緊追隨時代，以求與時代發展同步，便愈是感到尋求文化根的迫切，愈是需要在內心留一份傳統情感的位置。概而言之，眷戀北京，恰是為了得到對上海生活的一種補償。老舍說：「北平是個都城，而能有好多自己生產的花、菜、水果，這就使人更接近了自然。從它裏面說，它沒有像倫敦的那些成天冒煙的工廠；從外面說，它緊連著園林、菜圃與農村。」「我不能愛上海與天津，因為我心中有個北平。」〔註 86〕不僅生於斯長於斯的文人們眷念北京，而且南方等地的文人也將北京視為自己的根，甚至目為第二故鄉。郁達夫在遊歷北京之後曾說，一離開北京，便希望再去，「隱隱地對北京害起劇烈的懷鄉病來」，「這一種經歷，原是住過北京的人個個都有，而在我自己，卻感覺得格外濃，格外的切」。〔註 87〕久居滬上的洋場摩登文人葉靈鳳，也在上海的「十丈紅塵」之中，「渴望一見那沉睡中的故都」。〔註 88〕

或許，北京所提供給作家文人的，更多的是文化心理的慰藉，甚至是一份對傳統文明久違之後的夢想，正如同古代文人的「桃源夢」一樣，多半是美化、幻化的東西。在社會進步、個人成就、生活需求等方面，它畢竟無法替代上海給社會與作家所帶來的種種惠遇。事實上，正如同「鄉村夢」只能由都市人來做一樣，美麗的「北京夢」也只是南方特別是上海文人心中的產物，一種現代人對傳統的嚮往。他們雖然信誓旦旦不斷地表述對北京的嚮往，但一旦久居，便不堪忍受其落後與封閉。所以，北京對中國現代城市文學的作用，比上海要小得多。至少可以說，它只能為作家提供一種觀察的實感，而無法提供給作家一種立足現代的都市意識。恰如老舍一生以北京為表現對象，但老舍那種對北京文化批判性的創作衝動，乃是由於客居英倫，得到了西方文明的參照之後才萌發的。老舍步入創作生涯後，便很少再回北京，但依然達到了城市小說的高峰。很明顯，其城市意識的獲得，主要依賴於現代理性，而非北京的傳統。如果一生蝸居北京，便沒有老舍，也沒有《駱駝祥子》與《四世同堂》。在此，筆者斗膽假設一下，也是以北京為部分作品表現

〔註 86〕老舍：《想北平》，載《宇宙風》1936 年第 19 期。
〔註 87〕郁達夫：《北平的四季》，載《宇宙風》1936 年第 30 期。
〔註 88〕葉靈鳳：《北遊漫筆》，《靈鳳小品集》，現代書局，1933 年版，第 96 頁。

對象的京派城市小說，之所以沒有取得相當的成就，是否與京派文人當時沒有走出北京或北方文化圈有關呢？！北京，作爲城市文學的表現對象，它是極重要的，但是，它不能成爲城市文學的土壤與策源地。表現北京的文學，乃是熟悉北京而又走出北京文化圈之外的作家所爲。正如同鄉土文學乃是出身鄉村卻又寓居都市並獲得現代理性的作家所爲一樣。

第二章　海派文學的文化意義

第一節　早期海派文學與現代主義

一

一般而言，存在於 20 世紀 30 年代的海派文學，特別是其中的中堅力量新感覺派，是中國第一個眞正意義上的現代主義小說流派，儘管此前在創造社的創作中，也曾具有較多的現代主義文學因素。從題材內容上看，創造社是中國最早接受弗洛伊德泛性學說的文學團體。郭沫若的《殘春》、《葉羅提之墓》，陶晶孫的《木犀》、《黑衣人》，都以弗氏學說闡釋人物的性壓抑與變態心理，其中大量涉及潛意識、夢境、亂倫等內容。在創作方法上，創造社許多小說具有顯明的表現主義色彩。創造社元老鄭伯奇就談到，創造社在受浪漫主義影響的時候，「新羅曼派和表現派更加劇了他的這種傾向」。郁達夫、郭沫若等人的小說都不同程度地採用幻覺、夢境等手法。另外，其他現代主義手法也常被創造社使用，比如打破時空的邏輯關係而使人物的意識流動呈跳躍狀態，電影蒙太奇手法造成的突兀、緊張、躁動的感受，感覺復合等等。但是，嚴格說來，創造社創作的主體形態，仍是浪漫主義的。即使存在現代主義成分，也大都附麗於其浪漫主義創作之中。而眞正從思想淵源、主導形態上全面接受西方現代主義的，應該是海派，特別是其中的新感覺派。

海派作爲一個文學派別，其形成本身即有一條接受西方現代主義的明晰線索。

海派早期，特別是在新感覺派時期，主導人物應是劉吶鷗。劉吶鷗並沒有在引進西方理論方面充當領袖人物，但是，由於他個人在文學組織方面的工作，事實上也將他個人的一些文學思想傾向加諸於這個團體之中。劉吶鷗是臺灣人，在日本青山學院與應慶大學完成大學教育，又入上海震旦大學法文班，精通法語。作爲一個商人又兼文學家的身份，他在上海開辦《無軌列車》雜誌，後來又獨資開辦水沫書店。劉吶鷗的文學興趣，如同《無軌列車》這個雜誌名稱一樣，行無定則，在他看來，「只要是反傳統的，都是新興文學」。他從日本帶來了日本文壇具有新傾向的作品，如橫光利一、川端康成、谷崎潤一郎的小說——此即被稱爲日本新感覺派的作品；也有關於未來主義、表現主義、超現實主義甚至馬克思主義的文藝論著。劉吶鷗這種唯新是崇的文學嗜好，深深地影響了當時他的法文班同學施蟄存、戴望舒、杜衡等人，使他們對文藝的認識相當混雜，但也開始接觸了西方現代主義的文學。

劉吶鷗頗爲蕪雜的文學理念，或者說他對西方現代主義的介紹，較集中於日本新感覺派與法國保爾・穆杭的作品。新感覺派是日本文壇在第一次世界大戰與日本關東大地震後出現的一種文學思潮派別，有濃厚的「世紀末」色彩，其成員除前述三人外，還有池谷信三郎、片岡鐵兵、中河與一及林房雄，並以《文藝時代》爲陣地。1929 年，劉吶鷗翻譯了現代日本小說集《色情文學》，其中幾乎全是日本新感覺派的作品，如片岡鐵兵、橫光利一、池谷信三郎的小說，交由自辦的水沫書店出版，並大加褒揚。而由日本新感覺派上溯，他也竭力推崇受日本新感覺派歡迎的號稱法國新感覺派作家的保爾・穆杭。穆杭在西方，甚至在法國都不算是一流作家，但有鮮明的傾向。他的作品常常表現變態、失常的人物，熱衷於人物潛意識的開掘，節奏很快。劉吶鷗在《無軌列車》上闢出專欄，發表《保爾・穆杭論》，並由戴望舒翻譯了穆杭的《懶惰病》與《新朋友》。其《編後記》中稱穆杭「探求的是大都會裏的歐洲的破體」，「使我們馬上瞭解了這酒館和跳舞場和飛機的現代是什麼一個時代」。

劉吶鷗對西方現代主義的介紹引發了上海一些青年作家的興趣，其實，這些青年作家原本也就有著對西方文學的熱情。這中間有許多屬於文學上的親法分子。戴望舒熱衷於法國象徵派詩歌，徐霞村本身就是翻譯家，施蟄存、杜衡、林微音也都譯創並擅。《無軌列車》在出了 8 期停止之後，這些青年又在 1929 年 9 月共同創辦《新文藝》雜誌。《新文藝》雜誌在傾向上與《無軌列車》並無二致，而且走得更遠，更加集中。不僅繼續譯介日本新感覺派的理論與作品，而且開始進入模仿創作階段。劉吶鷗本人身體力行，創作出 8 篇帶有新感覺主義傾向與意識流特點的小說，結集爲《都市風景線》行世。施蟄存也開始進入創作狀態，以弗洛伊德理論爲基礎，寫出《鳩摩羅什》、《將軍底頭》等帶有心理分析色彩的小說。此外，新進青年，當時還在大學就讀的穆時英，也開始在《新文藝》上發表小說，雖未完全顯示出現代主義傾向，但其加盟，畢竟爲海派日後的鼎盛又注入活潑因素。

《新文藝》在 1930 年被查封。但到 1932 年，《現代》雜誌創刊。現代書局老闆張靜廬請出當時以中立作家著稱的施蟄存擔綱主編，這便把《無軌列車》與《新文藝》已經出現的現代主義文學因子賡續下去，並發揚光大。由於《現代》雜誌對外標榜中立，因此施蟄存在《創刊宣言》中聲稱「不預備造成任何一種文學上的思潮，主義，或黨派」。但實際上，這一承諾很難做到。我們不妨從施蟄存在《現代》4 卷 1 期上發表的《關於本刊的詩》一文中看出編者的態度。他說：「《現代》中的詩是詩，而且純然是現代的詩。它們是現代人在現代生活中所感受到的現代情緒，用現代的詞藻排列成現代的詩形。」他甚至詰問某些讀者對《現代》發表現代主義傾向作品的非議：「這種生活（指現代作者）所給予我們的詩人的感情，難道會與上代詩人從他們的生活中所得到感情相同嗎？」由此可以看出，在接受、創作現代主義文學時，《現代》雜誌的堅定立場。《現代》雜誌一如既往地介紹喬伊斯、福克納、阿保里奈爾、橫光利一的作品，同時，不斷發表穆時英、徐霞村、施蟄存、葉靈風帶有現代主義色彩的小說。不僅如此，《現代》雜誌幾乎可以說培養出了中國新感覺派，其後起之秀穆時英無疑是由《現代》推出並聲名鵲起的。穆時英不僅承認日本新感覺派給他「留下了很深的印象」，而且，據稱其《街景》一篇有取巧日本新感覺派池谷信三郎《橋》之嫌。可見其受影響之深。

應該說，《現代》雜誌不僅繼承了自《無軌列車》以來對西方現代派的接觸，在深度與廣度上都有拓進，而且也使海派的西方文學淵源相對集中在日本新感覺派與歐美心理分析、意識流兩大方面之中。對於前者，無疑是由劉吶鷗帶來；而後者，則不能不歸功於施蟄存。20 世紀 20、30 年代是弗洛伊德理論大行其道的時代，藹理士的性心理學著作也行銷一時。施蟄存對這兩位西方學者的學說心儀已久。我們已知施蟄存曾精研弗洛伊德與藹理士的外文原作，並譯過號稱弗洛伊德「雙影人」的奧地利作家顯尼志勒的小說，並且對人的心理有一種「妄想癖」式的熱情。他說：「我心嚮往之，加緊了對這類小說的涉獵和勘察，不但翻譯這些小說，還努力將心理分析移植到自己的作品中去。」〔註 1〕早在創作《周夫人》時期，施蟄存便顯示出以心理分析方法解刻人物心理的優長，此時更有《梅雨之夕》等心理分析小說發表。當樓適夷批評他是「新感覺主義者」的時候，施蟄存確言道：「我雖然不明白西洋或日本的新感覺主義是什麼樣的東西，但我知道我的小說不過是應用了一些 freudism 的心理小說而已。」施蟄存並沒有局限於日本新感覺派，或者說並沒有經過日本新感覺派對西方現代主義的二手傳遞，而是在弗洛伊德這個西方現代主義直接的源泉中獲得文學營養，由此也開創了 30 年代海派的小說的另一風貌——心理分析小說。

上述，我們梳理了海派的形成與接受西方現代主義文藝思潮的直接關係。可以說，對西方現代主義，特別是對日本新感覺派的譯介與對弗洛伊德、藹理士心理分析學說、性心理學說的接受，直接促成了海派，特別是其中的中國新感覺派的產生。有意思的是，對新感覺派來說，其文藝思想上的兩大來源並不是孤立的，不僅不孤立，而且存在著相互融通的滲透關係。在這一點上，中國新感覺派幾乎走了一條與日本新感覺派相同的道路，即新感覺——心理主義。日本新感覺派標明自我對傳統現實主義、自然主義的反叛，他們追求創作主體對事物客體之間一種新的關係，強調直覺和主觀感受對於客體的作用，將主觀感覺投入到客體之中，構成一種「新現實」，這即是「新感覺」，帶有明顯的表現主義特色。日本新感覺派在追蹤這種新感覺時，就把表現主義的認識論與達達主義的思想表現方法，作爲其兩大理論根據，統一於一種所謂「新感覺」、「新現實」之中。其實，說白了，所謂「新現實」，其基礎在乎「新感覺」。而「新感覺」所遵循的即是一種心理原則，即主觀主體對於客體的心理認知改變。從他們所服膺的表現主義這一原則出發，新感覺主義其實也就是一種「新心理主義」，傾向於表現主義對人物心理非理性、隨意性的理解。所以，日本新感覺派的重要成員，如川端康成與橫光利一，都在 20 世紀 30 年代轉向心理主義，接受了相當多的意識流影響。而中國新感覺派中，施蟄存本人一開始就從弗洛伊德學說、藹理士的性心理

〔註 1〕施蟄存：《我的創作生活之歷程》，《燈下集》，開明書店，1937 年版。

學入手，表現出鮮明的心理分析色彩。在創作中，施蟄存極力推崇奧地利作家顯尼志勒。顯尼志勒最早把心理分析運用於小說創作，甚至連弗洛伊德也常借助其作品旁證學說。他把現實與心理幻覺結合一起，並開創了內心獨白的表現技巧，用於表現人物，特別是女性人物的性愛心理。這種技巧經愛爾蘭的喬伊斯在《尤利西斯》中的成功運用，遂成爲20世紀經典的小說技法之一。施蟄存用很長時間翻譯了顯尼志勒的心理分析小說《婦心三部曲》，並由翻譯顯尼志勒的《倍爾達·迦蘭夫人》開始對弗洛伊德、藹理士的理論發生興趣。而穆時英、劉吶鷗等人，也基本上依據日本新感覺派的思想淵源追溯到心理主義，通過橫光利一、川端康成等人的「新現實」——「新感覺」，觸摸到心理主義的核心，只不過相對於施蟄存來說，他們對心理主義的接受是經過了日本新感覺派的輾轉而已。因此，看起來思想淵源不同的中國新感覺派作家，能夠共同構成一個傾向鮮明的集體，是有必然的原因的。

二

在思想淵源上，早期海派，特別是新感覺派小說最接近西方現代主義文學的主題的，是以弗洛伊德精神分析學說對人物與事件進行闡釋，其間涉及泛性心理與文明的衝突。

施蟄存在這方面可謂捷足先登。弗洛伊德的潛意識理論，藹理士對變態心理與傳統、宗教、道德的關係的研究，顯尼志勒的內心獨白方法，日本小說作家山田花袋對特殊心理的揭示，以及愛倫·坡對病態心理的表現，種種西方文學素養，使他一開始便對心理分析有著很大興趣。施蟄存在評述顯尼志勒時說：「顯尼志勒的作品可以說是完全由性愛這個主題形成，因爲性愛對人生的方方面面都至關重要。但他並沒有把性愛僅僅寫成事實或行爲，而是著重在性心理的分析上。」〔註2〕這幾乎可以看做是施蟄存本人的自況。早在其《上元燈》小說集中，就有《周夫人》一篇，寫一位寡居的孀婦，因一少年酷似亡夫而對其產生戀愛心理。這篇小說寫得清麗柔曼，似乎沒有一般現代主義的強烈衝突，但所觸及到的人物心理失態，其實正預示著日後這一傾向的發展。此後，施蟄存出版《將軍底頭》，弗洛伊德式的心理分析方法得以確定。很有意思的是，他首先從歷史題材人手。這些歷史題材並非全是杜撰，而恰是人們耳熟能詳的一些歷史故事。作者這樣做的目的，事實上已突破了

〔註2〕施蟄存：《薄命的戴麗莎：譯序》，中華書局，1937年版。

專注於當代都市人性心理與心理變態的層面，建立了一種人類文明的普遍性的概念，甚至是一種史觀。由此可見，他對弗洛伊德、藹理士學說的接受到了何種地步。

施蟄存在《將軍底頭・自序》中說：「雖然它們同樣是以古事爲題材的作品，但是在描寫方法和目的上，這四篇都不完全相同。《鳩摩羅什》是寫道和愛的衝突，《將軍底頭》卻寫種族和愛的衝突了；至於《石秀》一篇，我是只用力在描寫一個性欲心理。」〔註 3〕在此集的四篇小說中，除《阿襤公主》較多寫實外，其餘三篇都用弗洛伊德理論中性與文明衝突的歷史觀，解構這些古代故事中所包含的宗教的、道德的、民族的傳統意義。《鳩摩羅什》類似於法國作家法郎士的《泰綺絲》，寫西域高僧鳩摩羅什素來修行的「正果」，一旦面對情的誘惑都不斷崩潰。他不僅娶妻、飲酒、姦淫，而且無法抵禦長安名妓的媚惑，以感化爲名的多次會見，都化爲性欲行爲，此後更是過著「日間講譯經典，夜間與宮女使女睡覺」的生活。所謂高德，最後變成了騙術。死後全身皆爛，只剩一根舌頭。小說並非縱筆於性的描寫，只在說明教義與性欲所導致的雙重人格。《石秀》一篇是用弗洛伊德主義闡釋《水滸傳》中石秀殺掉潘巧雲的描寫，解構石秀行爲的英雄主義內涵。在人們幾百年來都以急公好義津津樂道於石秀的時候，施蟄存卻給予了石秀殺人一個極黑暗的動機。看到楊雄之妻潘巧雲與和尚裴如海私通，他的陰暗心理油然而生：「與其使她與裴如海發生關係，恐怕倒還是和自己發生關係爲比較的可恕罷。」由性欲與義氣造成的人格分裂，最終使石秀成爲一個虐待狂，在千刀萬剮之中體味著由愛生恨的快感。《將軍底頭》中唐朝將軍花驚定，直至戰死之後仍馳馬奔向一位心愛的吐蕃姑娘。作者選取人們熟悉的歷史故事建築一種新的歷史觀，並且以此作爲對人的認識的基點。刊載於《現代》1 卷 5 期的評論即稱：其作品「一個極大的共同點——二重人格的描寫。每一篇的題材都是由生命中的兩種背馳的力的衝突來構成的，而這兩種力中的一種又始終不變地是色欲」。

在此後的《梅雨之夕》集中，十篇小說幾乎每篇都是以性的變態表現爲題。《梅雨之夕》一篇應算是相對平和，它寫一位上海職員在下班後遲遲不肯歸家，在小雨中與一陌生少女相偕共傘，自譬爲女郎的男友，甚至把街邊商鋪老闆娘的目光都看成嫉妒，歸家之後，失魂落魄地把妻子看成那個少女。

〔註 3〕施蟄存：《將軍的頭・自序》，新中國書局，1932 年版。

這是一場白日夢。這段描寫也許與作者某種早期的隱秘心理有關。其他作品，按作者的話來說：「從《魔道》寫到《凶宅》，實在是已經寫到魔道里去了。」〔註4〕《魔道》中的一位先生到鄉鎮友人陳君家中度周末，一路上，把火車座對面的奇醜老婦看成夜間飛行、奪人靈魂的妖女；到友人家，又把窗戶黑點看成妖女隱身，朋友之妻是妖婦變成的美女。回到上海，所見女性，似都是妖婦陰影，其中大量涉及西學知識，如木乃伊、麗達天鵝、巫婆等等。《夜叉》中主人公在幻覺中將約會的白衣啞女扼死，原因居然是他對啞女「確然曾有過的一點狎褻的思想」。《在巴黎大戲院》一篇，一位紳士居然以吸吮女友痰帕爲快意。《凶宅》寫了一個外國記者殺死了六個妻子的故事（類似西方的哥特小說），每次事畢，他「心中就會升起一陣血腥味」，「覺得這就是一個最爽利的姿勢」。

施蟄存在《魔道》中敘寫主人公在火車上看到黑衣老婦的幻覺時，曾試圖看書以靜下心來。他帶了哪些書呢？小說中說「有 LEFANU（中譯勒發努，1814～1873 年，維多利亞時代的作家，長於幽靈小說，也被稱爲心理小說）的《奇異故事集》、《波斯宗教詩歌》、《性欲犯罪檔案》、《英詩殘珍》」、「the Roman of Sorcery」。其實，這些書據說不僅施蟄存本人擁有，極喜愛，而且也似乎是他在一次旅行中所帶的書。除了勒發努的幽靈小說之外，施蟄存還喜歡一些作家如愛倫・坡、詹姆斯・弗雷澤、安德魯・朗、威廉・夏普等。有論者稱：「讀了這些作家的結果是他自己漸漸地對魔法、巫術、召亡靈和妖法等等東西感上了濃厚的興趣。」〔註5〕由此可見施蟄存所寫的怪異心理小說與西方文學的關係。

當施蟄存已經意識到自己走人「魔道」時，得出結論：「硬寫是不會有好效果的。」後期的小說集《善女人行品》與《小珍集》，似乎又易幟轉轍，重新回歸現實主義，但是弗洛伊德與藹理士性心理學說的影響無論如何也是抹之不去的。這兩個集中的作品，揭示的是現實關係，但所用來描述的手法，卻是心理分析式的。作者一方面在建立一種或許是「現實主義的」社會觀，如都市社會對人的重壓，一方面又用心理分析方法去剖析人與都市社會關係緊張而造成的心理波動。前期熱衷的種種方法，如性的壓抑心理、自由理想、暗示等等，其實仍舊在發揮作用。不過是因爲有了堅實的現實關係的依據，

〔註 4〕施蟄存：《梅雨之夕・自跋》。
〔註 5〕李歐梵：《上海摩登》，北京大學出版社，2001 年版，第 192 頁。

避免了弗洛伊德主義的濫用，也克服了他以性欲變態來闡釋一切的毛病。由此，我們可以把施蟄存後期作品看做心理現實主義。後期作品中心理分析是他常用的方法，比如《春陽》中嬋阿姨由上海開化風氣與男職員微笑而生的人性蘇萌；《獅子座流星》中由於無業、無子而產生無聊心緒的知識女性等等，心理分析的方法使人與現實社會的關係更見深刻，仍舊見出其深受現代主義影響的一面。甚至於直到 20 世紀 40 年代，他所寫的《黃心大師》，仍舊籠罩在一片弗洛伊德的氣氛之中。因此可以說，施蟄存的創作，一直沒有脫離現代主義的影響。

劉吶鷗對於心理現實的表現帶有形而下的特徵，換句話說，劉吶鷗更願意將心理分析歸之於現時感覺狀態，而不是一種歷史狀態。在對人的基本認識上，劉吶鷗的出發點仍是泛性主義的，在這一點上他比任何一位新感覺派其他成員都走得更遠。但是他重視的是性本身。有論者指出，他「多數作品重視零散的帶有原始狀態的感覺，並且予以貌似雜亂無章的組合鑲接，形成一個獨立的感覺群塊。作者出於主觀的篩選、過濾，一般可看成是這類組合的出發點和結果，這類處理感覺群塊的技巧，它的非線性的特徵，幾乎體現在劉吶鷗的所有作品中」。〔註 6〕其實，這即是融合了新感覺主義和心理分析兩種方式的結果。心理分析以塊狀感覺來表現，形成了一簇簇性愛心理、性意象的弗洛伊德式的象徵畫面。他筆下出現的一些都市風景的描寫，實在是一種心理景象，常常因作者主觀的情緒而使事物發生變形，透出都市人特有的欲望，特別是性欲望特徵。而對於性欲望本身的表現，雖則這是劉吶鷗本人極大的喜好，但是反而被其形而下的習慣弄得淺露，因而，其對弗洛伊德學說的接受相當外在。比如，《方程序》、《遊戲》、《殘留》等作品中人物的性亂場面，雖也可以說是「雙重人格」，但似乎缺少施蟄存同類作品中所涉及「本我」與「自我」、「超我」的矛盾這一類理性層面的東西。把它看做是不確切地圖解弗洛伊德學說，當不爲過。

新感覺派在思想上接近現代主義的第二個特徵，是價值顛覆、危機、絕望的情調。日本新感覺派由關東大地震而來的生命無常、死亡本性與恐懼、幻滅都給予他們很深的刺激，同時表現主義、意識流文學中的靈魂分裂、本性喪失或間接或直接地影響到他們。在劉吶鷗的作品中，價值顛倒是一個明顯的存在。例如他的小說中有一個模式，即男主人公總是追逐一位時髦女

〔註 6〕許道明：《海派文學論》，復旦大學出版社，1999 年版，第 215 頁。

郎，但都以失敗告終。但劉吶鷗由於過分偏嗜色情題材，於是，他就如一個倒立的人，一切顛倒的價值在他看來卻是一種新奇。而穆時英則似乎是一個生而痛苦的人，在早期《南北極》小說集中，他意欲以一種底層的反文化對抗都市文明，其間已經顯示出作者難以控制的對人類的惡意理解。在以後的創作中，穆時英先是在充滿爵士樂、狐步舞、夜總會的瘋狂中找尋熱鬧場背後的極度悲哀，似乎一切都如《上海狐步舞》中頭一句話「上海，造在地獄上的天堂」，一切事物都以極端的衝突形式展開，最終又以危機形式結束。

在穆時英的小說中，有一篇可以看做理解他作品的一種鑰匙，即《Pierrot》。Pierrot 是法語「丑角」、「傻瓜」的意思。小說描述潘鶴齡精神破產的過程：他先是感到批評界的無法信任，朋友、批評家與讀者都不可靠，於是去情人那裡尋找慰藉。豈料情人早已背叛了他；回到家中，他自以爲「偉大」的母親卻把他當搖錢樹；絕望後，他神往工農革命，以致入獄。他在獄中堅強不屈，但出獄後被同志唾棄。小說本身沒有藝術性，近似一種說教，但作品中濃重的人類危機感卻是穆時英的思想基礎：「什麼都是欺騙！友誼、戀情、藝術、文明……每個人欺騙著自己，欺騙著別人……。」在《白金的女體塑像》自序中，穆時英對自己的危機感雖有反省，卻不能自拔：

> 二十三年來的精神上的儲蓄猛然地崩墜了下來，失去了一切概念，一切信仰；一切標準，規律，價值全模糊了起來；於是，在彌留的人的眼前似地，一想到「再過一秒鐘，我就會跌倒在鐵軌上，讓列車的鋼輪把自己輾成三段的吧」時，人間的歡樂，悲哀，煩惱，幻想，希望……全花筒似地聚散起來，播搖起來。〔註7〕

穆時英小說的人物都是「Pierrot」，這是穆時英爲自己小說定下的基調。在混亂無序、價值顛倒的世界，人就是被荒誕世界隨意撥弄的傻瓜與丑角，人的命運無非是《夜總會裏的五個人》所描寫的，一方面四個人今天爲一個死者送葬，一方面也等待著自己也許明天、也許後天的死亡。在穆時英《白金的女體塑像》、《聖處女的感情》兩個後期小說集中，他都在瘋狂的物欲、性愛生活中尋找孤寂、落寞的都市憂鬱與絕望。穆時英坦率地承認自己被時代拋落、價值失衡造成的「雙重人格」，雖則性欲也是穆時英接觸人物的第一個階梯，但他已經超越了劉吶鷗的形而下層面。西方現代主義先鋒意識的影響，

〔註7〕穆時英：《白金的女體塑像》，現代書局，1934年版，第2頁。

加之自己在整個 20 世紀 30 年代急劇動盪社會中造成的心理的失衡，導致他的小說在同類作家中，最接近現代主義的思想精神。價值失落、顛覆而造成的絕望使穆時英的作品漸漸進入虛無中的黑暗，作品中充滿了世紀末的情緒。他自己也說有「一種說不出的憎恨，普遍的對於一切生物及無生物的憎恨」，〔註 8〕以致在《Pierrot》中說：「這就是文化，就是人類，就是宇宙。」在這裡，穆時英開始把「世界是什麼」這樣的西方現代主義命題引入創作，他試圖讓局部人生的經驗上昇爲哲學的形而上的沉思。

三

中日新感覺派的共同之處，在於對「新感覺」這種認知事物狀態的推舉。日本新感覺派一反現實主義與自然主義這樣的傳統表現方式，致力於把主觀感覺印象投入到客體之中。片岡鐵兵說過：「要使作者的生命在物質之中，活在狀態之中，最直接、最現實的聯繫電源就是感覺。」〔註 9〕在這種理解中，「新感覺」即是「新現實」。因此，在文字上，多有這樣一些奇怪的表達：「電梯在繼續著昨日的呑吐」，「特別快車將沿線小站都抹殺了」。有論者指出，新感覺主義在日本，是一種對因襲既成創作有相當破壞性的文學方法，它的「新」在於對傳統的輕蔑；其次是強調表現上的「感覺性」，把繪畫上的「色」，音樂上的「音」與一般人們理知上的「美」三者同時融合在作品的文字中。〔註 10〕中國新感覺派在這方面一開始是緊密追隨的，劉吶鷗可說是第一人，而更甚者是穆時英，以致時人曾說穆時英「可以和保爾・穆杭、辛克萊・路易士，以及日本作家橫光利一、崛口大學相比」。〔註 11〕

中國新感覺派在使用新感覺手法這方面並不揖讓日本前輩，而且與日本新感覺派側重傳統題材，同時熱衷象徵主義手法，表現生命無常、生與死等形而上主題相比，中國新感覺派似乎更注重新感覺手法對現代都市——尤其是上海社會現代主義特性的表現。這不是一個簡單的技法問題，而是一種對社會的基本認識。劉吶鷗與穆時英都力圖用主觀印象與對客體的再理解構成表達意象，而這種意象幾乎都是亂人心目、光怪陸離、支離破碎的城市迷亂

〔註 8〕穆時英：《我的生活》，載《現代出版界》第 9 期。

〔註 9〕見西鄉信綱《日本文學史》中譯本，人民文學出版社，1978 年版，第 348 頁。

〔註 10〕許道明：《海派文學論》，復旦大學出版社，1999 年版，第 209 頁。

〔註 11〕《當代中國小説戲劇一千五百種提要》，北京懷仁學會，1948 年版。

無序、騷動不安的景象。這與其說是物質場景，不如說是一種心理場景。比如穆時英在《Pierrot》中有這樣的描寫：

> 街有著無數都市的風魔的眼，舞場的色情的眼，百貨公司的饕餮的蠅眼，「啤酒園」的樂天的醉眼，美容室的欺詐的俗眼，旅邸的親昵的蕩眼，教堂的僞善的法眼，電影院的奸滑的三角眼，飯店的朦朧的睡眼……桃色的眼，湖色的眼，青色的眼，眼的光輪裏也展開了都市的風土畫。

作者把都市景象化爲無數個眼，而眼的神情各異其態，或放蕩、或朦朧、或奸滑、或欺詐，這一幅紛亂的場景由感覺出發，構成作者心理上所感覺到的都市變幻迷亂的意象群。此外，穆時英小說中的新感覺式語句幾乎比比皆是，如「華爾茲的旋律繞著他們的腿」、「絹樣的聲音」、「燈光是潮濕的」、「電梯把他吐在四樓」等等，被人稱爲「滿肚子崛口大學式的俏皮話，有著橫光利一的小說作風，和林房雄一樣的在創造著簇新的小說的形式」。〔註 12〕

如果說，穆時英通過新感覺所摹狀的「新現實」是城市生活的迷亂的話，劉吶鷗的新感覺手法則突出城市的欲望意象。一向被學者們引述的《兩個時間的不感症者》開頭一段描摹跑馬賭賽前的緊張氣氛，它分別使用一些對應欲望的「新現實」:「兩片雲彩流著光閃閃的汗珠」，既是說明氣溫高，也在於對應賭馬人們的熱情；「緊張變爲失望的低片，被人撕碎滿散在水門汀上」表明轉瞬即變的賭馬情勢造成的幻滅氣氛；「一面歡喜便變了多情的微風，把緊密地依貼著愛人身邊的女兒的綠裙翻開了」則是性欲意象直接的展示，再加上空氣中「塵埃、嘴沫、暗淚和馬糞的臭氣」，更突出了賭馬特有的人類原始蠻性。在這裡，視覺、聽覺、嗅覺、味覺復合而成一種帶欲望特徵的城市新現實。《流》中描寫電影院場景的一段更加典型：

> 忽一會兒，不曉得從什麼地方出來的桃色的光線把場內的景色浮照出來了。左邊的幾個麗服的婦人急忙扭起有花紋的薄肩巾來遮住了臉。人們好像走進了新婚的帳圍裏似的，桃色的感情一層層律動的起來。這樣過了片刻，機械的聲音一響，場内變成黑暗，對面的白幕上就有了銀光的閃動。尖銳的視線一齊射上去。

一方面，「桃色的光線」、「麗服的婦人」、「電影場的黑暗」構成了客觀寫實，同時又對應著「新婚的帳圍」、「銀光的閃動」、「桃色的感情」等「新現實」，

〔註 12〕迅俟：《穆時英》，見楊之編《文壇史料》，上海中華日報社，第 231 頁。

加上「機械的聲音」的強烈與「尖銳的視線」式的銳利，從光線、色彩、氣氛等不同側面構築了一幅本能欲望的新感覺，一切都有如劉吶鷗所喜愛的性愛場面。

上面已說過，新感覺派創作採用的新感覺主義的手法，並不簡單是一個技巧形式問題，這其中包含了西方現代主義的一種基本觀察框架，即人與物質社會的關係。由於他們努力將主觀感覺印象投入到客體之中，也就決定了，描述場景的過程就是描述人物（乃至作者）心理的過程。瞬間萬變的都市場景形成了對人心理的壓迫，人物往往只有瞬間感受，而缺少持久的注意力，當然會導致人們心理的迷亂。穆時英在《夜總會裏的五個人》中有一段對舞廳淩亂、喧囂的感覺描述，已成經典之作（由於被引述過多，此處不再引述）。無獨有偶，劉吶鷗在《遊戲》中也有類似的描寫：

> 在這「探戈宮裏」的一切都在一種旋律的動搖中——男人的肢體，五彩的燈光，和光亮的酒杯，紅綠的液體以及纖細的指頭，石榴色的嘴唇，發焰的眼光。

在這裡，一切都被肢解了。人被肢解爲肢體、纖細的指頭、嘴唇與眼光，居然沒有一個完整的人形，而肢解人形的則是物——燈光、酒杯。在這裡，人與物等同，都在舞廳旋律中動搖。這便是一種瞬間心理，也是瞬間的感覺。物對人的壓迫造成的不安與迷惘之感清晰可見。穆時英在《上海的狐步舞》中的一段文字頗讓讀者驚詫：「上了白漆的街樹的腿，電杆木的腿，一切靜物的腿……revue 似地。把擦滿了粉的大腿交叉地伸出來的姑娘們……白漆腿的行列。」這裡所說的「腿」，乃是柱狀物。很明顯，這是一個坐在汽車裏的人對車窗外快速閃過的景象感受的過程，車速之快使人被快速到來的新場景壓迫得混亂不堪。

既然城市人與物質文明的關係是新感覺派新技法的基礎，那麼，人物的瞬間心理中所感受的物質文化與人物構成什麼關係呢？換句話說，新感覺派作家意欲以此表明一種對都市社會什麼看法呢？不妨看《夜總會裏的五個人》中的一段描寫：

> 「《大晚夜報》！」賣報的孩子張著藍的嘴，嘴裏有藍的牙和藍的舌頭，他對面的那隻藍霓虹燈的高跟鞋尖衝著他的嘴。
>
> 「《大晚夜報》！」忽然他又有了紅嘴，從嘴裏伸出舌尖兒來，對面的那隻大酒瓶裏倒出葡萄酒來了。

> 紅的街，綠的街，藍的街，紫的街……強烈的色調化妝的都市啊！霓虹燈跳躍著——色的光潮，變化著的光潮。沒有色的光潮——氾濫著光潮的天空，天空中有了酒，有了燈，有了高跟鞋，也有了鐘……

這段描寫，首先是作者借助感覺印象的手法，描寫城市人眼中的變幻場景，但同時，霓虹燈閃爍之下，報童臉色的不停轉換，則給人一種人物的渺小與滑稽感。這裡，人是沒有意志的，他頻頻遭到廣告燈色的肆虐而無能爲力，成爲城市文明的玩物。這一描寫，隱含了西方現代派關於物的壓迫與人的異化這一主題。在此，藝術形式與主題思想是難以分出彼此的。理解了這一點，我們便不難咀嚼出此派小說中許多字句中的深意，如「電梯的吞吐」，「人群被大樓吞到肚子裏」等等，不啻是物質壓迫人的極好寫照。

那麼，另一種被新感覺派廣泛運用的手法——心理分析與意識流，是否也和人與物質這一基本思想有關呢？經典的意識流觀念認爲，人的心理活動一直處於流動、變化中，沒有中斷與阻隔。穆時英作品中就用長達百餘字而不加標點的長句表現人的意識流動或內心獨白。但總體上說，新感覺派的意識流作品與西方經典意識流作品稍有差別，它著意描摹城市人不斷被轉換的都市場景與生活場面阻隔的心理活動，其流動往往短促多變，同樣帶有瞬間性。反映在劉吶鷗、穆時英的作品中，往往在描寫了生活場面之後，用括號形式寫出人物內心活動，從而與人物的感覺合一。穆時英《街景》描寫了一位將死的街頭乞丐臨終前的意識：「女子的叫聲，巡捕，輪子，跑著的人，天，火車，媳婦的臉，家……。」《上海狐步舞》中也寫到一位建築工人因木架倒塌而受重傷以致死亡時的心理活動：

> 脊樑斷了，嘴裏哇的一口血……弧燈……碰！木樁順著木架又溜了上去……光著身子在煤屑路上滾銅子的孩子……大木架頂上的弧燈在夜空裏像月亮……撿煤渣的媳婦……月亮有兩個……月亮叫天狗吞了——月亮沒有了。

這一段描寫，有作者方面客觀的事件敘述（脊樑斷了，吐血），有人物瞬間對事物的感覺（木樁、弧燈、月亮），也有人物的意識流動（媳婦、孩子）。短短的一段文字，視角頻繁地發生變化。有論者認爲，這表現出作者敘述視角的紊亂，但這也恰恰表現出場景的瞬間改變造成人物瞬間的感覺與人物死亡之前瞬間的意識流動。這當然與西方意識流小說不盡相同，卻正是中國新感覺派小說的特點。有了這樣的表現內容，使穆時英作品中出現了一些與之相應的文體特徵。《黑牡丹》中的顧先生有一段對城市生活刻板枯燥的感受：

> 生活瑣碎到像螞蟻。
>
> 一隻隻螞蟻號碼 3 字似的排列著。
>
> 有啊！有啊！
>
> 有 33 33 33 33 33 33……沒結沒完的四面八方向我爬來，趕不開，跑不掉的。
>
> 壓扁了！眞的給壓扁了！

如果以常規的意識流手法來看，這種把意識流動內容強行分行是有礙於體現「流動」二字的，但它同時又有了兩種意想不到的作用。一是每一層意思都得強調，形成快速的思維節奏，顯示出人物被龐大都市文明擠壓所造成的緊張、紊亂、急迫的心理特點；二是造成意識流動的阻隔感，表現出都市人因狂躁而不能平靜持續下去的思維特點。這兩種作用，對心理「瞬間性」無疑是極好的表現。

瞬間性心理描寫是對城市人的有力表現。但瞬間心理與人物的感覺畢竟不同，恰如詹姆士所說，意識流有其超越物理時間的意義，它能將過去的事件與現時的意識交合在一起。這就使意識流比新感覺手法更能帶有歷史性內容，從而使人物具有歷史縱深感。因此，人與城市就不僅僅是人與物質的關係，還是一種人與人的關係、人與自我的關係。也許後二者正是爲了擺脫物的壓迫而存在的。它由人與物的關係衍發，而又力圖超越它，從而使人得到一種完整意義，特別是完整的東方城市人的意義。比如穆時英對兩個工人死前的心理的表現，就超越了現時的存在，表現出他們死前對親人、家鄉的最後一點眷念，從而與人物的現時性存在相互補充。其實，這是一條很好的將西方現代主義中國化的路子，可惜在穆時英等手中只是淺嘗輒止。能夠在這方面走得更遠的，仍是施蟄存。他往往能在人物那被城市繁忙生活攪亂了的瞬間意識中尋找到縱向的東方性文化意識的歷史存在。比如《鷗》中銀行職員小陸，其由修女的白帽子與報童手中的報紙所喚起的心中白鷗的意象，時時與其對海邊故鄉少年戀人的懷念融合，從而透出生活於大都市中的陰鬱心情。因此，在這一點上，海派中的新感覺派作家，特別是施蟄存，對西方現代主義又是有超越的。

第二節　海派文學的法國文化淵源

海派與西方的關係，一直是海派文學研究的熱點。1930 年代海派文人大多具有留法或在法文學習班學習的經歷，對法國具有一種天然的親近感和接受優勢，因此在其創作中表現出濃重的「法國風」，「法國想像」成爲當時一種獨特的文學現象。由於異國形象是被形塑者自我化了的，被塑造的形象也因而具有置換或偏離現實、具象泛化等多種功能。它在一定程度上代表了本民族對西方文化的看法，折射出西方文化在本國介紹、傳播、詮釋的情況。同時，海派作家對異國文化的狂熱態度，折射出對西方現代性的獨特訴求。但是，有關海派與西方的關係研究，多集中在對海派有直接影響的日本。但日本的影響一般局限於文學理論方面，在海派文學中並未構成「日本形象」，而法國形象則是海派文學中一個顯明的存在。此處並不全面討論海派文化的法國想像，只是力圖釐清海派文學法國想像的來源，即法國文化的淵源。

一、接受的背景：多元政治、城市圖景與傳媒

開埠後的上海，在租界影響下逐漸形成了都市化、現代性和世界性的城市特質。20 世紀 30 年代的上海，商貿、金融、工業和文化娛樂事業高度發達，是全國的文化、經濟中心，是遠東第一大城市，世界第五大城市。洋風熾盛的大上海被譽爲「東方巴黎」。「陌生」的現代城市圖景爲 30 年代海派的法國想像提供了「實物樣本」，推波助瀾的出版文化營造出「西方想像」的社會氛圍，租界與華界並存的特殊政治格局則爲其創造了安全的活動空間，從而爲海派進行法國想像提供了背景支持。

先說法式的都市圖景。

1842 年，清政府簽訂《南京條約》，上海開埠，成爲通商口岸。在 1920 年至 1930 年間，上海承擔了中國對外貿易總量的 40%到 50%。貿易的繁榮帶來了金融業的發展。三十年代的上海外灘，銀行林立，被譽爲「東方的華爾街」，集中體現了上海的現代化程度。諸如法商東方匯理銀行、中法工商銀行、英商麥加利銀行、匯豐銀行、日商正金銀行、臺灣銀行……都曾在此落戶。民族工業的發展也從中受益，1912 年至 1920 年間，民族工業的年增長率達 13.8%。「這個時期上海總體經濟發展快得讓人吃驚，以至於被白吉爾稱爲

『上海資本主義的黃金時期』。」〔註 13〕工商、貿易、金融的現代化帶來了上海經濟的繁榮，爲現代都市圖景的形成奠定了紮實的物質基礎。作爲一座開埠城市，上海在城市形態上呈現出「移植性」的特點，素有「萬國建築博覽會」之稱。其中，法國文化對上海現代都市圖景的形成具有重大影響，法國成爲上海的西方文化的直接母體和摹本。

1849 年，上海開闢法租界。至 1936 年，法租界人口總數已接近 50 萬。「當公共租界忙於展示高度的商業文明時，法租界卻在回顧文化的芬芳，高等的或低等的，但永遠是法國情調的，比英美更有異域風味。」〔註 14〕從 19 世紀 40 年代到 20 世紀 30 年代，上海法租界及附近地區先後創設了數百個法國文化機構，成爲法國文化傳播的主要渠道。這些機構的建築風格大多具有鮮明的法國風。1910 年落成的徐家匯天主堂，是上海最大的天主教堂。這是一座典型的雙鐘塔的法國哥特式建築，它的平面爲帶橫翼的巴西利卡式，聖壇爲半圓形五片花瓣狀，內部爲束柱，門窗都是哥特尖拱式，嵌彩色玻璃，鑲成圖案和神像。法國總會是外僑節日聚會的重要場所。它落成於 1926 年，建築用材考究，裝飾極盡奢華。「達官貴人所走樓梯的鐵製欄杆和銅製扶手均在法國定制，被譽爲『東方大都會最美麗的建築物，顯示了藝術的非凡魅力和法國的欣賞趣味』。」〔註 15〕法租界內多爲精緻的住宅區。位於汾陽路 79 號的原法國公董局董事住宅，屬於法國古典建築風格，在入口處有寬大的臺階，從兩邊引向二樓大廳，前面有大理石噴水池和大片的草坪，整個建築雕刻裝飾得極爲華麗。這些經典的法式建築詮釋了法國文化的精緻、典雅，爲法租界營造出濃鬱的法國風情，促進了法國文化在上海的傳播。

城市外觀的國際化帶來了最直觀的異國體驗，而現代消費環境的形成則加深了這種體驗。白吉爾指出，「上海的現代建築在租界內四處開花，但大都不再是公司總部或行政機構，而是滿足社會需要的建築物：住宅、旅館、商店、休閒場所與遊樂場」〔註 16〕。先後建成的新新百貨、新永安百貨、大新公司不僅帶來了琳琅滿目的商品，也帶來了現代商業零售理念和服務模

〔註 13〕張仲禮主編：《近代上海城市研究》，上海人民出版社，1990 年版，第 7 頁。
〔註 14〕李歐梵：《上海摩登——一種新都市文化在中國》，北京大學出版社，2001 年版，第 24 頁。
〔註 15〕居伊・布羅索萊：《上海的法國人》，熊月之等選編《上海的外國人（1842～1949）》，上海古籍出版社，2003 年版，第 108 頁。
〔註 16〕白吉爾：《上海史：走向現代之路》，上海社會科學院出版社，2005 年版，第 207 頁。

式，促使現代消費環境日趨成熟。西式旅館業在這一時期也異常發達，至今依舊散發著時尚與典雅氣息的花園飯店、金門飯店、華懋公寓、都城飯店等都建成於 20、30 年代。在 20 世紀初，上海人的娛樂主要還聚集在茶樓、妓院、戲場、煙館等傳統方式上。至第一次世界大戰爆發，一些綜合性的遊樂場所紛紛開設，如先後建成的新世界、大舞臺、大世界遊樂場、先施遊樂場等，僅公共租界就陸續興建遊樂場達 10 多處。同時興起的還有咖啡館、電影院、舞廳、跑狗場、跑馬場、回力球場等娛樂休閒場所，西式的娛樂休閒方式在上海勃興。吳福輝認爲，在 1930 年代的上海，「消費文化已經發展爲多層次的結構，它既有百萬富豪日擲千金的去處，也有白領階級、寫字間先生天天下班之餘的休息地，也有市民大眾徘徊不去的遊藝樂園」〔註 17〕。

本雅明認爲，「一個陌生化的城市對初來乍到者有著異乎尋常的吸引力，是因爲它經驗的新鮮和誘惑力，使觀光客陷入一種不能自拔的沉溺狀態。在白日夢中，現實的物質外觀脫落了，代之以『一剎那的想像』。虛幻的想像建立了它自己的『現實』，於是，城市的圖景變成了『異域的與生動的』」〔註 18〕。異域情調的虛妄性美感使 30 年代海派文人在瞬間的沉溺中已完全忘記了上海的「鄉土性」，「陌生」的現代都市圖景爲他們進行法國想像、寄托文化情思提供了現實「樣本」。

再說西方報刊媒體的影響。

本尼迪克特・安德森認爲，一個民族在成爲政治實體前，首先是一個「被想像的社區」，構成「想像性社區」的媒介就是出版文化的兩種形式——報紙和小說。這種觀點在中國同樣得到了驗證，對於「新中國」未來圖景的想像性建構先於實體建構。「而作爲『想像性社區』的民族之所以成爲可能，不光是因爲像梁啓超這樣的精英知識分子倡言了新概念和新價值，更重要的還在於大眾出版業的影響。」〔註 19〕出版業成爲現代想像的媒介，構建西方圖景則是其行之有效的方法，尤其是在集中了全國大多數報社和出版社的上海。

〔註 17〕吳福輝：《都市漩流中的海派小說》，湖南教育出版社，1995 年版，第 15 頁。

〔註 18〕杜心源：《感官、商品與世界主義：都市「當下性」與現代性的「美學」轉移》，載《天津社會科學》2006 年第 4 期。

〔註 19〕李歐梵：《上海摩登——一種新都市文化在中國》，北京大學出版社，2001 年版，第 56 頁。

從 1870 年開始，法租界公董局和僑民先後創辦了數份法文和中文報刊。在法租界公董局的支持下，中國第一份法文報刊《上海新聞》於 1870 年創辦。它比上海的第一張德文報《德文新報》早 17 年，比首張日文報《上海新報》早 20 年。1898 年創辦的《格致益聞彙報》主要介紹西方自然科學的發展，以「使閱者知西學而識時務」。1897 年《中法新彙報》和 1909 年《法公董局市政公報》的創辦，使法租界市政當局擁有了自己的喉舌。《法公董局市政公報》原爲法文，從 1931 年 3 月起也同時出版中文本。而在這一時期的報刊中，以 1927 年創辦的《法文上海日報》最爲著名，至 1934 年它每天的銷量竟達 2000 份以上。這些報刊的開辦，加速了法國政治、經濟、科學、宗教等文化在上海的傳播，構造出一個充滿現代理性的法國形象。

這種西方先進圖景的構建在中國的出版業中得到了有效的回應。其中，最具代表性的是 1926 年發行的《良友》雜誌。《良友》是「摩登西方」的一場視覺盛宴，「西方圖象」在每期《良友》中佔有很大比例，在某些月份甚至超過 50%，與「中國圖象」以 14：1 的比例昭示著它絕對的優勢地位。「編輯者以東方人對西方特有的文化想像方式和路徑，幻想、切割、呈現了一個所謂的現代性西方，並將這一想像的『西方』作爲現代化的指代性符碼，以經過精心選擇、可以重組的圖象形式建構了《良友》編輯主體群意識中的『他者』形象」〔註 20〕，即先進、文明、繁榮、強健的「西方形象」，折射出編者鮮明的價值取向。1933 年，上海共出版了至少 215 種雜誌，被稱爲「雜誌年」。報刊文化以其廣泛的受眾群體，使被切割重組的「西方圖景」代替缺席的眞實「西方」成爲知識分子和新市民關於現代化的共同的集體想像，即讓－馬克・莫哈所謂的「社會整體想像物」，「是全社會對一個集體、一個社會文化整體所作的闡釋，是雙級性的闡釋」〔註 21〕。儘管這種流行文化未必能影響到人們的思想深處，但它卻向讀者描摹了由「聲、光、電」所營造出來的現代繁華和夢幻，以浮華的視覺文化喚起了人們對於西方都市生活的大眾想像。

法式的建築風格、現代的消費文化環境構成了上海極富異域風情的城市景觀。「突兀」的都市圖象使這塊「飛地」與「鄉土中國」形成極爲鮮明的對

〔註 20〕馬中紅：《圖象西方與想像西方——〈良友〉西方形象的重構與呈現》，載《文藝研究》2007 年第 1 期。

〔註 21〕讓－馬克・莫哈：《試論文學形象學的研究史及方法論》，孟華主編《比較文學形象學》，北京大學出版社，2001 年版，第 24 頁。

比，在展示現代西方文明的同時，也製造了焦灼的「中國欲望」。再加上上海對於現代性「西方世界」的集體想像，造就了這座城市鮮明的「崇洋」傾向。「中國欲望」與上海「崇洋」氣息的暗合，形成了30年代海派文人進行法國想像的內部心理機制。

第三，多元政治造成的想像空間。從某種程度上來說，上海是一座因租界而繁榮的城市。「1930年，上海的總人口爲300萬，而租界人口已接近150萬，租界總面積達48653畝，還不包括越界築路的廣闊區域。如今的黃浦區、盧灣區、靜安區、徐匯區（舊縣城所佔地盤除外），虹口區和青浦區沿蘇州河和青浦江的廣闊地界，在30年代幾乎都屬於租界領域。」〔註22〕租界與華界並存的特殊政治格局在上海形成。1854年7月11日，爲掌握行政權，租界通過西人租地人會議成立了「工部局」。它的權力掌握在工部局董事手中，而爲強化租界的行政權力，在工部局董事會之下，還設有各種委員會，如警務、工務、財政稅務、衛生、銓敘、公用等專門委員會。這是一個完全獨立於中國行政系統並擁有地方行政實權的行政機構，具有政府的權能。租界擁有獨立的行政權、立法權和司法權，中國的軍隊不准進入租界管轄區，中國政府和警察司法機關不能直入租界逮捕人犯。比如，上海法租界當局規定：「（一）凡華人案件影響於法租界者，如關於納稅及不動產案件，可由法領事單獨審斷；（二）凡中國人在法租界內犯罪，亦可歸法領事審理；（三）中國人所犯重大之罪，例須移送中國地方長官法辦者，亦可歸法領事管轄；（四）中國官憲如欲在上海法租界內執行司法權利，必須得法國駐滬領事之許可」〔註23〕。由此可見，上海租界作爲一個獨立於中國主權管轄範圍的政治實體，基本上是國家權力達不到的地方。「再加上傳統的士紳階層在租界不僅數量少，而且失去了控制地方事務的特權。所以，在租界中，國家是可以被懸置的，至少國家和社會處於一種疏離的狀態。」〔註24〕

上海租界是畸形政治的衍生物。在租界中，各套社會控制機制的擴展都受到局限，社會擺脫了國家的強有力控制。「華界與租界因異質的文化意識、法律制度、政權範圍而造成的間隙和斷裂爲各種革命運動以及文化活動的生

〔註22〕李永東：《租界文化與30年代文學》，上海三聯書店，2006年版，第2～3頁。

〔註23〕王宗旦：《收回上海法租界會審公廨之研究》，載《東方雜誌》第27卷第11號。

〔註24〕李永東：《租界文化與30年代文學》，上海三聯書店，2006年版，第50～51頁。

長提供了安全的想像和活動空間」〔註 25〕，諸如革命、消費、女權等都是作爲現代性的一種而被率先引入上海。因此，在那個眾多作家將創作視角投向民族革命現實領域的時代，30 年代的海派文人卻能在租界的「庇護」下享受現代都市文明的福祉，並將筆觸伸向異域想像的空間。上海特殊的政治格局造就了它異常活躍的文化、思想活動，也爲 30 年代海派的法國想像提供了難得的容身之所。

二、對法國文學思潮的接受

文學中塑造的「異國」形象可以借助多種形式得以表述。異國情調、異域風土、故事情節、人物、甚至一種觀念均可代表異國形象。作爲法國想像的一個方面，30 年代海派對於法國文學理念及手法的推介與引入，使其創作充滿了法式頹廢的肉欲享樂與精緻的美感。

30 年代海派較爲蕪雜的文學理念，或者說對西方現代主義的介紹，較集中於日本新感覺派與法國新感覺派作家保爾・穆杭的作品。由日本新感覺派上溯，他們竭力推崇被譽爲「日本新感覺派之父」的保爾・穆杭。1928 年，保爾・穆杭來華，劉吶鷗等人適時地在《無軌列車》1 卷 4 期上推出一期「穆杭的小專號」，不僅有劉吶鷗譯的《保爾・穆杭論》，還有一些評介和譯作。其編後記中稱穆杭「探求的是大都會裏的歐洲的破體⋯⋯使我們馬上瞭解了這酒館和跳舞場和飛機的現代是什麼一個時代」〔註 26〕，並極力稱讚穆杭不但是法國文壇的寵兒，而且是萬人矚目的一個世界新興藝術的先驅者。此後，出現了對保爾・穆杭作品大量譯介的熱潮。1928 年，施蟄存與戴望舒等人編譯了《法蘭西短篇傑作集－1》，收錄了穆杭的《六日之夜》。1929 年，戴望舒翻譯出版了穆杭的小說集《天女玉麗》，而 1934 年翻譯出版的《法蘭西現代短篇集》又收錄了他的《羅馬之夜》。此外，劉吶鷗還曾翻譯過穆杭的小說《成吉思汗的馬》，徐霞村在輯譯的《現代法國小說選》中收錄了穆杭的《北歐之夜》等小說。張若谷也曾清楚地表示，「他創作《都會交響曲》是在讀過了保爾・穆杭的作品之後」〔註 27〕。

〔註 25〕王瓊、王軍珂：《咖啡館：上海 20 世紀初的現代性想像空間》，載《粵海風》2006 年第 4 期。

〔註 26〕轉引自張鴻聲：《孤獨與融入：中國新文學中的文化精神》，河南人民出版社，2004 年版，第 66 頁。

〔註 27〕張若谷：《都會交響曲・前奏曲》，上海眞善美書店，1929 年版。

其實，保爾・穆杭在文學史上的地位並沒有《無軌列車》的編輯們說的那樣崇高。他在西方，甚至在法國只能算是二、三流的作家，但其都市文學卻具有鮮明的特色。作爲第一次世界大戰的產物，穆杭的小說呈現出現代都市「繁華、富麗、妖魅、淫蕩、沉湎、享樂、複雜的生活」〔註28〕。他以「零碎的事實的募集家的伎倆」，把跳舞場、酒店、旅館、汽車等爲代表的現代都市碎片融入自己的小說，構造出一個以消費性爲主導的世界，表現人們縱情聲色的沉淪以及價值觀念的普遍失落。都市第一次眞正成爲現代文學表現領域中的獨立審美對象，它作爲詩意生活的對立面出現，焦灼的欲望扼住了人們的靈魂，快速緊張的節奏擠壓著都市人的生活空間，焦慮、迷茫與貪婪成爲現代人的生存眞相。劉吶鷗對穆杭十分推崇。在他看來，「穆杭小說對於現代都會的描繪，那絢爛的色彩，那跳動的情緒，那撩撥性的肉欲所構成的『現代風景』正是他所嚮往、所迷醉的『近代主義』」〔註29〕。劉吶鷗將自己唯一的小說集定名爲《都市風景線》，再現了上海洋場新異獨特的文化景觀和人性景觀。時人曾對他做出如此評價：「吶鷗先生是一位敏感的都市人，操著他的特殊手腕，他把這飛機、電影、JAZZ、摩天樓、色情、長型汽車的高速度大量生產的現代生活，下著銳利的解剖刀。」〔註30〕

「穆杭對現代都市生活中沉湎、享樂、淫蕩等「腐惡」現象的描寫帶著一種近似欣賞的筆調，這是現代主義在審美價值標準上對於傳統的反叛，這種反叛可以上溯到現代主義的鼻祖——波德萊爾。」〔註31〕廚川白村認爲波德萊爾的《惡之花》是對醜與惡進行文學禮贊的最好例子，那是無關乎道德的。徐志摩則更進一步，說：「他的臭味是奇毒的，但也是奇香的……十九世紀下半期文學的歐洲全聞著了他的異臭，被他毒死了不少，被他毒醉了的更多」〔註32〕。保爾・穆杭正是被「毒醉」的一個。他認爲，道德是被排除在文學審美之外的，現代都會不應該被強加以道德的負累，而應直接作爲審美觀照的對象，描繪現代都市的「惡之花」。30年代海派所承繼的基本上是波德

〔註28〕蘇雪林：《中國二三十年代作家》，臺北純文學出版社，1983年版，第442頁。

〔註29〕夏元文：《法國都市文學、日本新感覺派對中國都會主義小說的影響》，載《江蘇社會科學》1991年第6期。

〔註30〕《文壇消息》，載《新文藝》第2卷第1號，1930年3月。

〔註31〕夏元文：《法國都市文學、日本新感覺派對中國都會主義小說的影響》，載《江蘇社會科學》1991年第6期。

〔註32〕徐志摩譯：《死屍》，載《語絲》1924年第3期。

萊爾和穆杭的審美觀念，他們筆下的現代都市生活，無一「風景」不充滿著沉淪、頹蕩、欲望，這些曾經被譴責與詬病的對象，卻被他們用新奇的感覺和華美的辭藻打造成了邪惡而又美麗的「惡之花」。這正如劉吶鷗所說：「我要 Faire des Romances，我要做夢，可是不能了。電車太噪鬧了，本來是蒼青色的天空，被工廠的炭煙布得黑濛濛了，雲雀的聲音也聽不見了。繆賽們，拿著斷弦的琴，不知道飛到哪兒去了。那麼，現代的生活裏沒有美的嗎？哪裏，有的，不過形式換了罷。我們沒有 Romance，沒有古城裏吹著號角的聲音，可是我們卻有 thrill，carnal intoxication，就是戰慄和肉的沉醉。」〔註 33〕邵洵美的集子定名爲《花一般的罪惡》，對《惡之花》的傚仿痕跡清晰可見。集子中充斥著「妓女」、「蕩婦」、「蛇」等在中國傳統文學中面目可憎的意象，但邵洵美卻並未用先行的道德態度將它們貼上醜陋的標簽，反而是用中國古典詩詞中常用的花草喻象爲它們潤色。在《花一般的罪惡》一詩中，「那樹帳內草褥上的甘露，正像新婚夜處女的蜜淚，又如淫婦上下體的沸汗」，妓女的「熱汗」被喻爲「草地上的露珠」，「骯髒」與「純潔」就這樣交融爲一體。而他的《蛇》一詩，更是驚豔。一個在中西方文化中承載著「貪婪」、「欲望」、「邪惡」的喻體，卻成爲了「狂歡」的主角，著實是對傳統審美慣性的挑戰。

在基爾曼看來，「如果在波德萊爾那兒頹廢『主要是一種隱喻性的追問和學識，那對戈蒂耶而言，頹廢就是一種風格，一種色澤，一種態度』。戈蒂耶是頹廢『世俗一面』的始作俑者——不那麼精神性，更物質更羅曼蒂克，表現在『傾向於多彩的奇異的一面……帶著波希米亞的、藝術上的自以爲是』」〔註 34〕。很顯然，30 年代海派對物質享樂的沉湎使他們更傾向於戈蒂耶的態度。林微音翻譯了作爲法國頹廢運動起點標誌的戈蒂耶的《斑馬小姐》，並於 1935 年出版。盧維，是 30 年代海派所鍾情的另一位法國作家，徐霞村曾在《最近的法國小說界》中對其有所介紹。儘管現在對他的評價不高，認爲他是「一位文筆優美而格調不高的豔情小說家」，但當時的上海文壇卻對他的《阿佛洛狄忒》推崇備至。曾樸、曾虛白父子以《肉與死》爲題翻譯了此書，半年後鮑文蔚又把這本書改名爲《美的性生活》重譯出版。李今認爲，

〔註 33〕孔另境編：《現代作家書簡》，花城出版社，1982 年版，第 185 頁。

〔註 34〕李察・基爾曼：《頹廢：一個名詞的奇特生涯》，轉引自李歐梵：《上海摩登——一種新都市文化在中國》，北京大學出版社，2001 年版，第 265 頁。

中國新感覺派的創作風貌，更貼近趨向奢侈的享樂、精緻和美的法國式的頹廢，而推廣至 30 年代海派亦然。法國是 19 世紀的西方國家中頹廢感最爲濃厚的國度，因爲「這個國家在世界上的權力和榮耀正在衰落的感覺……特別是在 1848 年革命失敗後，以及在 1870 年普法戰爭中法國的潰敗和隨後導致 1871 年短暫的巴黎公社的暴動之後——其時這種感覺更爲激烈」〔註 35〕。而這種「末路」境況無疑鬆懈了人們對精神家園的堅守。於是，生性樂觀的法國人牢牢抓住更易感知與掌控的「肉體」，尋求「生」的刺激，所有對於奢侈的、精緻的、美的偏執只是爲了滿足外在肉體的感受。上海租界作爲「借來的時空」，爲租界人設置了與基督教世紀末預言相似的文化心理情境。面對隨時可能消失的現代繁華，他們陷入了深深的緊迫感與恐懼感之中。章克標在《來吧，讓我們沉睡在噴火口上歡夢》中即表達了這種「世紀末狂歡」的思想傾向：「倘使我們睡在火山的噴火口上，我們一定可以感到他在地下的熱情的燃燒，他的熱血的奔騰澎湃。只由這一點，我們也該欣慰去睡在噴火口上，而況我們還可以歡夢」〔註 36〕。躁動焦慮、頹唐厭世、沉淪墮落、追求物質享樂與肉欲刺激成爲租界人的心理構成，並在 30 年代海派作家的創作中得到充分地體現。對此，吳福輝在《都市漩流中的海派小說》中給予了證實，「海派的當作消遣品的男人，第七號女性，白金的女體，性的等分線，金鎖和連環套的人生，君子契約等等，人被冠以這些冷冰冰的稱謂，顯露出的是現代中國人面臨或將要面臨的『物質消化不良』的『精神貧血』的症狀」〔註 37〕。

保爾·穆杭的作品在表現手法上帶有印象主義和感覺主義的鮮明傾向，諸如「影戲流的閃光法」、快節奏的敘述等都在 30 年代海派作家的都市寫作中留下了鮮明的印記。他們擅用簡短的句式，以「平行敘述」的方法推進，將光怪陸離、畸形繁華的都市風景迅速攝錄下來。一般不著重於逼眞地描繪、細緻地摹寫，而是運用比喻、擬人、象徵、誇張等手法將主觀感覺投射到客體上去，捕捉瞬間的感受，並著重突出某些帶有強烈刺激感的印象碎

〔註 35〕李永東：《租界文化與 30 年代文學》，上海三聯書店，2006 年版，第 79 頁。

〔註 36〕章克標：《來吧，讓我們沉睡在噴火口上歡夢》，轉引自史書美著，何恬譯《現代的誘惑——書寫半殖民地中國的現代主義（1917～1937）》，江蘇人民出版社，2007 年版，第 286 頁。

〔註 37〕吳福輝：《都市漩流中的海派小說》，湖南教育出版社，1995 年版，第 207～208 頁。

片，以點帶面，構造出鮮明的藝術整體。「她的眸子裏還遺流著乳香……那隻手像一隻熨斗，輕輕熨著我的結了許多皺紋的靈魂」〔註 38〕，在穆時英的筆下，眼神中可以漾出「乳香」，靈魂會結「皺紋」，而「她的手」會熨平「皺紋」，作者的感覺佔據了首要的位置，始終在字裏行間湧動。而在劉吶鷗的《遊戲》中則有這樣的描寫：「在這『探戈宮裏』的一切都在一種旋律的動搖中——男人的肢體，五彩的燈光，和光亮的酒杯，紅綠的液體以及纖細的指頭，石榴色的嘴唇，發焰的眼光。」〔註 39〕沒有完整的人物形象，也沒有完整的空間形象，只有肢體、燈光、酒杯、液體、指頭、嘴唇、眼光……這一個個突兀的亮點，是誘惑的源泉，帶給人強烈的視覺與心理刺激。點與點之間不是空白，而是充斥著由點發散出的色彩、光影、動感，營造出曖昧的欲望空間。除印象主義與感覺主義之外，法國象徵主義對 30 年代海派作家的影響也極為顯著。古爾蒙德是法國象徵派權威評論家、詩人和小說家，虛白翻譯了他的《色的熱情》。這本書對穆時英的創作產生了巨大的影響，「他以色彩來象徵女人個性的手法，或在小說前面加上詩句的形式很可能都是以此為摹本的」〔註 40〕。

四、海派作家的法式生活

30 年代海派文人大多具有留法或學習法文的經歷，是堅決的親法分子。對法國文化的癡迷與西方現代生活的嚮往，使他們在生活中極力追求法式的生活情調，時常流連於法式風情的咖啡館、公園、夜總會，甚至舉辦文學沙龍。他們主動汲取法國文學的創作理念，對保爾·穆杭、波德萊爾、戈蒂耶、盧維等作家的推介與引入，影響了其創作風貌的形成。這些生活經驗與文學理念積澱下來，作為一種創作資源，與文本創作一同構成了海派的法國想像。

「身份是中國式資本邏輯的根基。身份的屬性不是被隱形，相反它必須顯著地加以傳播、昭示和炫耀，正是從這種規則中產生了『名片話語』，也即把舉止、服飾、座車、住宅、學歷和全部金錢當作『身份名片』藉此向社會

〔註 38〕穆時英：《第二戀》，賈植芳、錢谷融主編《穆時英小說全編》，學林出版社，1997 年版，第 555 頁。

〔註 39〕劉吶鷗：《遊戲》，賈植芳、錢谷融主編《劉吶鷗小說全編》，學林出版社，1997 年版，第 1 頁。

〔註 40〕李今：《海派小說與現代都市文化》，安徽教育出版社，2000 年版，第 51 頁。

發佈私人公告，盡可能地顯示主體的文化身份。」〔註41〕在法國文化的影響下，30年代海派文人時常流連於咖啡館、公園、夜總會，甚至舉辦文學沙龍，追求法式的生活情調。他們以這種方式標榜並彰顯自己的西方身份，使自己與其他傳統的中國人區分開來。

30年代的海派文人中，不乏殷實之家。新感覺派中的三大主將穆時英、劉吶鷗和施蟄存都出身於中產階級以上的家庭。穆時英的父親是銀行家，自幼隨父到上海求學，後雖家道中落，其生活方式與個人氣質仍傾向於中產階級。劉吶鷗是臺南望族子弟，家境富裕。施蟄存的父親是工廠經理，八歲時即跟隨父親定居松江。而「洋場闊少」邵洵美更是出身於一個煊赫的家族，祖父邵友濂是晚清時期的封疆大吏，外祖父盛宣懷是近代史上的政治家、實業家，富甲一方。邵洵美又娶盛宣懷的孫女盛佩玉爲妻，更是家財無數。衣食無憂的生活使他們遠離生存現實的殘酷，易與浪漫、慵懶又有些許頹廢的法國氣質發生共鳴，而殷實的家境也爲他們涉足咖啡館、西餐廳，追求法國情調提供了經濟基礎。對於洋場「浪漫文人」的這種生活方式，《上海男子生活》中有詳細描述：「吃過飯，或是和那朋友一起，或是一個人，再上馬路上閒蕩一會，一時心血來潮，想到跳舞，馬上在路邊叫了一輛汽車，把自己送上一家跳舞廳或咖啡館……走出跳舞廳，感覺那些音樂與肉香漸漸遠時，心中有點寂寞，但精神則還很興奮，毫不疲倦，趁步所之，又走進一家咖啡館，再坐下來」〔註42〕。

咖啡館是最具法國文化氣息的場所。在法國，咖啡業的發展與文化生活密切相關，咖啡館承擔著文化傳播的使命。建於1686年的普羅柯普是巴黎最出名的咖啡店，它位於巴黎第六區奧岱翁地鐵站對面的老喜劇院街13號，幾乎與它對面的法蘭西喜劇院同時建立。普羅柯普咖啡館以其得天獨厚的地理條件吸引了全巴黎的文人雅士。哲學家和思想家達朗伯、伏爾泰、盧梭和狄德羅等人，經常聚在普羅柯普咖啡店討論時事，法國文化史上眾多的哲學論辯都曾發生於此。普羅柯普一時被人稱爲啓蒙哲學家的「神殿」和「知識辦公室」。繼啓蒙哲學家後，普羅柯普咖啡館又成爲法國作家喬治・桑、繆塞、都德、於斯芒斯、魏爾倫等人的聚會場所。後來，波德萊爾、奧斯卡・王爾

〔註41〕朱大可：《西方想像運動中的身份書寫》，載《南方文壇》2003年第6期。
〔註42〕柳眉君：《上海男子生活》，馬逢洋編《上海：記憶與想像》，文匯出版社，1996年版，第87頁。

德、左拉等文人也常在此討論文學和藝術，所以，很快就在這裡籌備創立了著名的文學刊物《普羅柯普》。比普羅柯普咖啡店晚建近兩百年的「花神咖啡店」，也是文人的聚集地，薩特、波伏娃、加繆都曾是這裡的常客。「由於普羅柯普和花神咖啡店都位於塞納－馬恩省河左岸，這一地區又屬於文人及知識分子密集來往的巴黎『拉丁區』。所以，『左岸咖啡』從此成爲法國文化論壇的象徵。」〔註 43〕20 世紀初，法國社會相對平靜，文人常常聚集在咖啡館交流思想、收集素材。這一時期被稱爲「咖啡文化時代」，是巴黎現代藝術發展的黃金時期，也是世界歷史上最浪漫的文藝時代。

30 年代海派文人對咖啡館的癡迷可與法國文人媲美。他們中的不少人，一有餘暇就到咖啡館去，以至於受到魯迅的批評，在文壇上留下了一段有關「吃咖啡」的筆墨公案。魯迅曾在文章中稱自己只是「把別人吃咖啡的時間用在工作上的」，含蓄地批評了整天泡在咖啡館的海派文人。其實，魯迅的批評在某種程度上有失公允。與法國文人一樣，咖啡館是一些海派文人交流文學心得、體會人生萬象的場所，其中尤以霞飛路上的咖啡館最受偏愛。霞飛路位於法租界的中心，遍佈的咖啡館是其一大特色。「一開頭有一個阿派門和一個咖啡間……更適於坐坐的咖啡間有克來孟和小朱古力店。克來孟的觀瞻很堂皇，而且時常有國籍不一的很懂得侍候的侍女在出現。要是想兩個人小談的，最好到小朱古力店去，那裡很幽靜，而且位子又少。」〔註 44〕曾留學法國的自由主義海派文人張若谷酷愛咖啡館，「除了坐寫字間，到書店漁獵之外，空閒的時期，差不多都在霞飛路一帶的咖啡館中消磨過去」〔註 45〕，在其著作《咖啡》一文中，他甚至把咖啡館作爲現代都會生活的象徵。張若谷推崇的是一家名爲「巴爾幹」的咖啡店，時常與田漢、傅彥長、朱應鵬等幾個知己的朋友在此交談，從文學藝術到時事要人，「這種享樂似乎要比絞盡腦汁作紙上談話來得省力而且自由……大家一到黃昏，就會不約而同地踏進幾家我們坐慣的咖啡店，一壁喝著濃厚香淳的咖啡以助興，一壁低聲低語訴談衷曲——這種逍遙自然的逍遙法，『外人不足道也』」〔註 46〕。當然，咖啡館

〔註 43〕高宣揚：《流行文化社會學》，中國人民大學出版社，2006 年版，第 130 頁。

〔註 44〕林微音：《上海百景》，楊斌華主編《上海味道》，時代文藝出版社，2001 年版，第 133～134 頁。

〔註 45〕張若谷：《咖啡座談・序》，轉引自李歐梵《上海摩登——一種新都市文化在中國》，北京大學出版社，2001 年版，第 26 頁。

〔註 46〕張若谷：《咖啡座談・序》，轉引自李歐梵《上海摩登——一種新都市文化在中國》，北京大學出版社，2001 年版，第 26 頁。

的吸引力並不止於「訴談衷曲」，更重要的是，作爲舶來品的咖啡館具有濃鬱的法國風情，帶給人們國際化與現代化的浪漫想像。忒珈欽谷是霞飛路上一家特色咖啡館，坐在其中，便不禁讓人產生對西方現代生活的幻想。張若谷這樣寫道：「坐在那裡眞覺得有趣得很，一隻小方正行的桌子，上面攤著一方細小平貼的白布，一隻小瓷窯瓶，插了兩三支鮮豔馥香的花卉，從銀製的器皿上的光彩中，隱約映現出旁座男女的玉容綽影，窗外走過三五成群的青年男女，一隊隊在水門汀街沿上走過，這是每夜黃昏在霞飛路上常可看見的散步者，在上海就只有這一條馬路上，夾道綠樹蔭裏，有各種中上流的伴侶們，朋友們，家族們，他們中間有法國人、俄國人，也有不少的中國人……」〔註 47〕精緻的器皿、憂雅的環境、悠閒的散步者……這完全是一幅西方現代都會的想像圖景。作者沉浸在自己編織的都市想像空間之中，而與現實隔絕，「聽不見車馬的喧囂，小販的叫喊，又呼吸不到塵埃臭氣，只有細微的風扇旋舞聲，金屬匙叉偶觸磁杯的震聲，與一二句從樓上送下的鋼琴樂音，一陣陣徐緩地送入我的耳鼓」〔註 48〕。

30 年代海派文人大多具有留法或學習法文的經歷。張若谷曾留居法國，邵洵美在法國學過繪畫，劉吶鷗、施蟄存、杜衡也都曾就讀於上海震旦大學法文特別班。震旦大學是法國天主教耶穌會創辦的大學，「以便益本國學生，不必遠涉重洋留學於歐美」爲目的，教授語文學、象數學、格物學、致知學等現代西學。「當眾多中國的外國教會學校將外語僅僅作爲管理和交流工具來教授之時，震旦大學卻傳播著眞正的法國高等文化，聘請許多著名人士來校執教。」〔註 49〕在這種教育背景下，三十年代海派文人大多具有紮實的法文功底，熟悉法國文學，對法國文化充滿熱情。張若谷甚至還像大多數法國人一樣，皈依天主教，迷戀音樂藝術，被人稱爲道地的「親法分子」。1927 年，熱衷於法國文化的曾樸與兒子曾虛白創辦了「眞美善」書店。書店位於法租界馬斯南路。法租界的道路多以人名命名。福煦路以法國元帥福煦（Ferdinand Foch）命名，霞飛路（今淮海中路）和貝當路（今衡山路）也是

〔註 47〕張若谷：《忒珈欽谷》，許道明、馮金牛編《張若谷集：異國情調》，漢語大詞典出版社，1996 年版，第 12 頁。

〔註 48〕張若谷：《忒珈欽谷》，許道明、馮金牛編《張若谷集：異國情調》，漢語大詞典出版社，1996 年版，第 15 頁。

〔註 49〕史書美著，何恬譯：《現代的誘惑——書寫半殖民地中國的現代主義（1917～1937）》，江蘇人民出版社，2007 年版，第 393 頁。

以一戰期間兩位法國元帥的名字命名的，另外還有以法國著名作家莫里哀命名的莫里哀路和以現代作曲家馬斯南命名的馬斯南路。這種命名方式爲法租界營造出濃厚的法國文化氣息，帶來強烈的異域感受。這也是曾家父子將書店開在這裡的原因，一旦步入馬斯南路，「他的歌劇 Le roide Lahore 和 Werther 就馬上在我心裏響起。黃昏的時候，當我漫步在濃蔭下的人行道，Le cid 和 Horace 的悲劇故事就會在我的左邊，朝著皋乃依路上演。而我的右側，在莫里哀路的方向上，Tartuffe 或 Misanthrope 那嘲諷的笑聲就會傳入我的耳朵。辣斐德路在我的前方展開……法國公園是我的盧森堡公園，霞飛路是我的香榭麗舍大街。我一直願意住在這裡就是因爲她們賜我這古怪美好的異域感」〔註 50〕。1928 年，邵洵美開辦「金屋」書店，店名也是緣於一個法文字眼，即「La Maison d'or」（按照字義翻譯過來便是「金屋」）的聲音悅耳動聽。

「眞美善」書店團結了一批親法文人，如邵洵美、徐霞村、張若谷、徐志摩、田漢等，對於法國文化的偏愛促使他們結成了特定的交際圈。曾樸、曾虛白經常召集文人雅士，在家裏舉辦沙龍。沙龍，源於法國，最初指貴婦人接待名流聚會的客廳，談論的大多是文學藝術，在服飾與言談舉止上都力求高雅。後來發展成爲學者和藝術家等社會精英的社交場所，形式較之以前也更爲自由。曾樸很注重對法國氛圍的營造，他的兒子曾虛白回憶道：「我家客廳的燈不到很晚是很少會熄的。我的父親特別好客，而且他身上有一種令人著迷的東西，使每一個客人都深深地被他的談吐所吸引……誰來了，就進來；誰想走，就離開，從不需要繁文褥節。我的父親很珍惜這種無拘無束的氣氛；他相信，只有這樣，才能處處像一個眞正的法國沙龍」〔註 51〕。

「施蟄存提到，由於其時只有包括他在內的很少一部分作家被歐化了，所以當時社會上實際並未聽到針對歐化的反對之聲。較少的數量使得他們得以坐穩貨眞價實的先鋒派位置，他們炫耀自己與西方的同步性，同時將自己與其他仍陷在傳統文化觀念中的中國人區分開來。」〔註 52〕追求法式情調的

〔註 50〕轉引自李歐梵：《上海摩登——一種新都市文化在中國》，北京大學出版社，2001 年版，第 24 頁。

〔註 51〕李歐梵：《上海摩登——一種新都市文化在中國》，北京大學出版社，2001 年版，第 25 頁。

〔註 52〕史書美著，何恬譯：《現代的誘惑——書寫半殖民地中國的現代主義（1917～1937）》，江蘇人民出版社，2007 年版，第 393 頁。

生活即成爲他們炫耀西方性的一種方式。文學創作是作家個體體驗的凝結。30 年代海派文人的這些生活經歷作爲原型融入他們的創作中，使其作品展現出鮮明的法國異域情調，並呈現出文化想像的創作傾向。

第三節　海派文學與大衆文化

20 世紀 30 年代，是一個文化多元共生的時代。「五四」新文化在 30 年代開始發生分化，一是左翼新興的政治文化勃興，二是「五四」既有的自由主義知識分子文化的延續，第三支則是 30 年代依憑沿海城市，特別是上海的城市大眾文化。後者不同於前工業時代屬於口頭傳播的非規模化的傳統民間文化，它建立於資本主義現代大工業基礎上，與現代市民社會相適應，並以傳媒（主要是報刊）爲主要傳播渠道，表現了資本主義化了的城市市民，特別是中等階級的文化需求。海派文學的形成、運作形態、作品特徵，都與此有關。

一

30 年代，相對於當時中國的鄉土特徵而言，上海眞正是一塊「飛地」。上海經開埠以後幾十年的發展，已成爲資本主義世界中的一個中心，其工商業經濟促成了社會整體狀況的變化，包括政治形式、社會結構、職業分佈、人際關係與人格構成、生活方式以及心理狀態、人的屬性等等。葛蘭西曾對上層建築的兩個層次作過分類，即一是政治社會，二是市民社會。按這樣的分法，上海顯然已與整個中國政治社會與鄉間禮俗社會的情況稍有脫節，表現出市民社會的某些特徵。如它以經濟生活爲主體，社會關係主要表現爲各種利益關係，由此產生出不同於傳統社會的階級階層劃分；市民社會由契約關係與穩定性的法制機制規範社會（即所謂「技術結構」），政治控制相對放鬆，廣大市民開始擁有獨特的、受保護的私人生活空間；生活方式上則注重人生的世俗享樂與消費欲望，並產生流行性的大眾生活空間。

30 年代是上海市民社會獲得穩定發展的時期，中等階級成爲市民社會的主體。上海在 19 世紀末與 20 世紀初便形成後人所稱的「上海勢力」，這是一個脫離原有中國社會的「官一民」結構，不大從屬於統治集團的新的工商業力量。在清末民初，這一群體還只限於經濟領域，大量都市的低層市民仍未進入都市自由人群。至 30 年代，工商業的極度繁榮。使城市人員在職業、財產、教育、名望等方面業已形成定型化趨勢，形成一種以公司職員爲主體，包括中小商人、公職人員、醫生、律師、記者、中小學教員的中等階層。他們多數受過良好的現代教育，擁有穩定職業與收入，並分佈於各種社會主導領域。而工人群體，也由於大工業經濟的確立，改變了以往以傳統手工業、個體勞動爲主的非產業性，一些較多分佈於電車、煙草、印刷、棉紡行業的技術工人，在行爲方式、觀念、趣味上較多地被吸納到市民生活方式之中，使這個中等階層更爲龐大。中等階級，由於其所受教育、職業、收入、社會地位均被納入到資本主義工業社會軌道之中，因而價值觀念、行爲方式大都不逾社會規則。政治上，較少有對現行體制的暴力反抗（比如當時復旦大學的學生，大都以「循序而不爲國家生事」爲學運準則），社會行爲也帶上有益社會的實用理性觀念與職業特徵，日常生活則注重實用功利性與消費享樂需求，文化上則較多受西方影響。這一情形當然也反映到上海的文化建設之中。鄒韜奮接編《生活》雜誌時，便標明爲市民服務，「以民眾的福利爲前提」，其提倡的「有效率的樂觀主義」、「肯切實的負責」，「有細密的精神」都屬典型的中等階級價值標準，與城市大資產階級文化和暴力反抗政府的左翼工人文化有較大區別。這個群體的文化價值觀念，較充分體現了上海文化的內在特質，尤其是市民階層世俗生活中的消費享樂欲望與實用功利的價值原則，成爲城市大眾文化產生的基礎。

從文學上來說，民初的通俗文學基本上是工業時代初期的市民文化代表，而30年代以職員爲主體的上海文化，則基本上屬新文化範疇，是「五四」以來的新文化在工商業城市中的一種變異，因而在文學上，通俗文學已不能完全爲上海中等階級所滿足。以左翼爲代表的工人階級政治文化，在某種程度上，也標明了上海文化的現代性，但在商業性的上海城市中，卻難以滿足市民大眾個人生活空間的文化需求。而精英的知識分子文化，此時也仍囿於大學經院的圍牆之內。可以說，海派文學正逢其時，在當時官方與知識者主流意識形態之外，建立了一種適應上海新興市民階層大眾文化的新興都市文學。海派文學的出現，幾乎是必然的。它表明了在都市商品經濟發達成熟時，知識分子文化對此的介入與體認，並且，海派文學自身也都納入到都市商業文化規則之中，具有消費性、標準化、批量化的特點，而這幾者正是大眾文化產品的特點。關於這一點，我們可以從海派文化生產的機制、海派成員的人格構成諸方面得到認定。

首先，當時海派文學確有商業化的發生動機與市俗化的寫作導向。由於海派文學依賴雜誌刊物生存，我們不妨以刊物爲例，試作分析。19 世紀末，上海的都市文化產業開始出現，最初的生產者是脫離封建時代科舉軌道的改良式文人，他們出於報館書局，開辦娛樂性的報刊。通俗報刊的出現改變了以往文人私刻、贈閱的生產模式與傳播方式，也有別於「五四」新文化時期由思想接近而導致的同人刊物傾向。早期鴛蝴派即是中國第一批從事報刊文化生活的文學團體。到 30 年代，海派在報刊方面，明顯呈現出向大眾傳媒運動的態勢。劉吶鷗出資開辦《無軌列車》，取意行無定則之意，但劉吶鷗個人傾向很明顯，他一方面譯介多種新興的西方文學理論，一方面又長於描寫大都市色情生活的作品，應該說是其個人喜好與刊物的消費傾向的合謀。後來，梁得所主編《小說》雜誌，特別是穆時英、葉靈鳳主編《文藝畫報》，已經呈現出消費特徵，內容上除去文學，還有戲壇、畫壇、影壇報導，其中較注目的是「畫報」傾向。起先，「畫報」的含義還只是體現在文圖並茂上，即以圖畫形象地詮釋作品內容，到後來的海派刊物《良友》時期，圖片的重要性甚至躍居文學之上，閱讀有轉向視覺化的趨勢，以前的圖畫也演變成照片，大量登載一些與作品並無多大干涉的明星、校花照片。這些刊物，包括 40 年代初的《萬象》，都是「泛文學的」，即集文學、時事、美術、攝影、廣告於一身的「拼盤現象」〔註 53〕，或稱「拼盤」式。內容上，顯然增加了娛樂休閒的成分，同時，作品中模式化、易複製、無深度的「擬個性化」的意義消解特徵也表現出來，如大量刊載的時事小說、電影小說、古事小說，乃至 40 年代出現的電臺播音小說等等，作品極多而模式化傾向嚴重。除了大眾文化生產的一般規律，海派作家也間或有媚俗讀者的小舉動，如曾今可借崔萬秋之名爲自己大作廣告之類。可以說，海派文學有一個向消費性靠近的運動過程。

其次，從海派人員的人格構成來說，也有一個切近市俗的軌跡。事實上，「五四」時期的知識分子（包括「五四」文學中的知識分子），只是「思想存在物」，其精神特徵是與整個社會的對立，相對來說，並未進入切實的生活軌道。其實際生存的獲得，全賴大學教授這一崇高而優越的職業，對社會的實際參與明顯偏弱。到 30 年代，急風暴雨式的政治運動在大城市已基本結束。隨著國民政府的建立，沿海城鄉基本回覆到秩序性的階段，都市文化也開始定型，並呈規則性發展。而海派人群，也大多憑藉都市資本主義社會規則而

〔註 53〕吳福輝：《都市漩流中的海派小說》，湖南教育出版社，1995 年，第 137 頁。

確定自己的生存，其職業特性、生活方式、思維習慣乃至其人際交流，都帶有市民特徵。首先是職業特性。海派人群多是職業性作家與編輯，其創作與文化生產有明顯的養家糊口的動機。張資平明確表示其高產創作起因於「家室之累」，而蘇青初始時期的創作，也是爲了謀生。他們沒有「五四」時期文人的固定生活來源，連施蟄存這樣先鋒性的作家也自稱是在「討生活」。海派理論家杜衡在回答沈從文的批評時也確言：「在上海的文人不容易找到副業……，於是在上海的文人便急迫的要錢。這結果自然是多產，迅速的著書。」〔註 54〕而他們之中的一些人，本身就是報刊老闆或發行人。由此，海派人群對都市社會的經濟法則較能適應，由己推人，對都市市民日常生活中的利益原則、實用世俗理性有較多關注。

海派作家的生存規則，相對於「五四」知識分子來說，是一種邊緣化傾向，而對於都市大眾文化來說，卻甚合眾。有學者指出，海派作家的基本人格，可分爲三類，即商人型，如張資平、章克標；洋場少年型，如穆時英、邵洵美；洋場職員型，如徐訏。而不管哪種類型，其核心都是「趨時務實」〔註 55〕。事實上，這還不完全是類型的問題，海派許多作家已經進入都市商品性文化的生產領域，即大眾文化的生產者，他們本身即是市民，即施蟄存所說的「爲生活之故而小心翼翼地捧住職業」。〔註 56〕他們已經接受了勞動交換的商品社會法則，由「五四」時期「啓蒙」角色轉變爲都市中等階級大眾，由「五四」知識分子「思想存在」狀態過渡到市民世俗生活狀態。因而，其對城市社會的關注與表現，也與「五四」文學與 30 年代左翼文學有了較多的不同。

海派的寫作建立於市民社會中等階級的大眾文化價值之上。他們努力尋找一種市民個人空間與都市平均化的常態，並以市民社會中等階級的價值理念——世俗的欲望、消費觀念去體認，在相當程度上，是一種大眾價值的建立與對知識分子主流意識形態的偏離與消解。

二

海派的創作並不一致，而且從外在面貌上看，似乎互相矛盾。從張資平、曾虛白、葉靈鳳、曾今可、章克標到新感覺派諸人物，再到 40 年代張愛

〔註 54〕杜衡：《文人在上海》，載《現代》第 4 卷第 2 號。
〔註 55〕吳福輝：《都市漩流中的海派小說》，湖南教育出版社，1995 年版，第 106 頁。
〔註 56〕施蟄存：《新年的夢想筆談》，載《東方雜誌》第 30 卷第 1 號。

玲、蘇青、予且、丁諦，他們或以通俗的言情小說名世，或具有先鋒與實驗特質，或者兩者兼而有之，但其中都透出共同的特質：即對都市大眾生活的感驗，並以世俗生活邏輯對都市進行解析。

首先出現於海派小說中的，是對於都市大眾經濟屬性與物欲特徵的體認。張愛玲將所有人物置於都市經濟原則之下，解析人物的行為。她小說中的中等階級人物，都於物欲生活中感受到經濟不安全中的某種威脅。張愛玲是一位典型的都市人，把生活中獲得的世俗價值觀念與家庭生活沒落所導致的虛無、荒誕、無常感結合在一起，其末日感多來自於世俗生活的威脅，甚至於公寓裏水龍頭沒水而發出空洞的聲響也能喚起她的天老地荒的感覺。蘇青也是一樣，《結婚十年》全部內容可說是一種生活實錄，一系列的謊言、背叛、爭吵、自立等等不厭其煩的日常描寫，都表明一種都市生活原狀：一個市井女性所感受到的經濟上的不安。人與生活之間維繫著實際的平庸關係，而非神聖關係。

在這裡，我們不妨拿左翼與海派作一個比較。雖然茅盾及左翼作家並不否認都市社會人的經濟屬性，但由此所闡發的是階級關係，以及階級鬥爭觀念，進而得出中國社會性質的看法，帶有 30 年代左翼文化意識形態的明顯痕跡。此外，都市的享樂生活，在《子夜》中也被屢屢寫道，如麗娃麗坦村的嬉戲，吳蓀甫、王和甫等人夜訪豔窟以及種種「輪盤賭、鹹肉莊、跑狗場、必諾浴，舞女明星」等等享樂生活。但此種寫法，無非印證資產階級生活的腐朽以及上海社會頹廢情緒的左翼觀念，或以此印證「生產縮小，消費膨脹〔註 57〕的畸形經濟狀態。事實上，茅盾（也包括其他左翼作家）在價值觀念上並不認可人的享樂與經濟屬性的合理性，所以茅盾一方面寫出上海享樂生活的種種，一方面又指斥以享樂消費的「上海人生對象的都市文學」〔註 58〕。海派作家則不同。他們立足於非政治性的市民社會標準，承認經濟屬性對於人的合理價值意義。張愛玲坦言道：「從小似乎我就很喜歡錢……因此，一學會『拜金主義』這個名詞，我就堅持我是拜金主義者」〔註 59〕。張愛玲自己在生活中似乎也堅持這種市俗價值。雖然她在困厄之中，得到姑姑許多幫助，但「錙銖必較」，在正常生活當中「凡事像刀截的分明，總不拖泥帶水」

〔註 57〕茅盾：《都市文學》，載《申報月刊》1933 年第 2 卷第 5 期。
〔註 58〕茅盾：《都市文學》，載《申報月刊》1933 年第 2 卷第 5 期。
〔註 59〕張愛玲：《童言無忌》，《流言》，上海書店，1987 年版。

〔註 60〕，張愛玲在其作品中，已將人的世俗需要化爲都市人的生活哲學。予且在《女七書》札記中有一段話，也於人的道德界限之內，表達了欲望的某種合理性：「有時因爲物質上的需要，我們無暇顧及我們的靈魂了。而靈魂卻又忘不了我們，他輕輕地向我們說：『就墮落一點吧！』」予且寫戀愛生活，大多置於物質環境之中。誠如一位學者的分析：「誰掌握物質，誰就掌握了自己的命運」〔註 61〕。這種物質狀態的世俗意願其實正是絕大多數都市大眾的精神狀態，它源於都市市民的生活邏輯，同時也並不忤逆現代文明所致力的精神建設，因爲市民生活邏輯恰好是抵禦當時專制政治的民間力量。從市民邏輯的私人個體空間引發出人的主體意識與社會空間的現代性，這是我們不能忽視大眾文化存在的原因所在。

其次，是對大眾生活個人空間的世俗生活常態的體認，這在 40 年代的海派小說中至爲明顯。張愛玲、蘇青、予且都有經驗性乃至常識性寫作的傾向，在他（她）們筆下，人類生活處於日常狀態之中，因而寫作的觀念也即是世俗邏輯。張愛玲「從柴米油鹽、肥皀、水與太陽之中去尋找實際的人生」〔註 62〕，因此《傳奇》中的人物「不是英雄」，也很少有「徹底的人物」，卻是「這時代的廣大負荷者」，「這些凡人比英雄更能代表這時代的總量」〔註63〕。

張愛玲小說中的人物無非是些半新不舊的中上層或中下層市民，也正因此，《傳奇》中的人物，特別是男性人物，往往如佟振保一樣，「整個地是這樣的一個最合理想的中國現代人物」——都市社會男子的標本。標本的意義即在於平均狀態。張愛玲對筆下的人物並不作過多理想主義判斷，而是具有某種價値觀上的寬容溫厚，所以她直言不諱地說：「我喜歡上海人」。即使是地老天荒，文明轟坍，也總要「容得下一對平凡的夫妻」。如果說張愛玲的作品還力圖將對大眾生活邏輯形而下的狀態向形而上拔升的話，那麼，蘇青與予且則更傾向於對其作常識性注解。比起張愛玲，蘇青的創作更接近個人化，僅僅涉及食、色、住、行等各式瑣屑，而且基本上是個性化表現。她曾說，其理想的人物應當是爽直、坦白、樸質、大方，而其接觸的人物，則扭捏作

〔註60〕胡蘭成：《今生今世》，遠行出版社，1990 年版。

〔註61〕吳福輝：《都市漩流中的海派小說》，湖南教育出版社，1995 年版，第 193 頁。

〔註62〕張愛玲：《心也正乎名》，《流言》，上海書店，1987 年版。

〔註63〕張愛玲：《自己的文章》，《流言》，上海書店，1987 年版。

態。這就是蘇青的邏輯。她僅僅於此二者對比中見於生活原則，而完全無涉國家、民族一類的大問題。在《結婚十年》與《續結婚十年》中，包含了較多的個人隱私生活記錄。一個受過大學教育的女性，在灰暗無光的夫妻生活中，爆出不斷的爭執、和解、背叛。蘇懷青的容忍、掙扎都源於一種日常生活的渴求，甚至一種無法離開男子的隱秘心態，因此，對於小說中蘇懷青的丈夫——徐崇賢的自私、無聊甚至刻毒，都有一種市民主義的平靜。蘇懷青的種種舉動，包括在「五四」與左翼文學當中處理爲反封建與婦女解放意義的寫稿賣文一類，都作爲日常化生活處理了，至少不過是一句：「現在職業的婦女的待遇眞是太菲薄了，簡直還比不上一個普通的妓女」。

予且的創作更加典型。他有一套市民的活命哲學，其《命理新義》便是對命相學的改造，由此可見其對市民趣味的熱情。因此，他的工作也頗似一位市井智者「勤勤懇懇指示著幫助著大眾之人，進入光明的人生大道」〔註 64〕。其小說集《兩間房》大都圍繞市井夫婦生活展示一個「智者」的日常推解，「機敏地表達人的妥協與信任的必要性」，或說是「當兩個必須互相信賴的人產生敵意時，如何進行化解」。〔註 65〕確切地說，予且不是闡發愛情意義，也並非一般地表現家庭衝突，而是通過家庭生活來表述生活技巧與經驗。在他看來，「戀愛不過就是那麼回事」。比如他在《兩間房・序》中談到，婚姻對男人來說，不啻一種「男子快樂而又帶點苦痛的生活史」〔註 66〕，而這種痛苦，並非依靠愛情、婚姻的理論意義去消除，而在於某種現時的實際解決。《辭職》一篇在夫婦的爭執中層開情節，夫婦爭執的原因在於男子忙於事務而忽略了妻子，可是最終解決問題的辦法卻是丈夫辭職來滿足妻子的情感要求，雖然辭職後的生活並無任何理想主義的光輝。予且的作品眞正是一種市民日常生活的機智，他對人生的指導，只是一種調適都市大眾喜怒哀樂的小小謀略，不脫市民主義的世俗趣味。

其三，關注大眾無歷史、無個性的平均狀態。早期芝加哥學派在論及城市社會特徵時使用過一個概念，即「異質性」。城市人群其實就是由異質性的人員構成的群體，但城市人的流動與龐雜卻使這種人與人之間的區別趨於消失。帕克曾說：「這種流動使得人們互相接觸的機會大大增加，但卻又使這種

〔註 64〕予且：《利群集》，德潤書局，1946 年版。
〔註 65〕李嶸明：《浮世代代傳》，華文出版社，1997 年版。
〔註 66〕予且：《兩間房・序》，中華書局，1937 年版，第 1 頁。

接觸變得更短促、更膚淺。……這實際上就是以偶然性、臨時性的接觸關係，代替了小型社區中較親密的、穩定的人際關係。」〔註 67〕實際上，流動造成了異質性，同時也是一種消泯異質的力量。廣泛的流動使都市大眾成為平均的、無個性的、無歷史的狀態，並使大眾的行為趨同。「大眾彷彿是避難所」〔註 68〕，它既不面對歷史，也不面對個性，它使大眾的行為成為平面性和類型化的狀態。海派作家較多地以流動性場所為場景，如夜總會、跑馬場、舞廳、旅館，便包含了對都市大眾流動性、平面化的處理動機，其人物身份屬性大都與流動性有關。除施蟄存外，其他作家都盡量避免涉及穩定性人際關係的場所（家庭、鄰居）。不管人物身份多麼千差萬別，但流動場景，決定了人們行為的類型化趨向。

縱觀海派文學，特別是新感覺派小說，其潛在結構之一，就是城市男女的快速聚散。當然，這決非優美的感情故事，而是一種大眾的平均狀態，一種現時性、表面性而非歷史性、個性化的特質。在物質與時間多變、趨新的情況下，人們喪失歷史感，心態與價值觀變得極不穩定，無定形，易改變，快速地棄舊迎新，一切都在此時此地的實用感官中證明價值所在。如劉吶鷗的《風景》、《兩個時間的不感症者》，表明一切都是「暫時與方便」的「都市詼諧」。《禮儀與衛生》則更確言表現兩性之間「時下的輕快簡明性」，人物的意義降到了如帕克所說的「在相當程度上取決於一些俗套表徵——如儀表、時間、派頭——，而且人生的謀略很大程度上下降到謹慎講究時裝與禮貌的境地」〔註 69〕。沈從文當年就已注意到這一點。他認為穆時英作品中的故事有某種程序化，「男女湊巧相遇，各自說出一點漂亮活」〔註 70〕。新感覺派更關心的，還是大眾平均狀態，因此，對時間的解構與對現在的放大成為表現法則，即使寫到歷史，也仍然是一種「現在進行時」。

三

海派所立足的，是以上海中等階級為核心的城市大眾世俗價值，其表現的大眾欲望與消費特徵，世俗常態與流行性平面化生活，乃是發達商品社會

〔註 67〕帕克：《城市社會學》，華夏出版社，1987 年版，第 42 頁。
〔註 68〕本雅明：《發達資本主義時代的抒情詩人》，三聯書店。
〔註 69〕帕克：《城市社會學》，華夏出版社，1987 年版，第 42 頁。
〔註 70〕沈從文：《論穆時英》，《沈從文文集》第 11 卷，三聯書店與花城出版社聯合出版，1984 年版，第 205 頁。

大眾文化日益從原有傳統社會政統、道統與「五四」知識分子文化社會價值觀疏離的產物，同時也基於商品社會所創造的市民社會公共空間與個體生活空間，無論從哪方面看，其對原有意識形態的解構都不可小看。我覺得，它的消解作用至少有以下幾方面：

首先是對左翼意識形態的某種偏離。

30 年代左翼文化乃是由「五四」新文化載道傳統演化而來，雖然所載之道的內容帶上了新的色彩，但文學的價值觀念沒有變化，即文學必須負載巨大的社會變革意義。同樣寫上海生活，左翼力圖使之成爲社會革命的注解，因此，階級分類是最好的一個方法。海派作家中有一些是出身於左翼文學的前身——普羅文學的，如穆時英、施蟄存，甚至劉吶鷗在描寫都市男女生活時也不忘喊幾句「普羅」口號，但其內在價值卻有別於通行的普羅文學，至多不過是對意識形態的消費而已。以穆時英爲例。他以《南北極》躋身文壇，並有普羅文學「白眉」之譽。在《南北極》、《黑旋風》兩篇中，作者構築了一種表面化的文化建構，即下層對城市上層的反抗，但深層意義上勿寧說是構築了一個墨家文化的江湖世界而與都市文明相對抗，作品中的行俠少年都把「不愛錢、不貪色、又有義氣」的所謂「道」奉爲圭臬。然而到了《咱們的世界》中，其道已不存在，因爲「這世界本是沒理的」。海盜李二爺赤裸裸的性與暴力的宣洩，已使下層的「道」不復存在，對於普羅文學的階級鬥爭與民間傳統價值都是一種顛覆。

其實，30 年代許多作家都對都市大眾的平均性物欲傾向有些觀察，但在處理上是不一樣的。左翼作家丁玲在《一九三〇年春上海》中寫了一位都市時髦女郎瑪麗，說她「有一種極端享樂的玩世思想」，麗服靚妝，逛街購物，讀流行報刊。瑪麗的物欲生活顯然帶有消費商品的「符號價值」（鮑德里亞語）的傾向，比如看電影的目的在於要「從雕飾得很講究的扶梯上，和站有漂亮侍者的門邊走到座位上去」。她要使自己成爲大眾流行文化的符號，而「不必定影片合意」，因爲「鄉下人才是完全來看電影的」。但在丁玲筆下，瑪麗的行爲最終被框定在資產者的階級性上面，從而與其男友——革命者望微構成價值衝突，以致在作品結尾，望微在街頭被捕，而瑪麗「顯然買了東西出來」，而且「還有一個青年在攬著她」。兩者的分野、對立不言而喻。在此，描寫物質生活也成爲左翼意識形態的一個表現。而海派作家則一味在消費享樂生活中泯去階級色彩與政治特徵，所有城市人都承受著共同的消費準則，通行的左翼階級分析理論在這裡是沒有位置的，並且被海派所慣常表現的平均性欲望特徵消解掉了。

其次，消解傳統文化的道德原則與「五四」新文化的價值觀念。

海派作品所持有的城市世俗價值觀念，以都市大眾個體欲望消解人類生存神聖感，以日常生活的實用經濟屬性消解社會政治法則，以個體生存空間消解社會公眾空間，以現時性特質消解歷史性狀態，以世俗家庭婚姻觀念消解愛情理想。其中見出城市大眾文化對海派作家的深刻影響，同時也表明知識分子置身商品社會所出現的嚴重分化，以及偏離主流文化的傾向。

施蟄存一系列古事小說，都以弗洛依德泛性理論重新對重要的歷史人物或經典文學人物進行解析。以《石秀》爲例，這位急公好義的梁山好漢，居然出於性欲壓抑與釋放的隱秘動機而勸說楊雄殺掉潘巧雲。性的變異導致其最後的血腥行爲，對熟讀《水滸》的讀者來說，無疑是一種價值顛覆。而對於鳩摩羅什這位歷史上的高僧，也用性本能與教義的衝突，展示普通現代人所受的人欲逼迫，歷代典籍所致力於建立的高僧的神聖性傾刻被改變，終不出「飲食男女」的世欲情態。同樣的情形也在穆時英、劉吶鷗作品中可以看到。劉吶鷗的一些作品有時會硬塞進一些關於返樸歸眞的浪漫主義說教，但人物赤裸裸的縱慾行爲表明作者無法脫離欲望原則而作出關於人性的判斷。

如果說 30 年代新感覺派等人立足於「性」字，那麼 40 年代張愛玲、蘇青、予且等人的作品則較多認定一個「俗」字。蘇青《結婚十年》儘管寫到一個知識女性掙扎的過程，但作者從不考慮賦予其婦女解放的意義，而張愛玲儘管一再以婚姻與性爲題材，卻基本上沒有愛情的位置。張愛玲把這種性愛邏輯平靜地歸之於人類最基本的生活原則——實用的交換性。她說：「以美好的身體取悅於人，是世界上最古老的職業，也是極普通的婦女職業」。張愛玲甚至將此與知識分子自認神聖的事業等視：「有美的身體，以身體悅人；有美的思想，以思想悅人，其實也沒有多大分別。」對於被「五四」知識界賦予婦女解放深意的「出走」模式，張愛玲卻以調侃筆調輕鬆化解，說自己當年的出走全爲實際考慮，「沒有一點慷慨激昂」〔註 71〕，是一種富於時效的行爲，並無深刻的精神性要求。

再次，消解知識分子。

〔註 71〕張愛玲：《燼餘錄》，《流言》，上海書店，1987 年版。

從消解知識分子意識形態到消解「五四」知識分子存在方式，是自然的事情。海派作家已無意把知識者作爲一個社會階層，而是歸人普泛化的城市大眾行列，如同茅盾在《子夜》中剝去知識者的光環一樣，海派作家也剝去知識者的思想存在的神聖感。但茅盾的意圖，在於說明在階級社會不存在中間人物，非無即資，從而印證階級理論的正確。而海派將知識者存在狀態消解，只爲了表達其作爲城市人的大眾特徵。在張愛玲小說中，幾乎不存在知識分子人物，而蘇青小說中的知識女性蘇懷青，不過是一個掙扎於世俗生活中的人。新感覺派小說中還有些人物被貼上知識者標簽，但其行爲與大眾毫無二致。在施蟄存的作品中，知識者文化上的長處，不過將都市大眾的某些特質加以強化罷了。

海派文學的歷史相對短暫，其興其衰，都與上海都市大眾文化的歷史命運有關。其興，依賴於 30 年代上海商品經濟繁榮之時中等階級的勃興與都市大眾文化的繁榮。抗戰後，上海淪陷區由於特殊原因，使左翼文化與「五四」傳統都難以棲身，反造成了大眾文化的延續與發展，海派文學自然也再湧潮流。之後，隨著政治性國家體制的建立，市民社會已不存在，大眾文化也漸消失，海派文學的中止是極自然的事情。但海派作爲我國大眾文化的第一個文學產物，對它的考察，將爲我們研究以後中國大眾文化提供一種背景。

第三章　海派創作論

第一節　海派文學的兩個傳統

對於海派文學，學界一般認爲其具有完整的現代性敘述特徵，而不曾注意到其內部敘事的差異。陳思和先生曾在《論海派文學的傳統》中提出海派文學也有不同的傳統這一命題，同時又在另一篇文章中提出了「都市民間」的概念。我以爲，此兩者，對於海派文學研究，提出了「現代性」之外另一向度的闡釋。

我曾在一篇文章中指出，百年來上海敘述的大致歷程，基本上是關於上海城市的宏大敘事，並脫胎於上海形象塑造的兩大譜系：一是從現代性中有關民族國家意識的觀點出發，去認識舊上海作爲世界主義殖民體系中的邊緣性，和關於它的消費性、工業破產、墮落、畸形等派生特點，以及擺脫殖民體系從而獲得解放的國家元敘事；二是作爲中國現代化中心地位，其包含的現代性普遍價值，如物質烏托邦、大工業的和非傳統的。這一形象構築，將一個在文化特徵上不統一的、未完成的、非邏輯的、有差異的上海統一了起來，排斥了其他「非現代性」的內容〔註 1〕。百年來對於海派文學的研究，基本上也是討論上海城市的宏大「城市敘事史」。只是在 20 世紀 90 年代以後，由夏志清、李歐梵、王德威等域外學者對於現代性敘述特別是對「日常性現代性」的強調，張愛玲、蘇青等人才進入上海文學的研究視野。這些研究極有貢獻，但仍有極強的「統一性」、「中心性」思維。也即，在「日常性現代

〔註 1〕張鴻聲：《文學中的上海想像》，載《文學評論》2005 年第 4 期。

性」這一概念下，他們仍試圖將有差異的海派文學統一起來，不脫「宏大敘事」的窠臼，只不過是將「日常性」代替了「解放」、「現代化」等元敘事而已。筆者注意到，陳思和先生仍立足於海派文學的多樣性，將張愛玲的創作看做是處於邊緣的敘事傳統——我們姑且稱做「小敘事」傳統，這就將海派現代性敘事非統一的複雜狀態揭示出來了。

比如，對於海派來說，雖然它常被看做城市文學中最具現代性的流派，但也不是鐵板一塊，是一個不統一的矛盾體，存在多種趨向。海派中有劉吶鷗、穆時英這樣的以現代消費的公共性想像爲主導創作傾向的作家，也有 40 年代張愛玲、蘇青這樣基於中等階級或市民階層個體日常生活經驗的創作群體。而且，連 30 年代的新感覺派這個小團體自身也並不統一。施蟄存、杜衡等人立足於鄉村立場所表現出的反現代性，又與劉吶鷗、穆時英不同。施蟄存、杜衡等人觸及的上海鄉土特質的構成，使其作品成爲 30 年代海派非現代性敘述的另一種文學景觀。當然，這一種以個人生活經驗爲主的上海表述在新感覺派中並不占主流。施蟄存對於上海城市自身多元性的表述，應該說開啓了另一種非想像性的文學，但由於他將這種表述僅僅以城鄉對立來了結，並未觸及上海城市東方性文化作爲城市史邏輯的一面，更多程度上是將上海的東方性文化外化了，確切地說，是外化爲非上海的文化內容了。這種缺陷到了張愛玲的手中得到了克服。張愛玲的文學圖景是表述一個東西雜糅、混合、曖昧的所在，她將上海的東方性與西方性看做是一個被糅合後的奇異、混亂的狀態。因此，張愛玲將鄉土中國的內容化爲了上海城市自身的城市史邏輯，並闡釋爲一種民間形式，終於完成了對上海城市的邊緣性表述。張愛玲文學中的上海是非想像的，但在以國家意義與現代化邏輯爲主導的上海身份認知的譜系中，張愛玲的小說並不佔有重要地位，只是作爲一個小傳統。

那麼，「小敘事」的內涵是什麼呢？李歐梵和王德威的「日常性現代性」概念，通常被理解爲口岸城市中的公民「私人生活領域」。這當然是有道理的。瓦特（LanWatt）曾指出，西方現代小說的興起，和「個人具體的生活」成爲社會中心並得到承認有關〔註 2〕。「私性」被認爲是合理的，其所包含的「直接的有限價值」，成爲小市民日常生活的一種主要狀態，這在晚清小說中就已形成傳統。有些學者對「日常性」的解釋則表現出另一種思路。美國學者墨

〔註 2〕瓦特：《小說的興起》，三聯書店，1992 年版。

子刻的著作《擺脫困境》被認爲是開啓了「中國中心觀」的著作。他認爲，由於中國社會的巨大變化，儒家的普遍主義遇到挑戰，並產生了「新儒學」。「新儒學」不特別關注法律、國家、倫理等普遍秩序，而是把思考重心放在「地方主義利益」，即世俗日常生活狀態〔註3〕。韓毓海指出，40年代的傳統研究者，如陳寅恪、馮友蘭、錢穆，「他們研究的很可能也不是眞正的儒學和儒學中的王陽明，而是借用這類研究來表述他們個人對當時社會的看法以及現代通商口岸城市文化的現實狀態」，擴而大之，「在40年代以前，中國人傾向於把西方現代性理解爲與追求不可見的意義秩序相關的文化敘事，而在政治、經濟上，法國的『公民精神』和德國的『國民經濟』被當作現代之核心。而在40年代的短暫時期裏，追求直接滿足的有限價值的世俗化英國經驗主義傳統，才在通商口岸被表述……『歷史』和『眞理』這些不可見的意義秩序不再被強調，在政治經濟上，生活情趣代替了公民精神，民間社會代替了國家經濟」〔註4〕。像夏志清在《中國現代小說史》中說的：40年代的中國，「爲了保持我們生活的正常，我們常常不得不犧牲理想，遷就現實」〔註5〕。從這一角度來說，40年代在淪陷區口岸城市興起的對於都市社會「私性」的描述，正是這一情形。

將海派文學的傳統歸之於口岸城市的市民日常狀態，這個說法是正確的。但是，我們對「日常性」的解釋不要過於西方化。如果將這一具有西方色彩的概念作爲上海城市現代性的中心，並不能廓清中國城市「日常狀態」的內涵。那麼，這個口岸城市市民「日常狀態」的內在核心是什麼呢？應該說，市民生活屬於上海文化中的基礎部分，其存在基本上是在社會的中底層，其存在的方式是民間形式與民間形態。換句話說，它並非顯性的外在主導形態，但卻構成了上海城市的基礎，最眞實地反映出了上海城市的東西方調和狀態。陳思和先生有一個說法：「民間的本來含義是指一種與國家權力中心相對立的概念，是指在民族發展過程中，下層人民在長期勞動生活中形成的生活風俗與心理習慣，民間的文化形態反映了下層人民自發產生，並且自然形成的一種文化現象。」〔註6〕這也就意味著，上海等口岸城市市民生活中

〔註3〕墨子刻：《擺脫困境——新儒學與中國政治文化的演進》，江蘇人民出版社，1990年版。

〔註4〕韓毓海：《從「紅玫瑰」到「紅旗」》，上海遠東出版社，1998年版，第96頁。

〔註5〕夏志清：《中國現代小說史》，復旦大學出版社，2005年版。

〔註6〕陳思和：《中國現當代文學名篇十五講》，北京大學出版社，2003年版。

有著強大的東方性。同時，陳思和還給予了都市民間一個特徵描述，即「虛擬」，這就指的是存在形式了。事實上，陳思和先生所說的「民間性」有兩個含義：既是「民間文化」，即市民性的內涵；也是「民間形式」，即市民性的存在方式。而這兩者，在東方城市，其實都具有東方性——不管是內涵還是存在方式。在上海這樣的大都市，在城市現代性主導之下，來自於內陸各地的民間文化，在城市中，其與都市資本主義結合，產生「小市民性」。它不再是內陸的民間文化，但又包含了原本就有的鄉村特徵，只能是以「民間」的形式表現出來的。相當程度上，它也被都市化了，並參與了都市化的某種進程。這樣，具有東方色彩的「民間性」便不再構成與城市的絕然對立，而是構成了現代城市自身邏輯的一種。這是海派文學「小敘事」傳統的根本含義。

近代以來，文學進行上海書寫，應從晚清民初小說開始。其對於上海的觀察，基本上在於「維新」與「腐敗」兩個方面，即寫洋場與歡場。晚清時代，以王韜、梁啓超與譴責小說爲代表，上海文學已表現出國家想像與現代化想像互動的初步狀況，「洋場」與「歡場」模式也呈現初步的上海現代性敘事的模式，並開始全面確立「文學中的上海」的兩大形象譜系：舊上海的殖民性與物質烏托邦。但韓邦慶的《海上花列傳》則屬另外一種創作。從其空間敘述來說，他也是把妓院當做近代上海的公共空間符號來寫的。但這一寫照，卻是落腳於中國古代傳統的「倡優士子」模式中的。一般都認爲，這是對海派另一傳統的開啓。筆者以爲，這一傳統的核心之處，在於如何將上海現代性銜接於舊中國社會之中。王德威曾評述說：「《海上花列傳》將上海特有的大都市氣息與地域色彩熔於一爐，形成一種『都市地方色彩』，當是開啓後世所謂『海派』文學先河之作。」〔註 7〕其實，所謂「地方色彩」，就是鄉土色彩。比如，自韓邦慶《海上花列傳》後，許多通俗小說都以外鄉人到上海作爲小說開端。雖類似巴爾扎克筆下「拉斯蒂涅式」的人物描寫，但其實，說其延續晚明小說的影響可能更準確些，因此有學者將其稱做「都市鄉土小說」。再比如「鴛鴦蝴蝶派」的創作，韓毓海認爲，「鴛鴦蝴蝶派小說正提供了早期社會合理化進程中的敘事樣式」，其中一點就是，「作爲言情小說，它反對愛情至上的非理性，而將愛情客觀化爲一夫一妻制小家庭和嚴厲的市民

〔註 7〕王德威：《被壓抑的現代性——晚清小說新論》，北京大學出版社，2005 年版。

倫理」，「現代合理主義滲透到生活領域，帶來的就是對一夫一妻制的現代小家庭的嚴格合理化要求」〔註 8〕。

到了 30 年代，上海文學基本上屬於「現代性」的「大敘事」傳統。茅盾從國家意義上，將上海作爲殖民地國家文本，以上海轉喻中國的國家性質。而海派，特別是新感覺派則恰恰相反，他們力圖突出上海在物質消費方面的西方現代性意義，因此，他們直接將上海與歐美城市對應，並祛除了上海城市本身的鄉土色彩和地方色彩。40 年代，因戰爭使 30 年代「大敘事」的意識形態格局很難繼續了。1941 年北平文壇對於公孫燕作品的批判，可以看做是對穆時英式的城市文學的一種強烈反應。對他的批判，儘管是關於寫作趣味的，但是也意味著對於這類作品有關城市現代性「大敘事」傳統的一種扼止。這在某種程度上可看做是由於中國整體社會情況的變化，新感覺派式的上海書寫也到了盡頭。此時淪陷文化的力量，需要在漢奸文學與抗戰文學的夾縫中走出生存的道路，而切近「五四」爲人生傳統的「人生的現實、發掘和創造」。淪陷區數次文藝界爭鳴，都和「爲人生」傳統的恢復有關。

40 年代是海派文學「小敘事」傳統的高峰。在百多年來的上海文學中，張愛玲是極少將上海作爲「中國」來理解的作家之一，她將鄉土中國理解爲上海自身城市邏輯，甚至是一種「底色」。這使她對上海的表現，獲得了空前的深度。比如，對於家庭形式，張愛玲也發現了其在過渡狀態中的鄉土性。《金鎖記》、《傾城之戀》與《留情》，都描述一個傳統意義上的大家庭，也都有一個類似賈母式的老太太，擁有著至高的權力。而其他成員，大都各據輩份名份，一般不逾出禮制，消費生活中仍保留著合財共爨的制度，沒有過多屬於個人的財產享用。曹七巧大鬧公堂與白流蘇爲人情婦，可視爲傳統家庭倫理紊亂的徵象。張愛玲小說中家庭形態仍屬於過渡式。七巧分家之後的家庭與聶傳慶（《茉莉花片》）的家庭，雖然或是從大家分離而出，或是人員組成上略具核心家庭形式，但基本上仍呈現出隱性的父子縱向結構（七巧可視爲父權的替代物）。由父權對子女人身佔有，衍生出家長的專制。而有些家庭，如佟振保家，則較複雜。佟振保有高堂老母，但其僅僅作爲振保贍養的對象，並不能履行父權。因此，這一家庭已經並非傳統型家庭，在結構上有夫妻橫向家庭之相。但是，振保與妻子並沒有平等關係，妻子缺少任何獨立自由可

〔註 8〕韓毓海：《從「紅玫瑰」到「紅旗」》，上海遠東出版社，1998 年版，第 51 頁。

言，因此並無夫妻核心家庭之實，從總體來看，屬於傳統與現代因素皆有而又以傳統爲主的家庭形態。另外，《心經》、《花凋》、《琉璃瓦》所描述的，大都切近《紅玫瑰與白玫瑰》，呈現出一種東方的眞實家庭面目。

在談到上海人時，張愛玲認爲：「上海人是傳統的中國人加上近代高壓生活的磨練，新舊文化種種畸形產物的交流，結果也許是不甚健康的，但是這裡有一種奇異的智慧。」〔註9〕這種「奇異的智慧」便是包融了東方性與西方性，同時又化爲都市自身內在邏輯的上海人特性。就像她所說的，上海人之「通」表現爲「文理清順，世故練達」，上海人之「壞」表現爲「趨炎附勢」、「渾水摸魚」，都是一種以東方性格爲主的人格類型。在《紅玫瑰與白玫瑰》中，佟振保這個「最合理想的中國現代人物」，並沒有所謂西方的「紳士」特徵。其人生邏輯仍是一種標準的中國男人特徵：敬奉母親、提攜兄弟、義氣、克己，這是他被公認爲「好人」的核心。所以，在談到香港與上海兩個城市時，她直言不諱地說，「我喜歡上海人」，「香港沒有上海有涵養」〔註10〕。在張愛玲看來，香港即使有東方文化，也沒有建立於自身邏輯之上，更多的是經宗主國殖民獵奇心理轉手而來的，不像上海那樣土生土長。張愛玲所謂「涵養」，指的是一種文化根，而上海的「涵養」，就是土生土長的中國鄉土特徵。

40 年代表現上海的文學，幾乎都有這種特徵。錢鍾書《圍城》所寫，不管是情人間的關係，還是客廳裏朋友的傾軋，或是小家庭裏的爭吵，幾乎都被東方關係所支配。東方式的倫理人際，就是使方鴻漸無法擺脫的「圍城」。至於掛名「岳父」與掛名「女婿」，教授之間的爭鬥和報館裏關係的微妙，更是上海作爲東方城市的邏輯的顯現。蘇青《結婚十年》裏，蘇懷青一生的內容，都在是在夫權陰影之下。她那些貌似「獨立」的行爲，始終不能衝破這層羅網。在灰暗無光的夫妻生活中，一系列的爭執、和解都源於一種無法離開男子的隱私心態。予且則以東方市民的活命哲學來解析上海人生，其《命理新義》其實就是一種在都市高壓生活下的東方生活技巧。蘇青曾說，理想的人物應當是爽直、坦白、樸質、大方，而其接觸的人物，則扭捏作態。這就是海派「小敘事」的邏輯：一切都建立於東方生活的平靜之中，而與現代

〔註 9〕張愛玲：《到底是上海人》，《流言》，五洲書報社，1944 年版，第 58 頁。

〔註 10〕張愛玲：《燼餘錄》，《流言》，五洲書報社，1944 年版，第 50 頁；張愛玲：《沉香屑・第一爐香》，《傳奇》，人民文學出版社，1986 年版，第 135 頁。

性無涉，是一種常識性的經驗寫作。由此看來，上海城市日常狀態，主要是在現代性壓迫下以傳統文化爲主的城市精神，與現代性「大敘述」大爲不同。海派文學「小敘事」傳統的另一個高峰期是從人民共和國時期的 80 年代至 90 年代初。這一時期，上海經濟跌入了它自開埠以來命運的最低谷。但是，對於文學來說，這恰恰成爲上海文學擺脫現代性「大敘事」而立足於地方知識的絕佳時機。這裡似乎表現出一種必須被承認的悖論，即上海愈是發達，其國家意義愈是突出，愈是會將自我的東方性／地域性抹掉；而當其困陋之時，其體現的國家性與現代性含義降低，反而凸現出在國家意義剝去後其自身眞實的地方面貌。因此，在人民共和國時期的 80 年代末，出現了一種現象：當廣州、深圳等華南城市大興「商界」文學之時，上海開始悄悄湧動起了中產階級生活敘事。而這恰恰是上海國家敘事繁盛之時極爲匱乏的，它只是在上海淪陷之際在張愛玲、予且等人手中曇花一現。不消說，那也是一個上海開埠以來的凋弊期。

第二節　施蟄存、杜衡論

在近代型大都會向被視爲異己的鄉土中國，海派的小說常因其表現城市中上層的畸形生活與歐化氣派而引人注目。但假若去掉那沾滿洋派商標的有色眼鏡，也許會看到一雙憂鬱的鄉下人眼睛。通過對此流派特別是其中施蟄存、杜衡等人作品的考察，可以觀察到處於城市化的鄉村與城市生活中的鄉民式的不安與苦悶。

一、城市化的鄉村

施蟄存與杜衡的作品大致可分爲鄉村與城市小說兩類。創作契機肇端於內心的苦悶，這並不單是大革命後的失落感，主要是對中國鄉村破產的憂鬱：鄉土文明愈是解體，他們愈是感到失去它的悲哀。處於城市生活的重壓之下，他們實際上是以對鄉村古老文明的懷念來調整自己將失去平衡的情感天平。施蟄存曾說：在苦悶的現代人的眼睛裏，中世紀可成爲一個值得遐想的幻景。創作甫始，他沒有讓自己受了城市傷害的心靈直接裸露，而是將懷念奉獻給了久違的江浙鄉村。於是，施蟄存第一個短篇集《上元燈》展示了蘇杭、松江一帶帶有古老民間文化的風物、人情與民俗美。作者企慕鄉村世界未受現代文明衝擊的自足自給狀態，以願望中的理想鄉村爲依據，築構起倫理道德化的一片淨地。在那裡，人與人、人與自然契合無間，雖有職業不同、收入不均，但並不妨礙人們樸素的情感交流，更沒有階級壓迫、經濟掠奪與道德淪喪，甚至連走私販子的浮浪生涯都顯得煞是可愛。

施蟄存並非無視鄉土中國正在進行的文明進程，他的大多數作品也都以「都市文明侵入後小城小鎮毀滅爲創作基礎」〔註 11〕，許多篇什都注意到鄉村型價值觀念與行爲方式的式微。比如《漁人何長慶》中的漁姑菊貞對傳統職業就產生了懷疑，進而「有了一種新的智識——在大都市裏，一個女人是很容易找到適當的職業的」。但作家的價值判斷卻每每忽視了文明進程的進步性，而時時以抗議的面目出現，進而譴責都會對鄉村生活與淳樸人性的破壞。作者讓這位姣好的漁姑一進上海便成了「四馬路的野雞」，表明城市文化的腐蝕力，而讓堅毅、勇敢的青年漁民領她重返鄉里成爲賢內助，來暗示鄉村對城市的改造力量。幸而作者很快停止了這類簡單化的判斷與表現。

從個人生活與作品看，杜衡是一位理性極強的作家。他對鄉村文明在城市化過程中的衰落這一趨勢的表現，幾近剖析的程度。也許正因此，他對鄉村城市化的憤慨情緒要濃烈得多。《懷鄉集》中的作品，旨在表現農村的破產與城市的灰色，其中《懷鄉病》一篇較爲突出。作者冠名以「病」，意在暴露自我情感與理智的矛盾，因而也是含淚宣告了舊時代的沒落。小說首先展示了自在狀態下的鄉村生活形態：沒有時間觀念，寄信不用郵局，職業世襲，安土重遷等。但城市現代文明破壞了農村的恬靜與淡泊：造紙廠的污水污染了鄉村，「比牛還蠢」的汽車取代了木舟運輸奔馳於鄉間，樸訥農民丟掉了世襲職業。隨之世風澆漓，盜賊蜂起。小說「利用了一個感情上極端保守的青年夢想的破滅『來』更有力的暗示出那村鎮的動向」〔註 12〕。照他的理解，現代文明就是新的物質（如汽車）與道德的淪喪。這不僅是作者的想法，甚至也是當時國人的普遍心態。

穆時英早期普羅小說中的鄉野，不是施蟄存、杜衡所構築的溫柔美妙而又脆弱的牧歌式田園鄉村，而是有墨俠遺風的江湖世界，人物也遠非一般意義的鄉民，而是行無定止、急公好義的綠林。這裡，武松式的「不愛財、不貪色，又有義氣」的行爲準則被奉爲圭臬，與都市的一切形成對抗，甚至於失敗後還要去山東「帶兵來打上海」。穆時英試圖肯定另一種形式的鄉村文

〔註 11〕沈從文：《論施蟄存與羅黑芷》，《沫沫集》，大東書店，1934 年版，第 40 頁。
〔註 12〕蘇汶：《批評之理論與實踐》，載《現代》第 2 卷第 5 期。

明，以此映照都會的卑瑣、醜陋。然而他的傳統文化教養較爲淡弱。他著力在一種激烈的外部衝突中建立一種虛矯的勝利，同時卻表現出破壞一切的反文化傾向，墨家的文化參照很快便丟棄了。穆時英並沒有認眞解決情感與理性的矛盾，他乾脆在一片虛無中全盤向城市認同。而施蟄存與杜衡作爲現實的客觀的觀察者，並不爲自己情感的維繫而廉價地把鄉村看作治癒城市病的藥方，既然城市化這一事實無法迴避，就有理由客觀地表現這一切。透過經濟角度寫鄉鎮的變化是杜衡的特長。《王老闆的失敗》寫在上海文化衝擊下，鄉鎮理髮業不得不努力進入到現代商業的競爭之中。施蟄存的後期小說也寫出了城市衝擊下農村經濟的破產。《牛奶》中的鄉下奶民，無法抗拒那由於「上海分來的」牛奶公司而遭侵吞，糊糊塗塗地居然加入了聯營。難得的是，施蟄存後期小說已顯示出對鄉村愚昧落後的觀念與行爲的可貴批判精神。《汽車路》指出，滬杭公路使鄉村與上海聯繫起來，「鎭上的市面也會變得興旺起來」，帶上現代商業特徵，農民關林朦朧地感到「這是於他有利」。但是，關林身上那種對現代文明本能的仇視與狹隘、愚昧的文化心理不僅破壞了現代文明的建設，也使自身遭到損害。《獵虎記》則以調侃的口吻揶揄時代的落伍人物：在大霞嶺，傳統的狩獵業已無以爲繼，於是，獵虎成了害人，英雄的後代成了懦夫，昔日光榮嚴肅的世襲職業今天卻顯得滑稽可笑。不僅如此，他們還注意到在經濟衰落的同時，鄉村型價值觀念與行爲方式的式微。施蟄存的《嫡裔》就嘲弄了一種封建血統觀念。杜衡則展示了變動中的鄉村：鄉民們已經習慣了乘坐汽車、郵局寄信與銀行存款等現代生活方式，連最反感都市的迂闊老人也因農村破產而遷入城中（《懷鄉病》），傳統的「唯有讀書高」的價值觀念正在被簡單實用的「言利」觀念替代（《藍衫》）。

此時，作家已很少對鄉村城市化感到憤懣，轉而對鄉村文化的阻拒力感到憂慮。《汽車路》從經濟角度顯示了這一點。在《霧》和《春陽》等篇什中，施蟄存發現了那些站在城市文化邊緣的女性，闡釋了其新的自我意識與婚姻觀念同傳統人生價值的衝突，無疑這意味著城市意識對鄉村的開啓。然而，強大的封建觀念又將這一蘇醒扼殺於搖籃之中。素貞小姐雖然相信自由戀愛，但唯有讀書高的價值觀與才子佳人式的婚姻模式，仍然使她蔑視商人和戲子，難以覓到中意郎君。在這些篇什中，鄉村中的傳統是扭曲人性的鎖鏈，而城市則成爲自由人性與幸福的所在。應該說，兩位作家表現城市化的客觀態度與對個人情感的克服是顯而易見的。逐漸具有的現代眼光，使他們對人物的歷史理性把握越來越準確，尤其是施蟄存，由早期對鄉村的悲歎哀感到後期對愚昧的嘲弄與批判，也正說明了作家觀念的變遷。

二、城市裏的鄉村

也許施蟄存與杜衡的普羅小說也應列入城市作品的範圍，儘管其政治色彩壓倒了一切。由於上海是帝國主義政治、經濟、文化勢力最集中的地方，許多作家對上海的表現往往伴隨著強烈的政治批判色彩，施蟄存等人亦不能免。但在政治批判的同時，那種視大都會爲異己的鄉民心態其實已經雜糅其中，甚至是誘發批判的潛在原因，一旦政治狂潮消退，就成爲都市作品創作的動機。施蟄存、穆時英與杜衡早期的城市小說說明了這一點。穆時英用墨俠文化把鄉土中國武裝起來，城市便顯得是一個又貪色、又愛財的異己怪物。杜衡則從畸形的道德角度觀照上海的醜惡，一次次用他極大的厭惡詛咒上海。施蟄存一開始也以其敏銳的感受力體驗上海的異己感。

一般認爲，施蟄存的小說創作走了一條寫實——心理分析——寫實的道路。但是，其作品內容中一條似斷未斷的線索又使我們感到其前後期作品的一致性。早在《上元燈》集中，我們在一種「感懷往昔」的情緒中發現，對童年與鄉村的懷念，正是爲了彌補《梅雨之夕》、《妻之生辰》中都市人莫名的悵惘。應該說後者奠定了以後都市小說的主調。施蟄存自己曾說「《在巴黎大戲院》與《魔道》等篇是繼承了《梅雨之夕》而寫的」，其後「我的創作興趣是一面承襲了《魔道》而寫著各種幾乎是變態的怪異的心理小說，一方面又追溯到初版《上元燈》裏那篇《妻之生辰》而完成了許多簡短的篇幅，寫接觸於人的生活瑣事及女子心理的分析的短篇」。〔註13〕這句話似乎爲我們暗示了這一線索。在這條脈絡中，施蟄存建構了他都市裏的鄉村世界。生活於上海的鄉土血統的市民們對現代城市生活感到不適應，甚至難以容忍，但又不得不在城市中討生活，在這樣一種新舊交替的轉型期，心理障礙難以逾越，就成爲難以排遣的苦悶，甚至衍化爲變態心理。

就正常情形而言，建立在大工業基礎上的城市文化滲透到人們的價值觀、信仰、思維方式、行爲方式等上即成爲城市意識。由於上海城市形態的複雜與畸形，市民的文化意識顯得繁亂。對於帶著鄉民文化血統的市民來

〔註13〕施蟄存：《我的創作之歷程》，《施蟄存散文選集》，百花文藝出版社，1986年版，第102～103頁。

說，初入上海，還保留著傳統人的心態與文化性格，對新型的經濟形式、社會關係、謀生手段難以充分理解。他們處在城市現代文化與鄉村文化交叉地帶，無所適從；城市的高速發展與其內心都市意識艱難的分娩形成強烈反差。同時，謀生的考慮又使他們難以離開上海。當上層社會少數人狂放地享受上海畸形生活的時候，他們只能小心翼翼地感受著現代文明。上海雖然有點誘惑，但並不親切，更多的是可怕，中國早期的都市病，諸如困惑感、孤寂感、局外感等應運而生。與西方的城市社會病不同，在這群都市裏的鄉下人的病態中，所包含的只是傳統觀念遭受城市文明擠壓的產物，帶有城市化初期的特點。心態的奇異與不甚健康正是我們在施蟄存、杜衡小說人物身上所感受到的。

施蟄存小說中的人物，大都是生活在上海各個角落裏的小人物，大都有苦悶心理。隨手拈來幾個例子：《花夢》中的楨韋惑於「如何銷度這孤寂時光」，《妻之生辰》中的妻「過著一種怎麼陰鬱的生活」，《霧》裏素貞小姐「很深的悒鬱」，《港內小景》主人公「心之寂寞」，此外還有教授的「哀老之感」（《蝴蝶夫人》），女店員「永遠患著憂鬱病似的」（《特呂姑娘》），以及職員「異樣的悵惘」與「陰鬱的心」，等等。這種苦悶主要是內心未能承受城市生活所導致的心理恐慌，並不能歸因於物質生活上的窘迫。施蟄存對這些人物的處理並不同，但越來越傾向於對落伍人物的批判態度。

首先是那些難以忍受新型關係的里巷細民。《李師師》雖是古事小說，表達的卻是不能擺脫「美豔的商品」地位、受控於金錢關係的現代苦悶：「為什麼我不能拒絕一個客人呢？無論是誰，只要拿得出錢，就有在這兒宴飲歇宿的權利，我全沒有半點挑揀的份兒。」《薄暮中的舞女》裏的素雯是一位現代李師師，她同樣難以擺脫這種商業關係。而女店員秦貞娥所感困惑的是另一東西：現代型商業關係之中的重重封建陰影。在這兒，作者顯然認定東方式的嫉妒心理會戕害商業發展，卻無法讓人物擺脫這新舊交替時期各種關係的糾纏（《特呂姑娘》）。看來作者對傳統並不客氣，尤其是那位因失業而失魂落魄的劉念劬先生，使我們看到了鄉民式心態的蒼白面孔（《失業》）。施蟄存與杜衡更多地把觀察與批判集中在上海市民的家庭生活中。費孝通在《鄉土中國》中指出，鄉村社會的家庭中「男女只在行為上按著一定的規則經營分工合作的經濟和生育的事業，他們不向對方希望心理上的契洽」。而在兩位作家筆下，我們卻發現城市中的家庭組成雖然經歷了自由婚戀階段，卻有著與現代社會不甚協調的鄉村生活特點。正如杜衡在《重來》中所寫：「恐怕要不是老躺在病榻上，男子便沒有一個會感到妻的真正需要，而在女的方面，那便是除了希望丈夫能供給她一個充實的錢囊之外，還有什麼呢？」在施蟄存《善女人行品》集中的作品裏，男子往往只知娶妻不知愛情，只有《港內小景》、《散步》中的男主人公還在婚外尋找愛情，卻又顯得異常的卑瑣。對許多女性來說，雖然沒有面臨生活的威脅，丈夫也都是富於教養的紳士，但內心卻又有一種難以言狀的苦悶，「不是怨，不是輕蔑，不是悲哀，而是一種空虛的惆悵」(《妻之生辰》)。

女性的苦悶固然源於家庭生活的灰暗，而追根溯源，是由於未能跟上現代婦女人生。沒有職業而難以獨立，使她們只能在傳統女性價值中體驗自我，不停地花錢、爭吵、下廚與生兒育女。杜衡的《海笑著》給這類女性一個悲慘的結尾：剛剛衝出不平等家庭的桎梏，卻又只有寄希望到情人家「做小」(妾)。施蟄存的《獅子座流星》從頭到尾用心理分析、潛意識、夢境等寫卓佩珊想要一個孩子的心理過程，但仍涵容了較強的社會內容。從表面看，卓的失落感來自於未能生育，其實蓋源於家庭生活的無聊與對庸俗丈夫的厭惡，而這一切的無法擺脫又是由於不能獨立。她在電車上看到「座位差不多全給外國女人占去」時感慨繫之：「這些都是大公司裏的女職員，好福氣呀！她們身體這麼好，耐得了整日的辛苦，可是她們都沒有孩子嗎？」比起行色匆匆的職業婦女，面對都市匆忙快節奏的現代生活，她感到心理素質與生理素質均難以適應，於是全力以赴去實現婦女的傳統價值(求醫生子)。她的悲劇即在於在沒有愛情的婚姻中硬要充當賢妻良母的角色，而且連這也難以做到。她的失落感，正是城市女性社會價值與傳統雙重喪失後的苦悶。

施蟄存筆下的市井細民多來自鄉鎮，常常流露出對故鄉的思念，並盡情地享受這一刻的歡悅，以慰藉受到上海傷害的心靈。這也許同作者早期的隱秘情感有關。《梅雨之夕》的主人公把陌路少女當成自己蘇州舊時女友，並發生剎那間的戀愛，究詰原委，除了對妻的倦怠外，還有補償上海生活的空虛乏味之意，否則他不會在下班後將「沿著人行路用暫時安逸的心情去看都市風景」當作「自己的娛樂」。作者試圖以此傳達出對故鄉「精神家園」的企羨，但同時作者又很清醒，破敗的鄉村絕非城市人神往的樂土。《鷗》中的銀行職員小陸由於無法忍受銀行的刻板單調，「決心在這繁囂的都市中尋覓一點適當的享受」，作起故鄉的「白鷗夢」來。然而由於農村破產，唯一能給小陸以精神寄託的意中人也來到上海委身事人。小陸困惑之至，「那唯一的白鷗已經飛舞在都市的陽光裏與暮色中了。也許，所有的白鷗都來了，在鄉下，那迷茫的海水上，是不是還有著那些足以偕隱的鷗鳥呢？」小陸的迷惘也許正是施蟄存的清醒。

施蟄存筆下的心理變態人物是引起爭議最多的。不可否認，作者對人物作了弗洛依德式的解析，表現了人物性欲遭受壓抑後的變態心理，但同時，作者沒有忘記人物變態心理及行爲後面的社會因素，並納入了展示都市苦悶的軌道。《魔道》、《夜叉》中的主人公都不堪城市的喧囂逃離上海，思維混亂並出現妖婦幻念，是城市人精神衰竭的表現。《旅舍》中的丁先生從上海來到鄉間，把下榻施捨當成殺人越貨的黑店，整夜不能入睡。他的種種怪異心理，如床下死屍、窗外歹人、櫃中地道以及種種防身準備，也正隱含了丁先生所處都市社會爾虞我詐、你死我活的現實。正是城市人們不正常的關係超出了其心理承受力，才使這些人心力交瘁，產生怪異心理。我們之所以指出性的壓抑與變態仍是普遍的都市苦悶的一種，在於它有著明顯東方人的特點，究屬傳統的鄉民心態遭致城市文化的擠壓而產生。比如《在巴黎大戲院》中的男子與浪漫情人踐約相偕觀看電影，整個過程中他極力想顯示出城市男子（即他所謂「紳士」）的風度，但同時他又無法忘卻鄉下髮妻，潛意識中的自卑與道德自律使他的行爲難以瀟灑、放達，而顯得極其委瑣、敏感小心。

三、理性與鄉情的悖離與統一

施蟄存等人的創作道路，其實就是對城市化與上海城市生活的理解過程，它表現爲道德感性與歷史理性不斷交織糾結而最終趨於統一的心理流程，從中也許能窺見出當時城市作家的某種心態。

中國文人與傳統文化有著極深的淵源，即使是久寓上海的作家，也與鄉土中國傳統有著明顯的血緣關係。施蟄存與杜衡都久居滬上，從生活方式的某些方面看，還相當摩登新派，但他們與絕大多數市民一樣，是鄉土中國的後裔。施家「世代儒生，家道清貧」〔註 14〕，杜衡亦生長於封建家庭，屬帶著鄉村文化血統進入上海的第一代都市人，保留著傳統心態。他們恪守潔身

〔註 14〕應國靖：《施蜇存年表》，載《文教簡報》1983 年第 7 期。

自好、安於清貧的文人操守，時時流露出對遠離都市塵囂的渴求。施蟄存曾說：「自從踏進社會，爲生活之故而小心翼翼地捧住職業後，人是變得那麼機械，那麼地單調」，因而「只想到靜穆的鄉村中去生活，看一點書，種一點蔬菜，仰事俯育之資粗具，不必再在都市中爲生活而掙扎」〔註 15〕，有時甚至希望用生病來換取都市中不易得到的同情心與輕鬆的心境。〔註 16〕這種情感，使他們常常以鄉村文化爲參照反視都市。因此，空氣污染、空間逼仄、市聲擾攘、生活節奏過快的上海顯得那樣齷齪，作品充溢著一種強烈的反都市意緒。同時，他們把溷濁的目光投向寧靜、安詳的鄉村，在那裡寄寓著自己的審美理想、生活趣味，甚至於希望用鄉村社會的倫理道德、純樸人性改造都市，從而達到心靈的暫時安寧。在這一點上，都市作家與鄉土文學作家雖各擅勝場，卻又有著相同的文化指向。

然而，現代大都會畢竟給人們帶來了全新的世界，促成了文人潛移默化的心理變動。儘管施蟄存與杜衡在感情上對城市中將失去的傳統表現出相當的依戀，但他們並沒有長時間停留在感情層面。長期的上海生活與現代知識分子的理性，使他們對中國資本主義發展中都市化這一文明趨向，把握得越來越明晰。杜衡在回答京派的批評時就說：「機械文明的傳佈是不久就會把這樣的氣息（都會氣——引者）帶到討厭他們人們所居留的地方去的。」〔註 17〕他們清楚地知道，處在近代化的大都會與城市化的中國想要回覆到農業文明牧歌時代，不啻於唐吉訶德的幻想。在城市經濟生活對文人傳統人生的衝擊中，他們雖非弄潮兒，卻能順著潮流而行，適應現代生活，並初步具有現代意識。與某些鄉土作家相比，施蟄存等優秀的城市作家之所以顯得可貴，在於能不斷地抑止感性認識的情緒性意向，而將自己對城市的觀察逐步建立在歷史理性上，因而對城市的表現也日見深刻。他們看到了城市化必然導致鄉土文明的解體，這不僅體現在自然經濟隨現代工商業的衝擊而崩潰，而且表現在傳統觀念的式微與現代意識的萌蘖。他們還敏感地察覺到都會中新型經濟而來的各種社會關係的嬗遞，以及城市社會轉型期市民複雜的生態與心態。

作家畢竟是作家，不可能替代歷史學家使作品成爲準確但抽象的社會學概括，歷史理性的建立也不可能使作家的東方式情感完全消褪。施蟄存等人

〔註 15〕施蟄存：《新年的夢想筆談》，載《東方雜誌》第 30 卷第 1 號。
〔註 16〕參見施蟄存《贊病》，《施蟄存散文選集》，百花文藝出版社，1986 年版。
〔註 17〕杜衡：《文人在上海》，載《現代》第 4 卷第 2 期。

對城市化與上海的表現完全是按照自己的情感體驗，憑藉著滿心的熱情同筆下人物一道忍受著都市的煎熬，也小心翼翼地忍受著上海的城市文明。中國人的傳統心態使施蟄存等人即使身處大都市，也仍然與他們熟悉的市井里巷等鄉村式角落相貼近。於是，面對現代生活身心尷尬不適的具有鄉民心態的市民就成了施蟄存筆下特殊的一群，既飽蘸了一掬同情淚，又被賦予一種難忘的灰色。可以說，施蟄存等城市作家的傳統心態與現代意識在這裡得到了一種融合。

第三節　穆時英的創作

在海派成員中，穆時英可算是最複雜的一個。與他的同伴（施蟄存、劉吶鷗等）比較起來，穆時英對上海社會所進行的文化解析是多方面的，顯得多元而蕪雜。他既以社會學視角批判城市，而又時時流露出流氓根性與低俗的市民意識；既憎惡城市罪惡又缺乏文化參照；既表現出一切虛無，而又時時與畸形的城市認同。也許，正是因爲他的複雜，才更引發研究的興趣。

一、沖決一切的反文化傾向

穆時英生於浙江慈谿的銀行世家，長於上海，開始創作的時候還是上海光華大學的學生。從他的生活方式來看，是相當摩登新派的。他燙頭髮，常著筆挺的西裝，有現代風的文士風格；這位才子經常入舞場，在上海習慣於紙醉金迷的生活。〔註18〕以致他常被人當作純粹的「都市之子」，時時對其作一番「文如其人」的典型論證。這雖說不能認作誤解，至少推論過於簡單。假若我們面對其作品，會發現他早期對城市社會的探討是多元的，並傳達出一種強烈的反城市情緒。穆時英以描寫下層人民反抗的小說集《南北極》躋身文壇，並有普羅文學「白眉」的盛譽；然而，寄希望於穆時英成爲左翼小說家是困難的，因爲他所展示的城市社會的階級對立，從深層意義上說是構築了一個墨家文化的江湖世界而與城市文明相對抗。在《黑旋風》、《咱們的世界》、《南北極》中都有這樣一個與都市文明格格不入的下層市民文化圈，譬如《黑旋風》中的五角場（後來已成爲上海一部分）、《咱們的世界》中的

〔註18〕分別參見迅俟：《穆時英》，載楊之華編《文壇史料》，上海中華日報社，第231頁；劉心皇：《抗戰淪陷區文學史》，臺灣成文出版社，1980年版，第81～84頁。

海盜群等。它有別於施蟄存批評都市時所企慕的充滿溫馨和諧的鄉村世界，裏面的人物也並非一般意義上的鄉民，而是行無定跡、崇俠尚武的江湖好漢。首篇《黑旋風》中的行俠少年把「不愛錢、不貪色、又有義氣」的武松風範奉爲圭臬，一心要「替天行道，殺盡貪官污吏，趕走洋鬼子」。然而，他們面對的並非趙宋王朝，而是不能奈何的都城市文明，連五角場也漸漸城市化了，成了小上海。不同於許多鄉土作家筆下那些面對城市侵蝕而痛苦呻吟的鄉民，這些強項之輩用自己的肝膽力氣，赤裸裸地與城市對抗。他們恨透了汽車，並與「汽車裏的花花公子」毆鬥，甚至失敗之後還揚言讓汪大哥去山東「帶兵來打上海」。

面對這種對抗，穆時英並不樂觀，急公好義的綠林似乎總也戰勝不了城裏的「白淨臉的學生」，連女朋友也被挖了走（《黑旋風》）。《南北極》中那個有著無窮力氣的小獅子，儘管在上海灘左衝右撞，到最後也只落個連夜逃走的結局。而《咱們的世界》裏所謂的大獲全勝，也只能是在遠離上海的海船上。漸漸地，穆時英對墨家文化失去了信心。《黑旋風》中的好漢至少還有自己的「道」——墨家的行爲準則，而這之後的篇什裏，「道」已不復存在，作者致力於表達的就只有這一句話：「這世界本是沒理的」，「這世界是專靠力氣的」。《生活在海上的人們》把這種意識發展到極致，它寫的是一場農運，感覺卻更像一群屠伯們瘋狂的獸性發作，人的行爲失去了一切理性與文明制約，僅僅是本能的狂泄。因此，對上層社會的反叛，漸漸成爲滌蕩一切文明的濁流。1927 年，亞靈（潘漢年）著文倡導「流氓精神」：「新流氓主義，沒有口號，沒有信條，最重要的就是自己認爲不滿意的新奮力反抗。」〔註 19〕穆時英的普羅小說與此同調。他的反城市情緒，開始出於墨家的文化參照，爾後卻只能放在毫無理性準則的流氓根性基礎上，變成不能節制的反文化傾向。看來，這條路子實在難以走下去了。穆時英換了路子，開始從政治的經濟的社會分析入手，表現城市社會的貧富對立。收入《南北極》修訂本中的《偷麵包的麵包師》與《斷了條胳膊的人》比那些野性十足的作品更值得稱道。前者面世不久就有人指出小說點出了資本主義生產關係的特徵：「一個生產者對於他生產出來的東西沒有消費的能力」〔註 20〕後者則從雇傭關係的冷酷中發出對改變社會制度的期許。《油布》一篇也接觸到「人不如機器」這一

〔註 19〕亞靈：《新流氓主義》，載《幻洲》下部《十字街頭》第 1 卷第 1 期。
〔註 20〕蘇汶：《理論之批評與實踐》，載《現代》第 2 卷第 5 期。

事實。這裡沒有驚天動地的草莽英雄大作戰，而代之以對上海資本主義社會關係的思考，人物本能爲更多的社會性所約束。顯然，這種對都市的批判顯得更紮實、嚴肅，到後來，《公墓》集中《上海的狐步舞》高呼「上海，造在地獄上的天堂」，可說達到了作者對都市社會認識與批判的高峰。應該說，這與同在上海的左翼陣營影響有關。可惜，這樣的創作在穆時英只是曇花一現。穆時英雖然沒有按照墨家文化或對上海的社會批判思路路子發展，但從創作的演變看，建立在流氓根性思想意識上的反城市、反文化傾向卻仍然保留著。它毫無理性指向，也無抵禦腐朽的免疫力。同時，低俗的市民意識像一股潛流悄然而入與此並行，這形成穆時英表現城市的特異現象：既批判又認同。

市民意識是對城市物質文明低層次上的直觀感悟。它不等同於傳統，甚至在中世紀還代表著商品與人性等反傳統因素，然而它直接的商品利益又與傳統心態有著瓜葛。上海都會的殖民性造成西方生活方式的示範作用，使市民意識始終不能上昇到現代階段，而畸形地衍化爲享樂意識。在穆時英創造的人物潛在心理中，常常把城市等同於享樂，因此，他把城市對鄉野的衝擊僅僅看成是新鮮奢侈的享樂生活的誘惑。起初，穆時英尚能在鄉野文化參照下提出對此的譴責（如《黑旋風》），但在丟掉了文化準則後，便向都市輸誠投降，作品中英雄豪傑在享樂生活面前也往往不能自持。比如，海盜李二爺所渴望的「咱們的世界」——「女人，咱們也能看啦！頭等艙，咱們也能來啦！從前人家欺咱們，今兒咱們可也能欺人家了！」階級對立似被人的本能所消泯。這些人困厄之時恨透了汽車、金錢與女人，而一旦暫時作了「主人」，便不可遏制地追嗜享樂，發洩性欲。尤其是李二爺，殺了人強姦了委員夫人之後，居然感到「活了二十年，直到今兒才算是人」，不由得使人感到穆氏評價人的標準不僅沒有現代意識，而且「不愛財、不貪色、有義氣」的傳統準則也如杳然黃鶴，從而與城市的醜惡合流。一切虛無的沒有理性準則的反文化傾向與低俗的市民意識的雜糅，構成了以後創作的危機，這在早期普羅小說中已初透萌蘖。

二、被消遣的城市與被消遣的文學

穆時英後來的《公墓》、《白金的女體塑像》與《聖處女的感情》三個小說集，是他心理分析與新感覺小說的創作階段。他放棄了由階級對立觀照城市的視角，轉而在上海瘋狂的物欲、性愛生活中尋找孤寂、落寞的城市憂鬱。這大多與其個人生活、思想、情感有關，甚至有相當的作品就以自己的經歷爲素材，如《被當作消遣品的男子》、《公墓》、《父親》、《舊宅》、《煙》等。對此他並不諱言：「我卻就是我的小說裏的社會中生活著的人，裏面（指《公墓》集）差不多全部是我親眼目睹的事」〔註 21〕。作者的心理意緒，如他在《我的生活》中所述：

因爲是那麼複雜矛盾的生活，我的心理、人格等也是在各種分子的衝突下存在著。我是頂年青的……對一切世間的東西，睜著好奇的同情的眼，可是同時我卻在心的深度裏，蘊藏著一種寂寞，海那樣深大的寂寞，不是眼淚或是太息能掙脫的寂寞，不是朋友、愛人所能撫慰的寂寞，在那麼的時候，我只有揪著頭髮默默地坐著；因爲我有了一顆老人的心……〔註 22〕

可以看出，這種情緒的反文化傾向仍很明顯，但與施蟄存等所表現的城市苦悶不同。它不是東方都會所特有的鄉民心態，而是接受了西方，尤其是日本新感覺派文學先鋒意識的影響。加上自我生活的體驗，所刻意表達的殖民化都市的畸形產物——由於人們的物質追求與精神需求未能同步，所以，在現代意識建立之前，過分的物欲享受便成爲病態。從深層意義上看，這是人們在物欲生活下的自我喪失。同是城市生活題材，施蟄存的反城市傾向建立在東方式的對鄉村文明的參照之上，而穆時英則缺少鄉村生活感受與情感維繫，他對城市的憎惡顯得無所依傍，也無從解脫。

穆時英城市小說多寫城市上中層人物，而且往往離不開豪華奢侈的場面，如摩天樓、賽馬場、夜總會、大戲院等。瘋狂的享樂生活，常常喪失人自身。《黑牡丹》中的舞女對此不無感慨：「我們這代人是胃的奴隸，肢體的奴隸」，「我是在奢侈裏生活著的，脫離了爵士樂、狐步舞、混合酒、秋季的流行色、八汽缸的跑車、埃及煙，我便成了沒有靈魂的人。」物欲將人的靈魂吞噬，沒有靈魂的人只有聽憑物欲的統治，異化爲物質的奴隸。試看《夜總會裏的五個人》對夜總會一個場面的描寫：

白的臺布、白的臺布，白的臺布，白的臺布……白的——

〔註 21〕穆時英：《公墓・自序》，見《南北極・公墓》，人民文學出版社，1987 年版，第 174 頁。

〔註 22〕穆時英：《我的生活》，載《現代出版界》第 9 期。

> 白的臺布上面放著，黑的啤酒，黑的咖啡……黑的，黑的……
>
> 白的臺布旁邊坐著的穿晚禮服的男子：黑的和白的一堆；黑頭髮、白臉、黑眼珠子、白領子、黑領結、白的漿褶襯衫、黑外褂、白背心、黑褲子……黑的和白的……
>
> 白的臺布後邊站著侍者，白衣服、黑帽子、白褲子上一條黑鑲邊……

看來，這位沒有靈魂的紳士，已被肢解成了白的黑的一堆了。尤其難忘的是那段描述霓虹燈的著名片斷；一會兒是藍嘴、藍舌頭、藍牙、藍面孔，一會兒是紅嘴、紅舌頭、紅臉面。在商業廣告壓迫之下，人變得支離破碎，滑稽可笑。與其說是一張臉，不如說是現代商業手段的玩物。其實，僅僅將這些描寫歸之於新感覺手法上的出新是不夠的，它蓋源於作者對城市社會人的異化的感受。

由此，也產生了穆時英小說的一個獨特現象：女性形象往往既可愛又可怕，是具有相當享樂本領與誘惑手段的都市型女性，即所謂的「都會的產物」。穆時英對女人頗有點邪性的看法。《南北極》中的眾多女子，且不說是上層社會的委員夫人、姨太太、明星，即便是那些出身微賤的牛奶西施、工人妻、鄉姑也把生活目的視爲「穿絲襪、高跟鞋、住洋房、坐汽車、看電影、逛公園，吃大餐」，而變得毫無廉恥、信義，喪盡一切理性。人實際上被物欲異化了。洋場生活中，女人乾脆是享樂的化身。穆時英在這類女人身上再找不到人的特性，人甚至不存在。《駱駝，尼采主義者與女人》中的都市女郎，根本不知從何而來，要作什麼，也不知姓什名誰，而只是代表了 373 種香煙、28 種咖啡和 5000 種混合酒。在這兒，女人既是城市物質文明的異化物，又在一定程度上代表了上海的畸形生活。比如這樣的女大學生：「在刺激和速度上生存的姑娘呀，容子，JAZZ、機械、速度、都市文化、美國味、時代美的集合體」，實際上她只是穆時英所理解的都市的代名詞。與此相對應，男性倒成了城市女郎的消遣品，確切地說，是城市物質文明的可笑的消遣品、玩弄對象。我們雖然可以說《被當作消遣品的男子》是穆時英受到女人愚弄的自況，但就文學作品來講，似乎更有理由說這位男子是失敗於所謂「JAZZ、機械、速度、都市文化、美國味、時代美」的都市畸形的生活方式之下，尤其是失敗於商品性、高速度而不重情感的兩性交往之中。而《駱駝，尼采主義者與女人》這篇創作的目的就是用來表明這種失敗。

對城市與鄉村的雙重失望使穆時英感到一片虛無。他常說自己帶有「一種說不出的憎恨，普遍的對於一切生物及無生物的憎恨」〔註 23〕，作品常充滿了世紀末的情緒。《Pierrot》中潘鶴齡濃重的灰暗心理便是此時作者思想的寫照。在這篇作品中，他試圖表明對人類一切東西不信任和個人與一切事物的極端對立，並說：「這就是文化，就是人類，就是宇宙。」在這兒，穆時英第一次開始將「世界是什麼」的思考滲入創作中，在接納西方現代派影響上，比其他同伴走得更遠。然而，他仍沒有讓局部經驗上昇爲一種哲學形而上的抽象沉思，因而就失去了把握現代派眞締的機會。穆時英沒有走出虛無的谷底，也沒有進入更高層次，他開始發生畸變。

三、濁流泛潮

近現代中國，處於中西融會、新舊嬗遞的轉型期，造就了上海畸形的城市文化，使城市人的文化意識紛繁複雜。一方面它的大工業經濟形式，它與西方的聯繫，爲同步吸收西方文化提供了條件。敏感的都市人（尤其是一些文人）能夠直接感受到西方社會機械化、物質化高度發達的現代情緒，感染了所謂世紀末病。而另一方面，相對於西方的高度發達，上海還只處於都市化的起步階段，它與中國的老舊城市還有著一種拖泥帶水的聯繫，舊的市民意識未經現代大工業的濾化，加之殖民性的影響，幾近畸形。兩種意識，穆時英都擺脫不了。如果說，早期的有些作品尙能眞誠地傳達出現代情緒，那麼後期的作品便開始聽由流氓根性的肆虐了。誠如早期的批評者指責日本新感覺派時所言：他們「目睹著這世紀末的暗黑與憂鬱，遭遇著這世界的不合理，但一時卻也走不到資本主義社會組織的否定的路途」，「他們不特不去打破這制度，而是極力主張將社會充實起來，享樂起來」。〔註 24〕於是他放棄了思考，連眞誠也丟掉了，反文化情緒、世紀末意識開始與呈潛伏狀態的畸形市民意識匯合。

穆時英在 1933 年參加了政府檢查機構以後，開始在燈紅酒綠的上海灘上逐漸墮落下去。他自己也說：「我是去年突然被扔到鐵軌上……，二十三年精神上的儲蓄猛然崩潰了下來，喪失了一切概念，一切信仰，規律，價值全模糊起來了。」並自稱《白金的女體塑像》便是「爲了紀念自己生活的變遷所作」

〔註 23〕穆時英：《我的生活》，載《現代出版界》第 9 期。

〔註 24〕沈綺雨：《所謂新感覺派者》，載《北斗》第 1 卷第 4 期。

〔註 25〕連《現代》所刊的廣告也說：「這個集子是會使讀者感到更深刻的刺激的。」其實稍後的《聖處女的感情》集子更能體現出穆氏的頹廢與荒唐。《駱駝、尼采主義者與女人》一篇表明對畸形生活的全面認同——嚴肅的生活者（尼采主義者）被都市享樂生活征服，並嘲弄尼采主義不懂享樂。這也正印證了《我的生活》中的自剖：「我拼命地追求著刺激新奇，使自己忘了這寂寞。」

穆時英被稱之爲後起於劉吶鷗、但遠超過劉吶鷗的「新感覺聖手」，但後期作品卻也降至與劉吶鷗同一水準線上，甚至更低。他們都已經喪失了認識與評判事物的價值標準。1928 年 10 月劉吶鷗在評介法國現代派作家保爾·穆杭時說，他的作品「使我們馬上瞭解了這酒館和跳舞場和飛機的現代是什麼一個時代」，他把酒館、舞廳與飛機當作都市的一切了。另據施蟄存回憶，他「最喜愛的卻是描寫大都會色情生活的作品」。對事物的片面認識與不高尚的創作趣味，使他把物欲與性欲生活當成了都市生活的全部。在這一點上，後期穆時英與劉吶鷗並無二致，在表現洋場畸形生活時，完全喪失了理性價值，將自我混同於作品中的人物而不能自拔。比如中篇《五月》裏，穆氏專事搜羅各種人對五月的態度，但除了沉溺於摩登享樂之中的狗苟蠅營之外，並無其他。穆時英後來似乎專事製造洋場男女的豔事，同時讓一己的低俗畸形意識隨同人物的混亂生活而氾濫。不論是火車上的豔遇，咖啡店的約會，還是舞場中的嬉鬧，甚至於平常的街頭行步，他都忘不了作一番性的渲染。愈到後來，享樂色彩與洋場味愈是濃得化不開，到最後當他面對老舊的故事厭倦的時候，便開始編織更加新奇的感官刺激故事，諸如色情間諜、風流女匪一類性愛加偵探式的穢豔品。誠如沈從文先生所言，穆時英「對於所謂都市男女的愛情瞭解的也並不怎麼深。對於戀愛，在各種形勢下的戀愛，無理解力，無描寫力」。內容空洞的同時是技巧的精緻與手法翻新，他大量用新感覺手法狀寫人物的性興奮。比如劉吶鷗與穆時英兩人都使用過「貞操的破片」這一挑逗性詞語。到最後不僅情節文字大量重複，情愛故事也失卻了早期作品的靈肉衝突之感，毫無意志傾向，沒有眞正的浪漫與飽滿，一切的肉欲衝動全都程序化了：「男女湊巧相遇，各自說出一點漂亮話」，〔註 26〕然後進酒吧，最後上旅館開房間。終於，這導致了創作的結束。

30 年代，城市文學有了長足進步，但有許多青年作家，習慣於把城市的

〔註 25〕穆時英：《白金的女體塑像·序》，現代書局，1934 年版，第 2 頁。

〔註 26〕沈從文：《論穆時英》，《沈從文文集》第 11 卷，花城出版社、三聯書店香港分店聯合出版，1984 年版，第 205 頁。

洋派新鮮生活當作都市的精髓，如時人所論「上海文豪，下筆卻爲『神秘的廳』、『兆豐花園』、『霓虹燈』、『考而夫』、『甘地諾珊』諸如此類帶譯名、帶綽號的『海景』，……青年作家所投寄的小說，卻十之七八是在海景裏翻筋斗」〔註 27〕。劉吶鷗過慣了享樂的現代生活，錯把上海當成了純而又純的西方式都會，在他的《都市風景線》中表現他所謂「這飛機、電影、JAZZ、摩天樓、色情、長型汽車的高速度大量生產的現代生活」，在一種片面認識中導向淺近的西方化。另一些受中國文化影響較少的都市作家，如張資平、葉靈鳳、公孫燕等，他們接受了一些西方尖端文學的影響，一定程度上感受到類似西方世紀末的虛無與悲觀，但同時又不妨礙以小市民低級趣味去享受都市生活，作品洋溢著一種物欲肉感。

事實上，不論是施蟄存還是劉吶鷗，對城市文化觀照都有明顯的一元性趨向，而穆時英的作品則呈多元狀態。可以說《南北極》中某些篇什以經濟制度視角解析城市而受左翼影響；也可以說，他曾對鄉野強人表示過贊許，肯定鄉野文化的價值而同施蟄存相似；另外，也有劉吶鷗一味歐化的闕失。然而他既缺乏施與傳統的淵源關係，又比劉吶鷗注重中國現實，但在任何方面都沒有再發展一步。穆時英像一個孤獨的遊魂。墨家精神的後裔們使他感到失望，嚴肅的人生觀在都市處處碰壁，於是對一切都懷疑起來，反都市傾向成了仇視一切的非文化傾向。同時，趣味不高的享樂意識在其作品中時隱時現，卻總不消失。因此，穆時英的痛苦也就更深了一層，想要脫離城市的「魔魘」，卻又離不了都市物欲肉感的誘惑。愈是感到空虛，便愈要尋求更深更強的刺激，世紀末的情緒與惡欲的市民意識終於合流。在這兒，穆時英似乎又與張資平、葉靈鳳等人沆瀣一氣了。然而相似並不等於相同。穆時英痛苦的解脫以原有的價值顛倒爲前提，帶有他個人的特點，顯得並不輕鬆。異化感不僅沒有消除，反而更加濃烈。所以他筆下的男子越來越類似於《五月》中所寫的窩囊廢：「他是鳥裏的鴿子，獸裏的兔子，傢具裏的矮坐凳，食物裏的嫩雛雞……」都市——人失敗於一切事物，對這個命題，穆時英早先抗爭過，然而此時他已無從把握，時人以這樣喪失意志的窩囊廢轉贊作者，未免殘酷，卻頗見精闢。〔註 28〕隨著

〔註27〕龍居：《評〈珊瑚〉小說》，載《珊瑚》1933 年 8 月 16 日第 27 期。
〔註28〕沈從文：《論穆時英》，《沈從文文集》第 11 卷，花城出版社、三聯書店香港分店聯合出版，1984 年版，第 205 頁。

上海被侵略者全面佔領，殖民化空前加劇，上海大都會文化中的健康成分難以得到健全的發展，而惡劣的市民意識卻得以惡性膨脹。惶亂、恐惑夾雜著醉生夢死構成污濁的精神空間。在文學上，茅盾與施蟄存等人的城市文學幾乎難以爲繼，但另一支滾滾濁流卻氾濫成災。穆時英雖然早已停止創作，但其後期作品的精神已與此接壤。

第四節　張愛玲的《傳奇》

將作品集名之爲《傳奇》，卻沒有任何普通傳奇故事的浪漫、神怪、離奇色彩。張愛玲的《傳奇》是另一種傳奇：上海市民的傳奇。在《傳奇》扉頁，赫然印著張愛玲所寫的題辭：「書名叫傳奇，目的是在傳奇裏面尋找普通人，在普通人裏尋找傳奇。」這是理解《傳奇》的注腳。一般的傳奇故事，注重人生的浪漫與飛揚，張愛玲卻認爲，「注重人生飛揚的一面，而忽視人生安穩的一面」，是一種傾向上的錯誤，因爲「人生安穩的一面則有著永恆的意味……它存在於一切時代」。《傳奇》中的人物，都是處於「安穩」生命狀態中的普通人，雖然他們「不是英雄」，也很少有「徹底的人物」，卻是「這時代的廣大負荷者」，因此，「這些凡人比英雄更能代表這時代的總量」。〔註29〕張愛玲所要揭示的這個時代，是中國五千年文明極富於傳奇色彩的近世，一個前所未有的「飛揚的」時代：西方文明打破了華夏文化的獨尊神話，中國文化不得不吸取外來文明以求生存，於是，「舊的東西在崩壞，新的在滋長中」〔註30〕，形成了近代中國的主導文化形態。可以說，張愛玲的《傳奇》，從近代中國中西融匯的文化嬗遞中觀察普通人的人生，同時，又從普通人的人生狀態展示變化中的近代社會。或許，這就是張愛玲將作品名之曰《傳奇》的原因。

一、新與舊：雜糅中的城市形態

對這個傳奇時代的社會，張愛玲所取的視角是中西交匯、新舊雜拌的上海、香港都市洋場生活。雖然有理由認爲，中西文化的交匯是中國新文明誕生的必由之路，對中國的都市而言，也不啻於一種發展格局，但是，中西文化交匯帶來的並不都是金燦燦的碩果。在中國近代城市化初期，文化接受的

〔註29〕張愛玲：《自己的文章》，《流言》，五洲書報社，1944年版，第17、19頁。
〔註30〕張愛玲：《自己的文章》，《流言》，五洲書報社，1944年版，第19頁。

土壤並不豐沃。價值觀並不相同的文化因子，有時只是生硬地拼湊在一起，並未成爲健全的有機體。而當兩種文化中並不健康的因素遇合時，便會產生病變，甚至會強化各自的負面，形成雙重糟粕。落後的生活方式經由租界金錢文化的薰染，便會加速地走向腐朽。張愛玲久居滬港，對中西雜糅的都市洋場自有洞見。由於她自身的生活經歷與環境，尤其是她對社會人生的哀感理解，很少去注意外在城市生活中所包含的積極意義，倒是把大量的思考凝結於滬港市民的家庭狀態、消費生活、男女關係中，見出西方生活方式同東方價值倫理交合中的不和諧狀況。

在《傳奇》裏，市民生活形式上的西化，並未改變人們原有的傳統價值觀。雖然人們不斷地以認同西方文明來標明自己的新派。比如《琉璃瓦》中的琤琤嫌未婚夫不是留洋出身，《封鎖》中的英語助教吳翠遠因爲不曾留學而受人輕視，但這明顯地是弱小民族自卑心理所造成的價值觀混亂所致。盲目崇拜絕非健康的吸收。在這種情形中，中西文化的所謂結合，便給人生硬之感。即使是那些具有積極因素的西洋文化到了洋場人物身上，也會完全走樣。《茉莉花片》中的網球場被用來燒大煙；《留情》中的楊宅，雖有全套西洋風格的鐵製滸具，諸如寫字臺、圈椅、文件櫃，甚至冰箱、電話，卻仍然搭著個煙鋪；而在樓下充溢著法國沙龍味道的客廳裏，人們搓麻將放肆地調情。更爲甚者，洋派的先生在外頗具紳士風度，回家則毆打妻子；住了高層公寓，卻一心迷信風水，等等，不一而足。

即如張愛玲所慣常表現的婚姻生活來說，在形式上，也有許多歐化成分。長安的訂婚過程先由人介紹，在飯店見面，然後兩家相親，「女家也回了禮，文房四寶雖然免了，卻用新式的絲絨文具盒來代替，又添上了一隻手錶」(《金鎖記》)；姚源甫爲長女辦婚事，「一切都按最新式的方法」(《琉璃瓦》)。然而，頗具新派的婚姻儀式，並不具備現代婚愛的價值觀念，它所注重的，是傳統婚姻對家族利益與男女從一而終的強化肯定，在新式禮儀之後仍復是一整套傳統文化，不過是糊上一層時髦色彩，而不致被譏爲落伍罷了。姚源甫意在靠攀親給自己弄個更高的職務，所以在按新法於報上刊佈女兒訂婚啓事之後，又精心撰寫一篇四六駢文；《留情》中的淳于敦風明明做了別人的姨太，卻又將結婚證高置堂中；《傾城之戀》中的白流蘇，雖與丈夫離婚多年，其兄嫂卻逼其爲剛死的丈夫頂孝出喪。在他們看來，決定男女婚姻關係的不是「糊鬼」的法律，而是「天理人情、三綱五常」。

應該說，對洋場東西文化混雜造成的腐爛腐變的表現，在其香港題材的作品中更爲集中。儘管張愛玲一再暗譏上海人那種不中不西的荒唐模樣，但與香港人相比，她倒欣賞上海人於傳統與新潮畢竟有一種不失開化的容忍、兼收態度，以及由此獲取的某種「智慧」。在《傾城之戀》、《沉香屑・第一爐香》中，香港的文化好似「各種不調和的地方背景，時代氣氛，全是硬生生地給摻揉在一起」〔註 31〕。一面是上層階級刻意摹仿英倫生活，一面又無法褪去殖民地式的東方色彩。富孀梁太太的府邸，房子是流線型幾何圖案，類似最摩登的電影院，而屋頂卻是倣古的碧色琉璃瓦。四周寬綽的通廊又被裝飾成美國早期建築風格。飾以西式布置的立體式客廳，卻充斥著翡翠鼻煙壺、象牙觀音與斑竹小屏風等中國擺設。園會本是英國上層社會的戶外交際活動，而梁府的園會，「處處模仿英國習慣，然而總喜歡畫蛇添足」：福字燈籠與海灘洋傘並置一處；沒有穿著燕尾服的男侍，而代之以拖著油鬆大辮的丫頭老媽子，在傘柄與燈籠之中穿梭。《傳奇》中香港文化中那一點點東方色彩，「顯然是看在外國朋友面上」的，所以「這裡的中國，是西方人心目中的中國，荒誕、精巧、滑稽」。就如同梁府的園會布置，像好萊塢拍攝《清宮秘史》的道具一樣。在香港，清季的時裝被當作學生制服，據說「把女學生打扮成賽金花模樣，那也是香港當局取悅於歐美遊客的種種設施之一」。更有甚者，《傾城之戀》中那個建築、燈光、樂隊都屬老英國式的香港飯店，居然有怪模怪樣的西崽，大熱天仿著北方人穿著紮腳褲，以表現歐美人眼中的東方情調。自己民族的文化居然是受西方的刺激，才得以保留，而那一點可憐的傳統文化，又竟然是西方人獵奇心理中的中國文明的小雜粹，足可見其十足的殖民地色彩。

就像梁太太府上能請到的只是醉醺醺的英國下等水兵，而從來沒有進入過英人的上層社交圈一樣，缺少健全的文化接受土壤的香港，也很難接受西方文明的精華。不過是把西方人生活方式的皮毛移植過來，藉以點綴西化罷了。而東方文化的那些糟粕，經由殖民者的獵奇心理又得以保留下來。這種東西方負面文化的結合，構成了張愛玲對香港的認識。她小說中的人物，大都是殖民地中西混雜下的文化怪胎。在梁太太的公館裏，既有暴君式的專制，又有炙人的金錢勢力。這使她的縱慾生活頻頻得手，「一手挽住了時代的

〔註 31〕張愛玲：《沉香屑・第一爐香》，《傳奇》，人民文學出版社，1986 年版，第 135 頁。

巨輪，在她自己的小天地裏留住了滿清末年的淫逸空氣，關起門來做小型慈禧太后」。《傾城之戀》中，歐化的范柳原居然聲稱自己近年頗爲中國化了，而且自詡「中國化的外國人，頑固起來比任何老秀才都要頑固」。在他身上，奇妙地糅合了西崽與遺老的雙重精神。所以一方面像收藏鴉片煙槍與繡花緞鞋一樣親近白流蘇，一方面又無視流蘇的人格與尊嚴，變東方淑女爲他的情婦。

二、「奇異的智慧」

海內外學者一致認爲，張愛玲的小說表現了滬港洋場文化，甚至有人認爲它是這個沒落的「上海世界」的最好和最後的代言人。此語並未誇大。但表現上海租界文化並非張愛玲的專利。早在 30 年代，一些先輩作家如茅盾與新感覺派小說家，他們筆下的那種都市經濟熱潮、機械運作與狂亂躁動的都市氣氛，也同樣是租界文化的見證。即使如張愛玲所熱衷的洋場兩種文化存在的描寫，也已爲這些作家捷足先登。茅盾就把傳統與西洋的兩種文化，以一種外在衝突的方式表現在其《子夜》中；施蟄存等人則把兩種文化的衝突化爲人物深層的意識流動。與這些先輩作家相比，張愛玲更著眼於兩種文化在都市洋場的雜交，並把這外在的交匯與內在的心理變遷貼近市民平易的日常生活，諸如衣食住行、婚喪嫁娶、男女交往等，簡而言之，是從兩種文化的交匯中呈現出上海人的生存狀態。

正如近代中國社會處於傳統與西方兩種文化的碰撞中一樣，張愛玲認爲，「上海人是傳統的中國人加上近代高壓生活的磨練。新舊文化種種畸形產物的交流，結果也許是不甚健康的，但是這裡有一種奇異的智慧」〔註 32〕。其實，這「奇異的智慧」就是傳統人在現代都市爲生存所進行的思想與行爲。在同一篇文章中，張愛玲所說的上海人之「通」，表現爲「文理清順、世故練達」，與上海人的「壞」，如「趨炎附勢」、「混水摸魚」就是雜糅了中西文化的生存藝術。

可以看出，在新舊交替的城市社會，市民的人生掙扎，往往與社會形態的過渡性有關。張愛玲曾說：「這時代，舊的東西在崩潰，新的在滋長中。但在時代的高潮來到之前，斬釘截鐵的事物不過是例外。人們只是感覺日常的一切都有點兒不對，不對到恐怖的程度。人是生活於一個時代裏的，可是這

〔註 32〕張愛玲：《到底是上海人》，《流言》，五洲書報社，1944 年版，第 58 頁。

時代卻在影子似地沉沒下去，人覺得自己是被拋棄了。」〔註 33〕《傳奇》很明顯地表明了這一點。首先，日新月異的城市生活使人們幾乎離開了既有生活軌道，處處有一種被拋棄的失落感，從而抓緊了生命。《花凋》中的鄭家女兒，「從小的劇烈的生活競爭，把她們造成了能幹人」。生存的鬥爭甚至出現在家庭裏。在「弱肉強食的情形下」，她們「不斷地嘀嘀咕咕，明爭暗鬥」。鄭家作為前朝貴族，正處於破落之中，生存競爭來自於失落的恐懼。葛薇龍也出於簪纓詩禮之家，按這個家庭既有的生活準則，其父斷然同作了香港富豪姨太太的妹妹梁太太絕交。但在滬港這樣的都市，梁太太，這位並不恪守婦道的蕩婦，居然「一手挽住了時代的巨輪」，而清白持家的哥哥連薇龍的學費都支付不起。為了生存，薇龍下決心把靈魂交給魔鬼，投奔梁府（《沉香屑・第一爐香》）。

其次，新的城市文明又是從傳統中拖泥帶水而來的，絕非「斬釘截鐵」的新文明。於是這一點「不對」，便逼迫市民階層產生出亦新亦舊、亦中亦西的生存技巧。譬如說《傳奇》裏的人物都表現出極強的金錢欲望，但對金錢的追逐與佔有並不像西方人那樣投入到社會性參與之中，而完全是東方式的。《金鎖記》中的七巧，丈夫的殘疾與自己出身的寒微使她在高門閥閱的夫家從來沒有地位，而急於在這個四面洪水的危機世界中撈到生存的稻草，於是拼命捍衛每一個屬於自己的金錢。她將兒女視為私有財產，企圖以佔有兒女來保住金錢。於是，拆散女兒的婚事，將兒媳虐待至死，直到兒女們不再有結婚的念頭。無獨有偶，在《茉莉花片》中的聶氏父子中，也存在著對金錢的敏感。傳慶練習在支票上簽字，「觸動了他爸爸暗藏著的恐懼」，於是聶介臣那份永遠佔有金錢的貪婪，加上對傳慶母親的憎惡，把傳慶從身體到心靈都虐待成了一個殘廢人。在這裡，金錢的佔有是以封建家庭的人身依附與佔有為前提的。

在《傳奇》中，按照現代社會準則致力於個人事業與社會服務而獲生存的人物並不占多數，而且只限於男性。並不健全的滬港社會，也實在無法對每個人的合理生存作出承諾。於是，更多的人物是依據鑽營趨奉的市民習氣，以求得寄生生活為最高理想。《琉璃瓦》中的姚源甫，把女兒的婚事作為自己獲得更高職務的階梯；白流蘇迫於家族名望的崇高與所受教育的低下而無法成為獨立的職業婦女，因為「尋了職業就失了淑女身份」；而薇龍呢，念書作

〔註 33〕張愛玲：《自己的文章》，《流言》，五洲書報社，1944 年版，第 19 頁。

事的打算無法抵禦不勞而獲生活的誘惑。然而，處於寄生性的生存狀態的人是無法掌握自己的命運的，而只能聽憑命運操之於人手。姚源甫一心指望女兒們攀高枝，其結果是全盤失算，「怕是活不長了」。白流蘇冒名譽的危險隻身來到香港，希冀再婚，而范柳原「拿穩了她跳不出他的手掌心去」，使她終於丟下淑女的矜持，成爲自己的情婦。流蘇逃脫了封建的專制家庭，卻又墮入資本主義商品式的兩性關係中，愈是掙扎，愈是得不到人格的完整。畢竟，流蘇還有過一回返回上海的行爲，而葛薇龍連這一點勇氣也沒有。她不得不按照姑母的安排，不是替姑母弄人，便是替丈夫弄錢。流蘇與薇龍都暫時獲得了生命保障，但同時導致了人生的徹底失敗。因爲寄生性是無法使她們獲得眞正的生存權利的。追求愈烈，失敗愈大。也許比起流蘇，薇龍的墮落更爲徹底。流蘇自始至終都在謀求安寧的寄生生活，而薇龍一開始則企圖以完成學業尋求職業爲獨立生存的途徑。在這裡，滬港洋場無情地粉碎了人們積極的人生努力。

《傳奇》中的男性人物，基本上涵括了滬港洋場男性生存狀態的主導方面。海外學者指出，張愛玲小說的男性形象的基本特點就是「不會幹事」、「架式十足」、「坐吃山空」、「尷尬窘迫」。其實，這恰恰是面對轉型期的城市文化在生存方式上的不妙困境，換言之，是一種無所適從，無力把握自己人生的表現。

人類社會的大多數階段屬於男子中心社會。由於男子長期處於社會的中心位置，比之女性，對自己的社會價值期望越高，投入的努力也越大，相應的，承受的社會壓力也越多。在都市洋場，男性對社會文化的認同遠甚於女性，以期獲得作爲社會人的存在價值。《傳奇》中的男性，大都是上海、香港都市社會男子形象的標本，如范柳原、佟振保（《紅玫瑰與白玫瑰》）、呂宗楨（《封鎖》）、米晶堯（《留情》）等人。他們高居要津，囊中飽滿，戴眼鏡，持手杖，衣著考究，風致文雅，一副海上紳士的精緻模樣。

這類男性的社會投入，也往往與當時的城市社會形態有關。在上海這個有著西方文化崇拜而又有傳統文化基礎的城市，他們爲生存所作出的努力常常顯示出雙重價值的趨近。一方面，貼近上海現代生活，任職於現代企業與銀行，穿西裝、住洋房；一方面又以傳統文化爲自己的護身，唯恐自己被現代文明的高速運轉拋得太遠，造成身心失落。米晶堯便是個新與舊都來得的金融家，因此，倍受人們讚賞；《等》中有一位未出場的朱先生，則在午後一個鐘頭研究聲光化電，一個鐘頭手捧四書五經。更荒唐的是《心經》中的許儀峰。這個有錢有地位的滬上紳士，一直住在高大的白宮公寓，卻以他對於陽宅風水的研究，對房間加以改造。這些紳士的怪誕行爲不啻說明了城市男子面對紛繁的社會生活與多重文化使出的渾身解數。就如同《花凋》裏的鄭先生，「長得像廣告畫上喝樂口福抽香煙的標準上海青年紳士……穿上短褲，就變成了吃嬰兒藥片的小男孩，加上兩撇八字鬚就代表了即時進補的老太爺，鬍子一白就可以權充聖誕老人」。一會兒是西洋文化的洋紳士，一會兒是中國舊派的老太爺，變化無窮，沒完沒了，像一幅上海文化的活廣告。而在深層意義上，則是他們對城市文化無可奈何的適應。因此，在種種五彩斑斕的社會面目之下，是人們掙扎於多重文化的可憐窘相。多數的城市市民，對於西洋文化恐怕並沒有受過長期的培養，而是出於高壓生活所作出的機械反應。佟振保夫婦在社交場合時時想擺出一副英國紳士淑女的風度：「她很知道，按照近代的規矩，她應當走在他前面，應當讓他替她加大衣，種種地方伺候著她，可是她不能夠自然地接受這些份內的權利……振保呢，他自己也不是生成的紳士派，也是很吃力地學來的。」（《紅玫瑰與白玫瑰》）這一幅都市西洋景，豈不顯得滑稽。相形之下，振保在家中的專制與其妻孟煙鸝的缺少自尊，反而顯示出中國傳統男女的眞實面目。

這裡，我們又引出洋場人物的又一種意義。由於所追逐的所謂社會價値有時只是一種生存的機械反應，從而造成與人性的違拗，因此，所作出的種種努力常常包含了巨大的心靈空虛。呂宗楨就是一個典型例示。這位大學畢業的洋行會計師，勤於公務，且樂從妻命，是一個標準的滬上紳士。但他從來不是一個心靈充實的完整人。他曾自稱道：「忙得沒頭沒腦。早上乘電車上公事房去，下午又乘電車回來，也不知道爲什麼去，爲什麼來！……說是爲了掙錢，也不知道是爲誰掙的。」家庭義務與社會責任，對於他，並不具有怎樣的意義。雖然天天上班、回家，可實際上，他在精神上是個無家可歸者。與他同車的吳翠遠，是一個進入了男性角色的女子。在大學接受了歐美文化，「天天洗澡、看報，只聽貝多芬、瓦格納的音樂」，「聽不懂也要聽」。不同於滬上常見的過著寄生生活的太太、小姐，她有學歷、有職業，「一步步向上爬，爬到了頂頭尖上」。然而這個按城市文明所塑就的好人，卻不是一個人性舒張的眞人。只有在封鎖之中的電車上，這個切斷了城市文明時空的地方，呂、吳兩人才眞正放縱了自己被壓抑的人性，閃電般戀愛起來。而封鎖結束，城市文明的時空重新運轉，兩人重又回到既有的生活軌道，做他們匆忙、嚴肅卻又空虛的紳士淑女了。

佟振保的人生掙扎也表現出十足的內外分離。他「下決心要創造出一個『對』的世界」，可是這個「『對』的世界」並不是他自己的，只是上海社會的樣本而已。表面上，似乎兼具中西文化的精華，連俗氣都「是外國式的俗氣」，「整個地是這樣一個最合理想的中國現代人物」。其實正如他的情婦王嬌蕊所言：「你處處剋扣你自己，其實你同我一樣，是一個貪玩好吃的人。」其堂皇的面目與行爲，全出於對生存的考慮：

> 他所有的一點安全，他的前途，都是他自己一手造成的，叫他怎麼捨得輕易由它風流雲散呢？闊少爺小姐的安全，因爲是承襲來的，可以不拿它當回事，他可是好不容易的呀！

佟振保與幾位女性的關係，明顯地表明這一點：面對混血的英國姑娘坐懷不亂，是因爲無法把在性問題上隨便的女人帶回國內；斬斷與王嬌蕊的戀情，是因爲通姦的事「如果社會不答應，毀的是他的前程」；而娶了自己不愛的女人爲妻，乃在於其符合「大學畢業的，身家清白，面目姣好，性格溫和，從不出來交際」的淑女風範。雖然處理的方式各各不同，但最終都統一於一個被公眾認可的「好人」的社會準則上。婚後的佟振保儘管放縱自己，狎妓冶遊，但小說結尾，他「改過自新，又變了個好人」。

三、洋房中的大家庭

張愛玲對於新舊雜糅的洋場社會，觀察至深、著力最巨的還是家庭生活與婚姻戀愛。其中見出的，仍復是上海社會形態與城市人的生存狀態。

《傳奇》表現的家庭生活，亦見出城市社會新舊更替的特點，但其表現的獨特性在於深入到了一個不爲公眾注意的都市一角——洋房中的大家庭，即存在於租界洋場的由遺老遺少們組成的封建大家庭。這與作者早年的家庭生活有密切關聯。張愛玲的父親雖爲遺少卻被洋化。其母更是西洋化的婦女，數度隻身赴歐留學，並與其父協議離婚。顯然，這與傳統家庭已顯現出不同，但這並不是說這個家庭已經具有全新的結構。其父雖爲新派人物，卻仍保留著多妻的權利，而且，像中國傳統家庭中的男性家長一樣，對兒輩成員有著生殺予奪的絕對父權。張愛玲因反抗繼母虐待，曾被父親囚禁半年之久。幸焉不幸？這倒使張愛玲對上海洋場的家庭形態有了深刻的瞭解。在談到早年家庭生活的感受時，她說那是「一個怪異的世界」，那幢民初的洋房，雖然看得見陽光、聽得到電車的鈴聲，卻又是一個陰陽交界的地方。「有太陽的地方使人瞌睡，陰暗的地方有古墓的清涼」〔註34〕。

在近代中國，傳統大家庭的構成與生活方式，還較完整地保留在內地的城市與鄉村中。但在上海這座相當程度資本主義化了的近代都會裏，大多數市民的家庭已逐漸過渡到核心家庭。但這並不等於說，張愛玲的觀察因此而缺乏意義。由於自太平天國之後，尤其是辛亥革命前後，大量內地的名宦巨卿、地主鄉紳，不斷攜家眷隱匿滬上，使上海的傳統大家庭成爲一種不能忽略的存在。也許，洋房中的大家庭，比之北京四合院等傳統宅邸中的大家庭，有著更爲豐厚複雜的內容，更能體現出傳統家庭生活面臨西方文化衝擊的畸變。在《傳奇》中，這些大家庭雖然無一不處於沒落之中，但仍保持著相當規模與既有的生活方式。《金鎖記》中的姜家，子女們照例要在飯前給老太太請安，飯後老太太們要作上兩個時辰的功課（念經）。在這裡，仍保留著專制家庭的組織形式。無論是《金鎖記》、《傾城之戀》還是《留情》，都有一個類似賈母式的老太太，作爲最高權威，有著無庸置疑的權力。而其他成員，也各據輩數名份，不敢逾出禮制。消費生活也按照傳統的合財共爨制度，沒有屬於個人的財產享用，同輩的兒女們爲能多用一些家庭公款而勾心鬥角。但是，在上海這個近代都會裏，傳統大家庭畢竟失去了發展或維護原有規模的土壤，處於消亡狀態。首先，這些家庭多爲前清貴族，民國以後失去了原有的高位、豐足的官俸，昔日產業因失去政治保障而無法維持，被坐吃山空。《花凋》中的鄭先生是位遺少，爲了保持昔日排場，闔家居有一套洋房，雇傭一群僕役，卻沒有能力購置足夠的床鋪，以至小姐們每晚都要打地鋪。鄭先生也常常爲無錢買進姨太太而感傷不已。《留情》中的楊家，已只能靠老太太當掉金銀首飾與金石字畫度日。《金鎖記》所敘是民初的事情，雖然姜家還留有大量財產可供享用，但也是力不從心。小說開始所描寫的一間下房裏橫七豎八睡滿了底下人，就是一副十足的窘相。

失去了豐沃土壤的大家庭，開始受到資本主義城市金錢文化的衝擊。這首先表現爲原有一整套綱常倫理結構因金錢關係而頹圮，人際關係也隨之改變，原本有秩序的家庭生活顯得紊亂。七巧爲了多分得財產，在分家的時候大鬧公堂；而姜季澤爲了騙取田產，向嫂子頻送殷勤。生存上的經濟考慮，

〔註34〕張愛玲：《私語》，《流言》，五洲書報社，1944年版，第159頁。

撕破了綱常倫理的羞澀面紗。《傾城之戀》中，當范柳原這個華僑富翁的私生子出現在白家府邸時，白四嫂子居然毫無廉恥地推銷自己的兩個未成年的女兒。出於綱常禮教，白家先是逼迫流蘇爲已離婚的丈夫出喪，卻不能阻止流蘇以一個望族小姐的身份作范柳原的情婦。更具有諷刺意味的是，當婚後的流蘇回到上海時，簡直成了全家的英雄。連一向以舊式淑女自詡的白四嫂也決心學流蘇的榜樣同丈夫離婚。在這種情形下，《傳奇》中的許多名媛閨秀、紛紛丟下原有的清高與矜持，投身於原本受到她們輕視的資產階級富豪懷中。

然而，遺老遺少對金錢的追逐還不具有現代資本主義精神。他們不願參與現代社會生活，不屑走入靠薪金養活自己的中產階級行列，更不會考慮將財產投入到資本主義經濟運轉之中。要麼不事勞作，走馬章臺，揮霍無度（姜季澤與鄭先生就是這樣的末代浪子），要麼一味守業，死守錢匣（如七巧一類）。從這個角度說，洋場中的大家庭兼具了傳統生活方式與資本主義金錢文化，然而兩方面都不完整。借助這一角落，《傳奇》揭示了傳統大家庭的必然沒落，因而與現代文學的基本精神相吻合。

四、婚戀與女性生存

張愛玲曾說：「現代婚姻制度又是不合理的」〔註35〕。不合理的根源來自不健全的社會文化。30、40 年代的滬港，雖然經濟已相當資本主義化了，但文化形態遠未達到現代階段。女性就業程度極低，女性的生存仍以依賴男性爲前提。有學人指出，張愛玲小說中的女性，代表了女性由本能而經歷的最基本的幾個生存形態：未婚階段的、婚姻階段的、婚後階段的、姘居階段的。可以看出，女性生存都與性愛、都與同男性的關係有關。恰如《傾城之戀》中所說：「一個女人再好些，得不著異性的愛，就得不到同性的尊重。」

既然如此，男子的性愛價值觀就成了對女性生存狀態的規定。

佟振保與女性的關係表現出典型的洋場男子性愛觀。他對女性的要求是雙重的，即所謂「紅玫瑰與白玫瑰」——一爲熱烈的情婦，一爲聖潔的妻。前者滿足情慾，後者則出於家庭名譽的考慮與財產私有與繼承的需要。佟振保「將正經女人與娼妓分得很清楚」，雖然極喜歡「放浪一點的娶不得的女人」，但作爲婚姻對象，卻選中善良、保守、魯鈍的舊式淑女。在這裡，包含

〔註35〕張愛玲：《自己的文章》，《流言》，五洲書報社，1944 年版，第 22 頁。

了傳統社會與資本主義商品社會對女性的雙重需求。范柳原亦然。他接近流蘇，是出於她身上的舊派情調，同時又親狎香港社交界的尤物薩黑夷娣公主，一位妓女式的女性。在大多數時候，柳原把兩種男性需求作用於流蘇一人身上，時而熱烈瘋狂，時而躲躲閃閃。流蘇深諳其性愛心理：「你最高的理想是一個冰清玉潔而富於挑逗性的女人。冰清玉潔，是對於他人。挑逗，是對於你自己。」因此，他雖然親近流蘇，卻無意娶她。很明顯，一旦成爲妻子，流蘇便喪失了另一種需求。所以，婚後的范柳原，完全把流蘇當作一個聖潔的「名正言順」的妻，而把另一種需要放在其他女性身上，「把他的俏皮話省下去給旁的女人聽」。在他，與女性的關係並沒有改變，只是換了對象而已。由此，派生出滬港洋場與女性的兩重角色，爲了生存不得不把全身心投身於與男子的關係中，或爲妻子，或作情婦。一爲專制家庭的奴隸，一爲色相的商品，兼具了洋場中封建與資本主義雙重文化特性。

《傳奇》中的中產階級女性，幾乎都視婚姻爲人生的最高階段，因爲這是傳統社會婦女生存的唯一保障。《花凋》中，「爲了門第所限，鄭家的女兒不能當店員，女打字員，做女結婚員是她們的唯一出路」。淳于敦風嫁給她討厭的近六十歲的金融家米晶堯，也「完全爲了生活」。白流蘇在港滬之間上下求索，也企圖利用未老的容顏，再披嫁衣。她與柳原來往，終極目的是「經濟上的安全」。所以柳原一語道破此中奧秘，說「婚姻就是長期的賣淫」。語雖尖刻，卻頗含卓見。

自然，不能說《傳奇》中的城市女性沒有一點選擇人生的自由。「五四」以後，女性獲得了自由戀愛空間。在 30、40 年代的近代中國城市，婚前男女的交際已被社會允許，並被視爲開化的時尚。然而，這種自由是有限的，它表現爲僅僅有擇偶的自由，而沒有離開男性而獨立生存的自由。因此，許多女性置身於男女交往相當隨便的場所，行爲放浪，甚至濫交男友，其意圖卻是利用這個前買賣階段，待價而沽。《紅玫瑰與白玫瑰》中的王嬌蕊，在性愛問題上一直開著多邊玩笑。早年她父母送她去英國讀書，「無非是爲了嫁人，好挑個好的」。葛薇龍身邊的女傭也勸她，「趁交際的機會，放出眼光來揀一個合式的」。都市女性的自由竟是如此可憐！而且一旦結婚，這種自由便消失了，以至《鴻鸞禧》中的玉清把婚前的準備階段視爲自己的人生頂峰，「一個女人一生只有這一個任性的時候，不能不盡量使用她的權利」。難怪玉清的兩位小姑子頗自鳴得意，因爲「玉清是銀幕上最後映出的雪白耀眼的『完』字，而她們是精彩的下期佳片預告」。以婚姻爲生存手段的女性，大都淪爲丈夫的奴隸，喪失最起碼的人格。《心經》中的許太太，《紅玫瑰與白玫瑰》中的孟煙鸝與《等》中等候就診的幾位太太，她們無法阻止丈夫事實上的多妻，還千方百計地替丈夫遮蓋、掩飾，或者怨天尤人，至多不過向人哭訴一番。因爲她們知道，自己的生存完全繫於丈夫之手。像孟煙鸝，流利動聽地把這個公式復述了一遍又一遍：「眞是要了我的命——一家老小靠他一個人，他這樣下去廠裏的事情也要弄丢了……」其實這句話倒過來念反更符合邏輯，簡直是一段標準的三段論。也許，這就是婚姻階段中女性生活的邏輯。

洋場女性的生存表現出完全的依附性。一方面，在有著相當程度傳統文化的社會裏，如上所述，作妻子與母親，仍是多數婦女的謀生方式。不過在洋場社會，這種謀生方式帶上了幾分交易性。張愛玲說：「以美好的身體取悅於人，是世界上最古老的職業，也是極普遍的婦女職業，爲了謀生而結婚的女人全可以歸在這一項下。」〔註 36〕其實，那些爲了生存而爲人情婦、與人姘居的女性，也屬此列。這種生存方式是充分商品化了的都市文化的表現。許多未進入婚姻的女性，不得不把自己的生存轉變爲商品的交換。同婚姻中的女性相比，她們也許並不委身於某一男子，但這種商品交換必須依賴於整個男性群落才能完成，仍然是一種依附性生存。

在資本主義社會，恰如恩格斯所言，多妻的野蠻婚制被保留下來。在商品性的社會裏，這種多妻由於商品交換的擴大，正成爲巨大的市場。〔註 37〕洋場中的男子如佟振保、范柳原、許峰儀等人，便利用這一交換原則，把許多女性變成情婦。而眾多的女性也以自己的人格與肉體爲代價，通過交換獲得生存資料。《心經》中的女學生段綾卿，由於家貧而急於委身男性，竟公然宣稱：「任何人……當然這『人』字是代表某一階級與年齡範圍內的未婚者……我是『人盡可夫』的！」在這類女性身上，傳統社會婦女的依附性與洋場社會的商品買賣奇異地結合在一起。也許，後者的實現還以前者爲存在的前提。前因後果，買賣的性愛關係，竟十分適應於近代中國城市，以至在《傳奇》中隨處可見（如《桂花蒸・阿小悲秋》、《紅玫瑰與白玫瑰》與《傾城之戀》等等）。婚姻與性愛的交易原則一經確立，性愛就失去了它的神聖性。它既不

〔註 36〕張愛玲：《談女人》，《流言》，五洲書報社，1944 年版，第 95 頁。

〔註 37〕恩格斯：《家庭、私有制和國家的起源》，見《馬克思恩格斯選集》第 4 卷，人民出版社，1972 年版，第 71 頁。

同於原始初民那種單純的性愛，也不具備現代性愛所包含的人格平等、性愛一致的價值觀，而是赤裸裸的交換：一方供以身體、一方供以財物。此中，似乎也有了商品的交易的準則。男女雙方都希望以最低的代價得到最多的獲取，於是憑藉著「應付人的」「一技之長」，用盡心計，明爭暗鬥，以不吃虧爲最高宗旨。白流蘇與范柳原各據不同的家庭背景與文化心理，「兩方面都是精刮的人」。流蘇的目的在於不辱名門的聲名而重作富室主婦，柳原則企圖不失自己性愛上的自由，不擔引誘良女的罪名，獲得一位廉價的情婦。於是各懷鬼胎，彼此算計，或假戲眞作，或聲東擊西。佟振保玩弄女人以不影響自己的前途爲準則。而洋人哥兒達則從經濟上考慮，雖然意欲同時佔有幾位女人，卻從來不肯多花錢，那怕是一頓並不豐盛的飯菜（《桂花蒸·阿小悲秋》）。不過，在洋場社會的情場交易中，男子始終佔據著主導地位，女性往往是失敗者。流蘇在柳原面前一輸再輸，丟失了名譽，回不了家，只好乖乖作柳原的情婦；王嬌蕊雖然精於情場，「一技之長是耍弄男人」，但最終還是被佟振保玩弄後拋棄。

在《傳奇》中，很少見到洋場婚戀關係中的積極面。這倒不是說城市文明提供不了新型婚戀關係，我們在城市下層人們如阿小夫婦之間，已經看到了在男女雙方經濟獨立與人格平等基礎上的現代性愛關係（《桂花蒸·阿小悲秋》）。現代文明是現代性愛誕生的土壤，但在新舊雜糅的滬港洋場，它只是初見萌蘖而已。

第四章　書刊媒體中的城市記述

第一節　清末民國報刊的上海城市形象討論

「上海」，不同於上海。後者是一個城市，前者則是關於上海城市形象的知識文本。它不斷被各種文本意義所堆積，又不斷被賦予意義。在 20 世紀，上海的城市形象主要表現爲一種現代性意義，並導引出對上海的公共性認知，也可說是一個關於上海城市的知識「共同體」。在近現代中國，現代性不僅成爲共時性的存在，也會因時間變遷而呈現出階段性，因而，所謂「上海」也會在不同的時期呈現出不同城市形象。正如杜維明所說：「很明顯，上海價值，不是靜態結構，而是動態結構。上海的價值體系是在變動不居的時空中轉化，……」所以他認爲：「既然是動態過程而非靜態過程，就必須避免本質主義的描述。」〔註 1〕在整個上海近代歷史中，從上海開埠到國民政府的「大上海建設」計劃，再到淪陷時短命的僞上海「大道」政府和僞「維新政府」〔註 2〕，再到中共佔領上海與浦東開放，其間包含了數次基本價值的轉移。比如開埠意味著上海被納入世界（特別是西方）價值體系；「大上海」計劃則包含了民族國家建立的民族主義努力；淪陷時期的「新上海」是在日僞統治之下，試圖「擺脫歐美體系」的「亞洲」意義〔註 3〕；50 年代後的「上海」意味

〔註 1〕杜維明：《全球化與上海價值》，載《史林》2004 年第 2 期。

〔註 2〕「上海大道市政府」是 1937 年 12 月由小漢奸蘇錫文在浦東成立的，下屬 13 個區公所。1938 年 3 月梁鴻志在南京成立僞「中國民國維新政府」後，成立僞「上海市政府」，但不管理租界。汪僞政權後，才成立「正宗」的僞「上海特別市政府」。

〔註 3〕汪僞政府曾於 1943 年「收回」上海公共租界與法租界。

著「中國化」和「重回中國價值」的「解放」含義，而浦東開放再一次意味著重新全球化的意義等等。因此，上海城市形象也經歷了各個階段的變化。比如，晚清時代的國家維新形象、左翼文學的殖民地國家意義與「社會革命」發生地的形象、自 30 年代開始的民族國家構建、20 世紀 50～70 年代社會主義「新中國」與國家工業化形象、80 年代國家體制下的僵化的「堡壘」形象以及 90 年代全球化圖景下的國際化形象等等。

本尼迪克特・安德森認爲，現代國家是一個「想像的共同體」。想像構築的過程主要依靠兩種媒體——小說與報刊，「爲『重現』（representing）民族這種想像的共同體提供了技術手段」，〔註 4〕構建了人們共同的國家知識。事實上，一個國家首位城市的知識「共同體」，也是由報刊的傳佈進行的。本文以縱向描述爲線，以對書刊中重要的上海城市形象討論的考察爲點，描述「上海」形象如何經由報紙、書刊推廣成全國性的普遍化的上海城市知識，乃至一部近代以來中國國家的意識形態和寓言，以期大致構成對上海城市形象的整體性認知。

一、「窗口」與「飛地」

熊月之曾將近代以來集中討論上海城市形象分爲兩個時期：一是清末民初，一是 30 年代〔註 5〕。在他看來，清末民初已有了對上海現代性的盛讚。當時的《申報》、《民立報》、《新聞報》、《新青年》等報刊都有大量的文章。《民立報》曾在民國初年發表《上海之表面》、《最文明之上海》與將上海和其他城市進行比較的《上海與北京》、《上海與南京》、《上海與天津》、《上海與漢口》等文。《申報》則在 1919 年，連續兩月連載 23 篇討論上海城市特性的文章。由於報刊的倡言，上海至 1881 年已有「東方巴黎」之稱。《申報》社論曾說「人之稱譽上海者，以爲海外各地惟數法國巴黎斯爲第一，今上海之地不啻海外之巴黎斯」。〔註 6〕甚至「吾謂英之倫敦，未及吾之海上之富有也，法之巴黎，無過吾海上之奢麗也。」〔註 7〕並將上海視爲中國面向西方的窗口。從郭嵩燾、劉光第、康有爲、梁啓超、蔡元培、劉師培、張元濟、

〔註 4〕本尼迪克特・安德森著，吳叡人譯：《想像的共同體——民族主義的起源與散佈》，上海出版集團，2005 年版，第 8～9 頁。

〔註 5〕熊月之：《近代上海形象的歷史變遷》，http://www.wslx.com。

〔註 6〕《論上海今昔情形》，原載《申報》1881 年 12 月 10 日。

〔註 7〕雲間天贅生：《商界現形記》序言，商業會社，1911 年版。

嚴復、馬君武、章太炎、章士釗、陳獨秀等均有此類表述。姚公鶴曾在報刊上發表大量文章，後於 1917 年結集爲《上海閒話》在商務出版。〔註 8〕他認爲上海是中國的社會中心，說「上海者，外人首先來華之根據地，亦西方文化輸入之導火線也」。蔡元培甚至說：「黑暗世界中，有光彩奪目之新世界焉。……此地何？曰上海。」〔註 9〕在于右任主持的《民立報》上，曾有這樣的斷語：「上海者，新文明之出張所」，「一有舉動，輒影響全國……故一切新事業亦莫不起於上海，推行於內地。斯時之上海，爲全國之企望，負有新中國模型之資格。」〔註 10〕由此，關於上海是面向西方文明的「窗口」這一說法開始固定下來。

對於上海城市形象，清末民初報刊討論的另一方面是對上海的道德性憎惡。此時報刊的上海見聞，各種嫖界指南、大觀、黑幕、揭秘、傳奇、遊驂錄、繁華錄等幾乎不可計數，上海的各種醜惡，舉凡煙、賭、娼、淫戲、淫書、坑、蒙、拐、騙、買官賣官、流氓、拆白黨、白相人，也無一不有。在多數表述中，上海是與傳統中國完全對立的異數。這種意義上的道德厭惡帶有關於想像的意味：內地不可能發生的事情，在上海都可以發生。甚至在英語報刊中，「shanghai」一詞的俚語含義就是：將某人用酒或麻醉劑使其失去知覺，劫持到海盜船上作水手。在中國人眼中，上海是一個難以認同的尤物。它的高度運轉、聒噪繁亂、貧富懸殊，乃至上海人住處的逼仄，視野的迫促，都難以吻合人們傳統的歸屬感，以至時時被稱爲「紅塵十丈」、「水深火熱」。有論者稱：「上海者，醇酒婦人之淵藪也。」〔註 11〕病僧在《上海病（一）》中說到：「上海人之氣多洋氣，而以洋奴爲榮，而其實則充賣國氣以陶鑄賣國奴也」。〔註 12〕論者對於上海人墮落原因的分析，主要在於上海人價值系統中的「非中國化」傾向。擴而大之，近代以來對於上海道德厭惡的各種文字，其基礎在於上海作爲「飛地」的狀態。也就是說，上海被作爲了「非中國化」的特異事物。其不被看作是中國固有之物，而是強調上海之特異於整個中國，表現了人們對傳統文化價值體系在上海全面崩壞的恐懼。

〔註 8〕後分別在 1925、1933、1989 年再版。
〔註 9〕蔡元培：《新上海》，載《警鐘日報》1904 年 6 月 26 日。
〔註 10〕田光：《上海之今昔談》，載《民立報》1911 年 2 月 12 日。
〔註 11〕秦鏡：《上海社會之魔力》，載《民立報》1911 年 9 月 12 日。
〔註 12〕病僧：《上海病（一）》，載《民主報》1911 年 6 月 13 日。

新文化初期，陳獨秀居然寫下《上海社會》、《再論上海社會》、《三論上海社會》、《四論上海社會》等連續性篇章，將上海說成是到處「算盤聲、銅錢臭」的地方。他說：「什麼覺悟，愛國，利群，共和，解放，強國，衛生，改造，自由，新思潮，新文化等一切新流行的名詞，一到上海僅僅做了香煙公司、藥房、書賈、彩票行的利器。」〔註 13〕或許，這可以算做是「五四」時期的城市想像，城市居然被賦予了鄉村式的反啓蒙的意義。此後，文人們依舊堅持著對於上海的批判。傅斯年將上海看成毫無創造力的地方，「絕大的臭氣，便是好摹仿」。〔註 14〕王統照認爲：上海「各種人民的競獵，淩亂，繁雜，忙碌，狡詐，是表現帝國主義殖民地的威風派頭」。〔註 15〕郭沫若將上海咒之爲：「遊閒的屍，淫囂的肉」、「滿眼都是骷髏，滿街都是靈柩。」梁遇春則直斥「上海是一條狗」。〔註 16〕林語堂直斥上海是「銅臭」、「行尸走肉」的「大城」，是「中西陋俗的總匯」，是「浮華、平庸、澆漓、淺薄」，還有「豪奢」，「貧乏」，「淫靡」，「頽喪」。〔註 17〕周作人雖然辯證一些，認爲「上海氣是一種風氣，或是中國古已有之的，未必一定是有了上海灘以後方才發生的也未可知。因爲這上海氣的基調即是中國固有的惡化」。但對於「惡化」之因，他又認爲「上海灘本來是一片洋人的殖民地，那裡的（姑且說）文化是買辦流氓與妓女的文化，壓根兒沒有一點理性與風致」，因此，這種「惡化」「總以在上海爲最濃重，與上海的空氣也最調和。」〔註 18〕因此，人們不斷疾呼：「回去，回去，上海不可久留。」〔註 19〕

在近代以來關於上海城市形象的討論中，有兩個關鍵詞值得注意，即「窗口」與「飛地」，兩者都是百餘年來人們對上海認識的主導性表述語彙。「窗口」一詞，是由「東西貿易之樞紐」、「新文明之出張所」、「文明的淵藪」等描述而來，並得到了世界性的認同。「飛地」一詞，則包含了「墮落」、「淪喪」等「非中國化」的深層意義。不僅隱含了上海作爲資本主義形態在中國大陸

〔註 13〕陳獨秀：《再論上海社會》，《獨秀文存》，安徽人民出版社，1987 年版，第 589 頁。

〔註 14〕傅斯年：《致新潮社》，載《新潮》1920 年 1 月 19 日第 2 卷第 4 號。

〔註 15〕王統照：《青島素描》，《王統照散文選集》，百花文藝出版社，1982 年版，第 71 頁。

〔註 16〕梁遇春：《貓狗》，載《駱駝草》1930 年 9 月 1 日第 17 期。

〔註 17〕林語堂：《上海之夜》，《我的話》，上海時代書局，1948 年版，第 26～27 頁。

〔註 18〕周作人：《上海氣》，載《語絲》1927 年 1 月第 112 期。

〔註 19〕渾沌：《上海不可久留》，載《小說月報》第 14 卷第 7 號。

的特異存在，而且含有上海與中國內陸地區的文化、政治經濟反向的理解。兩個關鍵詞大體包含了近代以來人們對上海的基本看法，不斷地見諸討論上海城市形象敘述中，構成對上海的固定的表述語言。

二、「京海之爭」

至30年代，文學報刊方面也開始了對於上海城市現代性形象，特別是異域都市形象的表現。施蟄存、徐霞村、劉吶鷗、戴望舒等人於1928、1929年前後開辦《無軌列車》與《新文藝》雜誌，而且劉吶鷗還獨資開辦「水沫書店」，刊載、發表描寫上海現代性的城市小說。在《新文藝》後期，穆時英也初出茅廬。1932年5月，由施蟄存主編的《現代》雜誌創刊，標誌著其作爲一個流派正式集結，並引動眾多上海文學青年仿傚加盟，如葉靈鳳、黑嬰（張又君）、徐霞村等人，形成30年代海派作家群。

劉吶鷗率先出版描寫上海洋場生活的《都市風景線》。他把上海當成了異域的西方式物質都會，認定上海有著「這飛機、電影、JAZZ、摩天樓、色情、長型汽車的高速度大量生產的現代生活」，被稱爲描寫現代都市的第一人。之後，張若谷也出版了描寫上海法租界生活帶有法國情調的《都會交響曲》。徐霞村在談到自己的詩作時，還直接用「都會主義」一詞進行概括，同時聲稱，之所以要採用「應付我們新內容的文體」，是爲了「欲將現代生活的速率把握住」。〔註20〕1930年，邵洵美、張若谷等創辦《時代畫報》，每期皆有描寫上海現代性時髦生活的作品。曾虛白、徐蔚南、崔萬秋等人開辦《眞善美》雜誌，欲造成一種「法國風沙龍的空氣」。梁得所主編《小說》雜誌，穆時英、葉靈鳳主編《文藝畫報》，也呈現出上海特有的現代物質消費特徵。海派的創作風尙廣泛影響了上海的其他報刊，如《良友》畫報、《東方雜誌》、《申報月刊》等老牌刊物。這些刊物的裝幀、版面設計與插圖，也都表現出了上海現代趣味。內容上除去文學，還有戲壇、畫壇、影壇報導，其中較注目的是「畫報」傾向，大量登載一些與作品並無多大干涉的明星、校花照片等時尙人物照片，增加了物質消費、娛樂乃至頹廢的成分。

海派作品中的上海城市現代形象，從施蟄存在《現代》雜誌4卷1號發表《關於本刊的詩》一文中可以看出。他從詩歌創作角度指出：「現代中的詩是詩，而且純然是現代的詩。它們是現代人在現代生活中所感受到的現代的

〔註20〕載《現代文學》第1卷第6期《編輯後記》。

情緒，用現代的詞藻排列成現代的詩形。」作者還對所謂上海現代生活作出定義：「所謂現代生活，這裡面包括著各式各樣的獨特的形態；彙集著大船舶的港灣，轟響著噪音的工場，深入地下的礦坑，奏著 JAZZ（爵士）樂的舞場，摩天樓的百貨店，飛機的空中戰，廣大的競馬場……甚至連自然景物也和前代不同了。這種生活所給予我們的詩人的感情，難道會與上代詩人從他們的生活中所得到的感情相同的嗎？」這段對現代性生活的定義，與劉吶鷗「酒館和跳舞場和飛機的現代」的評語是一致的，都是對作爲物質現代性的上海形象的把握。海派小說還表現了對歐美城市形象的想像，如時人所論：「上海文豪，下筆卻爲『神秘的廳』、『兆豐花園』、『霓虹燈』、『考而夫』、『甘地諾珊』諸如此類帶譯名、帶綽號的『海景』，……青年作家所投寄的小說，卻十之七八是在海景裏翻筋斗。」〔註21〕這種情形被茅盾譏評爲：「上海是發展了，但發展的不是工業的生產的上海，而是百貨商店的跳舞場電影院咖啡館的娛樂的消費的上海！」呈現出「生產縮小，消費膨脹」的畸形狀態。〔註22〕

可以想見，文學上的京、海之爭，也是會必然出現的。對「海派」的批判，首先見於北平文人沈從文在天津《大公報・文藝副刊》1933 年 10 月 18 日上的《文學者的態度》一文，批評某些上海文人對文學不嚴肅的狎玩態度，也批評上海城市的不良習性。其實，沈從文這話並不單是針對上海文人，他說：「這類人在上海寄生於書店、報館、官辦的雜誌，在北京則寄生於大學、中學以及種種教育機關中。」對於沈從文的指責，上海方面一片譁然，眾多文人、作家紛紛捲入。上海文壇的蘇汶（杜衡）最先作出強烈反應。他在同年 12 月上海《現代》雜誌上，發表《文人在上海》一文，認爲沈從文所謂海派，「大概的講，是有著愛錢，商業化，以至於作品的低劣，人格的卑下這種意味」。蘇汶不同意這種看法，並爲「上海氣」正名說：「也許有人以爲所謂『上海氣』也者，僅僅是『都市氣』的別稱，那麼我相信，機械文化的迅速的傳佈，是不久就會把這種氣息帶到最討厭它的人們所居留的地方去的。」此後沈從文又兩次撰文，將海派一詞界定爲「名士才情」與「商業競賣」結合的一種惡劣習氣，表明這並不是對居留上海的魯迅、茅盾、葉聖陶甚至包括杜衡等一大批從事嚴肅創作的文人的指責，並寄言上海作家與北平文壇聯手，來「消滅海派惡習」。

〔註21〕龍居：《評〈珊瑚〉小說》，載《珊瑚》1933 年 8 月 16 日第 27 期。
〔註22〕茅盾：《都市文學》，載《申報月刊》1933 年第 2 卷第 5 期。

「京海之爭」雖發生於文學領域，其實也是對上海城市形象的看法，因此引發了文壇對上海形象的討論。魯迅在 1934 年 1 月 30 日寫下《「京派」與「海派」》、《北人與南人》。他在前一篇文章中說：「作家「籍貫之都鄙，固不能定本人之功罪，居處的文陋，卻也影響於作家的神情」，「北京是明清的帝都，上海乃各國之租界，帝都多官，租界多商，所以文人之在京者近官，沒海者近商，近官者在使官得名，近商者在使商獲利，而自己也賴以糊口。要而言之，不過『京派』是官的幫閒，『海派』是商的幫忙而已。」〔註 23〕此後，徐懋庸、曹聚仁、姚雪垠、胡風、阿英等人的看法基本與魯迅一致。如曹聚仁說：「京派不妨說是古典的，海派也不妨說是浪漫的，京派如大家閨秀，海派如時髦女郎」。〔註 24〕及至 1947 年，楊晦、夏康農等在上海《文匯報》和《新文藝》重新討論京派與海派，則基本上局限於文學範圍了。

三、從殖民地到民族解放的象徵

20 至 30 年代，上海日益明顯的資本主義化進程以及由此而帶來的社會整體變遷，使城市開始成爲國家生活主體。茅盾、鄭振鐸曾向全國征集《中國的一日》文集，集中絕大多數是記錄城市人特別是上海人的生活的。因此，對上海城市形象的討論再起高潮。不過，此次討論的問題與前不同。清末民初時期，不管是立足於現代意義上對上海「未來」想像的「維新」題材，還是政治、科幻小說中的國家想像，都基於現代性這一角度。經由「五四」、「五卅」運動之後，上海作爲帝國主義侵略中國的大本營的特徵益發凸現。因此，20、30 年代對上海城市象徵性的討論，主要是其殖民性，並與帝國主義的侵略聯繫在一起。誠如有的學者所說：「上海在刺激現代中國民族主義的興起中，起到了重要作用。」〔註 25〕其實，早在 20 世紀初，關於上海城市的殖民性以及其與殖民主義、帝國主義的關係就開始提出。當時如《警鐘日報》、《民立報》、《神州日報》等常發表蔡元培等革命黨人的文章，並提出上海形象是美醜合一的命題。所謂「丑」，就指的是上海在白人統治下的主權喪失。另外，30 年代後，由歐美人士撰寫並有中西版本的上海著作如《秘密的中國》

〔註 23〕魯迅：《「京派」與「海派」》，見《魯迅全集》第 5 卷，人民文學出版社，1973 年版，第 491～492 頁。

〔註 24〕曹聚仁：《筆端》，天馬書店，1935 年版，第 188 頁。

〔註 25〕羅茲・墨菲：《亞洲史》，黃磷譯，商務印書館，2005 年版，第 473 頁。

（1933）、《上海——冒險家的樂園》（1937）、《出賣的上海灘》（1940）、《上海——罪惡的城市》（1945），更加深了人們對上海殖民形態的認知。

大規模對於上海城市殖民特性的討論，由當時的《新中華》雜誌發起。1934 年，《新中華》雜誌以「上海的將來」爲題發起了徵文，寓居上海的名人如茅盾、郁達夫、章乃器、王造時、孫本文、李石岑、林語堂，沈志遠等紛紛應徵，其中的 79 篇文章被輯爲《上海的將來》一書，由中華書局在同年出版。集中文章大都從國家立場出發，認定上海是帝國主義統治中國、國際資本侵略中國經濟的中心，並大量使用「吸血」、「壓榨」、「剝削階級」、「國際資本帝國主義」、「殖民地」、「畸形」等政治與經濟詞彙。此後，反帝理論與階級對立學說開始引入上海城市形象分析。

對上海城市殖民特性的認識，以左翼人士爲代表。比如茅盾。在茅盾 30 年代的文字中，總體背景是 1929 年爆發的西方經濟危機。在此背景下，茅盾認爲，在西方資本主義中心之下，處於邊緣的中國總體上不僅不能進入資本主義，反而更加被邊緣化（即所謂「更加半殖民地化」）。因此，茅盾把中國 30 年代上海的國際背景理解爲西方的經濟侵略。在《上海》一文中，茅盾指出：在全上海工廠資本中，華商只占不到 30%，而日商卻佔了近 50%，日本人在上海的經濟勢力超過了中國人的一半。爲了準確分析上海的經濟狀況，茅盾花了大量時間去做經濟學的研究。他在《申報月刊》、《東方雜誌》、《青年知識》等報刊發表從社會學、經濟學角度考察上海的文章，如《上海》、《上海大年夜》、《交易所速寫》、《「現代化」的話》、《狂歡的解剖》、《都市文學》、《機械的頌贊》《上海——大都市之一》、《孤島見聞》等等。其中，《上海——大都市之一》以祖孫三代的對話講敘上海近代都市發展的源流、現狀與將來。此文的標題爲：一、「六十年前的上海」；二、「上海的特殊地位如何造成」；三、「狂熱的投機市場和不出煙的煙囪」；四、「鴿子籠」；五、「上海之將來」，可以看出，基本上是一部上海百年發展史話。他重點敘述了上海租界的形成、租界特權、上海工業的發展、銀行的鼎盛與證券交易、住房狀況等，其中準確的史實與數字統計達到了專業化深度。同時，茅盾將由經濟上得出的「上海在資本主義中心格局下更加邊緣化」的結論，最終導向其有關民族國家的表述。在這一點上，茅盾不同於晚清民初上海小說的民族主義「想像」傳統。雖然同樣具有世界主義背景，但與後者希望在新的資本主義格局中重塑中國霸權的想像完全不同，而是表明了中國進入世界本身所包含的殖民性認識，即中國進入世界，不可能成為「列強」，而是被「殖民」。

另一方面，同屬於國家形象的象徵，隨著國民政府統一全國，上海作為民族國家獨立解放的形象開始顯現。自上海開埠以及庚子年「東南互保」之後，上海一直享有「治外法權」和高度自治，不進入中國國家行政範圍。1927 年 7 月，國民政府決定上海為「中華民國特別行政區域」，定名「上海特別市」，不入任何省、縣行政範圍。上海市政府成立時，蔣介石親臨儀式，並從民族國家的意義上評述「新上海」：「上海特別市乃東亞第一特別市，無論中國軍事、經濟、交通等問題無不以上海特別市為根據。若上海特別市不能整理，則中國軍事、經濟、交通等則不能有頭緒」，「上海之進步退步，關係全國盛衰，本黨勝敗」。〔註 26〕1927 年 11 月，「新上海」開始規劃建設。至第三任市長張群主政時，「大上海建設計劃」開始實施。「新上海」建設帶有濃重的國家色彩。在建築上，以民族主義樣式取代西洋風格。在北郊五角場一帶的市中心區域初步建成後，上海市市長吳鐵城說：「今日市府新屋之落成，小言之固為市中心區建設之起點，大上海計劃實施之初步，然自其大者、遠者而言，實亦我中華民族固有創造文化能力之復興以及獨立精神之表現也」〔註 27〕。

應該說，這並非政府的一廂情願。因為，將上海建設視為國家獨立的新中國民族意義，與當時對上海殖民地形態的認識，共同構成了 30 年代國人對於上海形象的認識。像殷夫這樣的左翼詩人，不僅詛咒「上海是白骨造成的都市，／鬼狐魑魅到處爬行」，〔註 28〕但認為上海也是「中國無產階級的母胎」(《上海禮贊》)，並豪言：「五卅呦，立起來，在南京路走！」。再比如，在《新中華》雜誌發起的「上海的將來」徵文中，就有人設想中國收回上海租界，公共租界改名為特一區，法租界改名為特二區〔註 29〕；所有洋行、銀行、報館都改為了中國辦事機關與學校。更有意思的是，有人還甚至預言，未來的跑馬廳將建成可容二萬人的圖書館，跑馬場將被辟為「人民公園」，這

〔註 26〕《國民政府代表蔣總司令訓詞》，載《申報》1927 年 7 月 8 日。

〔註 27〕吳鐵城：《上海市中心區建設之起點與意義》，載《申報》1933 年 10 月 10 日。

〔註 28〕殷夫：《妹妹的蛋兒》，見《殷夫集》，浙江文藝出版社，1984 年版，第 109 頁。

〔註 29〕有趣的是，1943 年的 1 月與 6 月，由日本人支持，汪偽政權「收回」租界，並將公共租界改為為上海特一區，法租界改為上海特八區。

一設想在解放後居然都成爲了現實！。〔註 30〕1943 年，汪精衛憑藉日本勢力「收回」了公共租界並親臨上海主持儀式。法租界「收回」時間較晚，是由於當時法國維希政府已屬軸心國陣營。在當時，這一行爲被汪僞集團認爲是中國「擺脫西方殖民體系」以及「民族解放勝利」的標誌。當時的報刊也居然使用「萬人爭瞻領袖風采」爲大字標題，在所謂「民族獨立」的立場上對此加以評論，如「深賴友邦日本協力，結束帝國主義租界制度的豐功偉績。」〔註 31〕可見，「上海」的國家意義並不局限於某一時期，而是長期存在於整個的近現代。

第二節　清末民國報刊的北京記述

一、史地類著作

北京〔註 32〕爲滿清及民國北洋時期的首都，向爲國家政治的中心。因此，以北京爲背景，記述近代政治歷史的著作不在少數。而其中，晚清宮廷、義和團運動是記述的重點。在記錄晚清宮廷生活方面，德齡的著作較爲特殊。德齡原屬宗室親貴，其父裕庚曾出任中國駐日、駐法、駐美公使，德齡與妹妹容齡也隨同父親在法國居住多年，精通歐洲文化，甚至還登臺表演過芭蕾舞。1903 年德齡回國，擔任慈禧太后的宮中女官，後因與美國駐滬副領事結婚而移居美國。德齡以其和慈禧太后、光緒帝的密切交往，以及其常年居留歐洲的某些西方身份，帶有歐美人士的眼光，以英文撰寫《瀛臺泣血記》（又名《光緒帝畢生血淚史》，上海百新書店，1947 年版）、《御香縹緲錄》（又名《慈禧后私生活實錄》，上海申報館，1936 年版）、《清宮二年記》（商務印書館，1937 年版）、《童年回憶錄》（上海百新書店，1948 年版）、《御苑蘭馨記》（上海百新書店）等。德齡對清宮的記述頗與他人不同。比如，其對光緒帝的評價甚高，認爲如果不是因爲政變被囚，將使中國成爲強大的帝國。同時，她的作品也記錄了西方文化對於清宮的深刻影響，包括慈

〔註 30〕參見熊月之：《近代上海城市特性的討論》，http//www.uls.org.cn 50 年代後，跑馬廳辦公處成爲了上海圖書館，90 年代後改爲美術館；跑馬場成爲了「人民廣場」，90 年代後成爲市政中心。

〔註 31〕焦菊隱：《孤島見聞——抗戰時期的上海》，上海人民出版社，1979 年版，第 247 頁。

〔註 32〕爲統一起見，對於北京的稱謂，如果不屬於專用名詞和當時文章的用法，本書一律統稱「北京」。

禧太后對於西方物質文化從最初拒斥到後來接受的過程，都是外界難以知曉的。因此，《清宮二年記》的譯者陳貽先曾評價說：「日常瑣碎，纖悉必錄，宮闈情景，歷歷如繪。不獨閱之極饒趣味，而隱微之中，亦可以覘廢興之故焉。」〔註 33〕

此外，記錄晚清民初政治方面較重要的有延清的《庚子都門紀事詩》（1902 年出版，出版者不詳）、李伯元的《庚子國變彈詞》（1903 年世界繁華報館編輯並出版）、半塘僧鶩（王鵬運）撰《庚子秋詞》（有正書局，1923 年出版）、王藝編輯的《洪憲宮闈奇案》（匯文堂書局，1922 年版）、劉成禺撰《洪憲紀事詩》（1919 年出版，出版者不詳）、林紓的《京華碧血錄》（北京平報社出版，1913 年），靜廠撰《清宮秘史圖譜》、《拳匪志略》、高樹的《金鑾瑣記》（1925 年出版）、湯村彬的《清宮外史》（國訊書店，1943 年版）。

在抗戰時期，於力（董魯安）創作了長篇報告文學《人鬼雜居的北平市》，揭示日僞時期的北京政治狀況。作者於力曾於燕京大學任教，擔任國文系主任。一九四二年後在華北聯大任教，擔任教育學院院長。作品曾在《晉察冀日報》上連載，以後又被延安《解放日報》部分轉載，並獲得晉察冀邊區的魯迅文藝報告文學獎。此外，還有對於北京史進行研究的著作，如桐齡著《北京在國史上的地位》，載《晨報副刊》1926 年第 12 期；柳詒徵著《首都志略序》，發表在《國風月刊》1935 年第 4 期；黃萍蓀《北京史話》（上海子曰社，1950 年版），張江裁編輯的《北平史蹟叢書（兩種）》、《燕都風土叢書》（分別爲 1938 年、1939 年雙肇樓、燕歸來簃刊行），陳宗藩《燕都從考》（1930 年刊行）。

在記述北京的地理類書籍中，《舊都文物略》是一部重要的著作。1933 年，北京已經處在日本人的覬覦之中，一時間，文化界有設北京爲不設防之文化城的動議。此時，袁良出任民國第四任北平市市長。袁氏留學日本，曾擔任北洋政府參議、國民政府外交部第二司司長，以及上海市公安局局長，擅長行政事務，同時，又懂得水利、農林，曾任全國水利局總裁和中央農業試驗場場長。他接手北京行政，繼承了前任市長朱啓鈐舉辦市政的優良作風，於市政建樹頗多。時人曾說他：「各重要建築，都已根據文獻，參用新科學方法，修復保護」。〔註 34〕1934 年，在袁良主持下，北平市開始制定文物整

〔註 33〕陳貽先：《清宮二年記》序，商務印書館，1937 年版，第 1 頁。

〔註 34〕銖庵：《北遊錄話》，載《宇宙風》1936 年第 19 期。

理計劃，並於 1935 年 1 月成立「舊都文物整理委員會」(簡稱「文整會」)。因北京已在日本人的虎視之下，袁良授意，由北平市秘書處組織人員，由湯用彬、陳聲聰、彭一卣編著，鍾少華點校《舊都文物略》。該書出版的目的，被認爲是「以北平爲五朝國都所在，文物繁複，欲使成爲遊覽區，一新世界耳目，以壓日人野心，頗事整修，並有斯著。」該書不僅大量摘錄了北京的方志、筆記、詩詞、史傳等，而且還附了數百幅照片，有稱「取材務期精審、敘述務極雅馴、考證務求翔實」。編著者之一湯用彬爲清末進士湯霖長子，湯用彤胞兄，還曾著有《燕塵拾遺》、《北洋軍志》等與北京有關的書籍。

與《舊都文物略》的編著背景相似，時任南京中央大學經濟系主任的朱偰，曾有南京史蹟考察的《金陵古跡圖考》、《建康蘭陵六朝陵墓圖考》等史地著作。1935 年 7 月，朱專門北上北平系統考察，計劃寫出《古都紀念集》七種，後完成三種，即《元大都宮殿圖考》、《明清兩代宮苑建制沿革圖考》、《北京宮闕圖說》。這幾種著作不同於一般的「舊京」之類的書籍，沒有沿襲舊聞，也不以抒發思古興亡之情，更不以閒談掌故求趣，而是嚴謹的科學考察報告。與《舊都文物略》相似之處還在於，朱偰的著作也附大量照片。這三種著作於 1936 年至 1938 年由商務印書館出版，2005 年由百花文藝出版社以「昔日京華」合編再版。

在史地類的著作中，瞿兌之的《北遊錄話》是一篇重要的文獻。文章署名銖庵，爲瞿兌之名號。瞿兌之出身書香，其父爲晚清軍機大臣、外務部尚書瞿鴻禨。由於瞿兌之長期擔任顧維鈞總理的秘書長、國史編纂處處長、印鑄局局長、河北省政府秘書長等職，出入於館閣，並參加了北洋時期的北京建設，熟於北京掌故。文章雖然在《宇宙風》1936 年第 19 期上發表，但與《宇宙風》「北平專號」中一般數百或上千字的文章相比，《北遊錄話》篇幅很長，達 3 萬 5 千字，幾乎是一本小冊子的分量。該文不同於一般的掌故講述。雖則語言通俗，但是比較接近於學術性、專業性的研究。比如，該文談到北京的居民構成，認爲：近代北京居民大致可分爲五類：一是滿清舊日皇室、親貴、旗丁、內監以及其他依附宮廷而生活者。二是晚清以至民初在京爲宦的士大夫。其中有些是世代簪纓，雖然可能籍隸外省，但久居北京，已成爲地道北京人。這一類人數較多，儘管在 20 年代末失去宦位，但仍是北京文化的中堅力量。三是民國以來依附軍閥的各色人物，以遼、津、保三籍人爲最多。他們在北京置產納福。四是民初以來，圍繞在學府、文化機關周圍的教授、學子，如北大、輔仁、清華、燕京諸校的師生。這是北京文化中最具有異質性的文化力量。這四種人的存在，使北平在失去政治中心地位後，仍爲中國第二大都市。第五種也是人數最多的，便是農工商賈等普通市民，以老北京市民爲主，也有若干從周邊農村遷入的農民。〔註 35〕從這個分類來看，北京居民多爲本籍，或因政治原因居留北京的北方籍，除了少數文化人外，其餘四種北京人都有明顯的傳統文化構成色彩與北方（特別是華北）地域文化血統，異質性不甚明顯。在談到近代北京的「禮俗社會」性質時，作者舉例說，北京之辦警政，「其艱難有百倍於上海」。北京的居民，「同他們講利害、講法律、講勢力、講道理，無一可通之路。而且警察作用是他們向來所未嘗習見習聞，警察禁令又無一不與他們的生活習慣相衝突」。但北京的社會安定又是上海等都市無法比擬的，原因乃在於，北京警政「能運用舊法子」。比如「北平街上有人打架，巡警走過來，兩面作和事佬，總是大事化小，小事化無，和平了結」。〔註 36〕瞿兌之另一掌故作品爲《故都聞見錄》，初發表於《申報》第 2 卷第 7 號至 12 號，共 34 則，多記北京建築、市場與風俗。除了其中 12 則被收入另一著作《杶廬所聞錄》外，未有單行本。瞿氏還有《北京歷史風土叢書》（北京廣雅書社出版，1925 年）、《北平建置談薈》、《北平史表長編》（國立北平研究院史學研究會，1934 年印行）等編著。

在史志類書刊方面，有大量的成果出現。自《光緒順天府志》之後，較長時間沒有修北京地方志。1928 年，國立北平研究院成立，設以吳稚暉、張繼等在內的常務委員會，決定開展《北平志》的修纂工作。圍繞史志的修纂，由瞿宣穎（瞿兌之）制訂《北平編纂通例》，並產生了《北平史表長編》、《北平金石目》、《北平風俗志》、《北平戲劇志》、《北平史蹟叢書》等系列成果。同時，《北平》（半月刊）於 1932 年 12 月出版，屬於第一個地方志類的期刊，共出兩刊。1938 年，日僞「北平市政府」設「北平市修志處」，以吳廷燮、夏仁虎、瞿兌之等人爲基幹，編修《北京市志稿》。該書分爲輿地、建置、民政、度支、文教、禮俗、宗教、貨殖、金石、藝文、職官、名跡等部分，規模宏大，凡 196 卷，400 萬字。但當時並未出版。

旅遊與指南類書籍在 30 年代開始大量出現，其背景是清末民初興起的旅遊活動。其中，國人所著指南類著作有 4 種。較早的是徐珂所著《實用北京

〔註 35〕銖庵：《北遊錄話》，載《宇宙風》1936 年第 19 期。
〔註 36〕銖庵：《北遊錄話》，載《宇宙風》1936 年第 19 期。

指南》（商務印書館，1919 年初版，1923 年再版），對於北京的地理、歷史、禮俗、交通、名勝、旅遊等有非常詳細的介紹。其中，實業類的機構介紹最多，達 188 頁，僅對羊肉鋪的介紹就有 2 頁之多。同時，也涉及了在北京的西方機構與生活，如東交民巷的各國使館、銀行、軍營與報館，但篇幅很少。此外還有金文華《北平旅遊指南》（中華書局，1933 年版）、齊家本《北京遊覽指南》（中華書局，1939 年版）。當然，在指南類著作中，最具聲譽的是由馬芷庠著、張恨水審定的《北京旅行指南》（1935 年初版）。該書僅第一次印刷萬冊在幾個月內就售完。至 1936 年，已出修訂第三版。此書的暢銷原因，按照張恨水的看法：「愚旅居舊都凡十五年，久苦於無此類稱意之書。」〔註 37〕而且，該書在出版之前，就有一千餘處付費訂購，以至不得不提前付印，其受歡迎程度可見一斑。不同於一般的北京旅行介紹，該書分爲名勝古跡、食住遊覽、旅行交通、工商物產、文化藝術、公共團體與社會公益七個部分。其對公共團體的介紹，明顯看出是這既是北京城市社會性增強的表徵，也是作者社會性意識的體現。特別是，爲了方便旅行，連旅行日程、鐵路時刻、航空價目，甚至還有西山、香山的轎驢價目都被列入。書中附有照片也是該書的一個特點。作者拍攝照片七百餘幅，選用 265 幅，按照作者的話來說；「已爲全國各導遊刊物中所僅見。」〔註 38〕

二、民俗類著作

對於北京民俗的研究與記述，在新文化之初得到了北京大學等學術機構的大力倡導，並在歌謠和北京妙峰山進香研究中取得巨大成果。1918 年 2 月 1 日，由北京大學教授劉半農在《北京大學日刊》上發表《北京大學征集全國近世歌謠簡章》，正式拉開了征集民謠的活動，並成立了有劉半農、錢玄同、沈尹默、沈兼士組成的北京大學歌謠征集處。5 月 22 日開始，在《北京大學日刊》開闢「歌謠選」。至 1919 年 5 月 22 日，一年的時間，刊載各地歌謠 148 首。此外，北京高等師範學校（今北師大前身）的《少年》也雜誌開始在 1921 年 3 月開始刊載民謠、歌謠、童話等。1920 年，北京《晨報》開辦「歌謠」專欄。1920 年 12 月，「歌謠征集處」擴展爲「北京大學歌謠研究會」。1922

〔註 37〕《張恨水先生原序》，《老北京旅行指南》，吉林出版集團，2008 年版，第 2 頁。

〔註 38〕《馬芷庠先生初版自序》，《老北京旅行指南》，吉林出版集團，2008 年版，第 1 頁。

年12月，北京大學創辦《歌謠周刊》。不到兩年，即征集到全國各地歌謠1100首。至1925年，《歌謠周刊》併入北京大學研究所《國學門周刊》。由於民俗學的倡導，當時計劃整理北京地區的民間語言文化，規劃中有常惠整理編纂的《北京歇後語》、《諺語選錄》、《北京歌謠》、《北京謎語》等著作。胡適還有論文《北京的平民文學》發表。此後，李薩雪如編纂的《北平歌謠集》、《北平歌謠續集》分別於1928年、1930年在北平明社出版部出版；張則之編譯的《漢英對照北平歌謠》（1932 年出版）；殷凱編著的《北京俚曲》，1927 年太平洋書店出版。畢樹棠、李素等人在30年代的《宇宙風》、《北平一顧》等書刊上，也發表《北京話裏的歇後語》、《北平的歌謠》等民俗文章。

民俗研究的另一重要成果是對北京西郊門頭溝地區的妙峰山進香研究。1925年4月，顧頡剛、容庚、孫伏園、容肇祖、莊嚴五人對妙峰山進行了五天的實地考察，並分頭撰寫考察報告，在5月13、23、29日，6月的6日、17日、27日的6期《京報副刊》中，以「妙峰山進香專號」欄目陸續發表。顧頡剛在「專號」的引言中，主張將民俗作爲學術研究的領域，而不是按照傳統士大夫的成見，將民俗視爲野蠻。顧頡剛的調查文章《妙峰山的香氣》，考證了妙峰山香會的歷史、組織與神仙崇拜。孫伏園的文章爲《朝山記瑣》。顧頡剛還爲奉寬著《妙峰山瑣記》作序，呼籲保護妙峰山進香習俗。之後，《民俗》雜誌曾闢「二閘與公主墳專號」，〔註39〕，也是對於北京民俗研究的成果。1933年和1937年，李家瑞出版了《北平俗曲略》和《北平民俗類徵》，搜集了自遼代至清代以來各類書刊的民俗資料，並分爲歲時、職業、婚喪、飲食、語言、衣飾、宴樂、遊樂、市肆、器用、祠祀、禁忌等13個類別，堪稱北京民俗的百科全書。對北京民俗的研究與資搶救，表明了新文化知識分子對於底層文化的重視與發現，這是「五四」啓蒙任務的一個方面。

在對北京民俗的記錄與編著中，夏仁虎、于非厂和金受申的著作非常重要。夏仁虎是近代著名的學者和官僚，清舉人，曾在刑部、郵傳部、農工商部任職，也曾任御史。民國後歷任北洋政府國會議員、財政總長、國務院秘書長。夏仁虎的《舊京瑣記》是記述北京的筆記類名著。該書記述同治、光緒朝以來到清朝末年的北京民俗，所記大多爲作者見聞，或者「多昔年朋談宴罷，篝燈所錄，時代不同，近甫次而成篇」，「其非見聞所及者，有昔賢

〔註39〕二閘爲京杭大運河支流通惠河中之一段，在近通州地區；公主墳在北京西郊。

之記錄在，寧闕焉。若徵引舊聞，不在此例。」〔註 40〕全書分爲十卷，分別爲「習尙」、「語言」、「朝流」、「宮闈」、「儀制」、「考試」、「時變」、「城廂」、「市肆」、「坊曲」。該書總體上屬於民俗類著作，雖然也有「宮闈」、「儀制」、「考試」等篇，但涉及的是國家制度中的小細節，並非政治內容。按照作者的話說，就是：「是編所記，特刺取瑣聞逸事，里巷俳談，爲茶餘酒後遣悶之助，間及時政朝流，亦取其無關宏旨者。」〔註 41〕夏仁虎是著名文人，文筆極佳。該書篇首有所撰四言駢文的引言，華麗之極。于非庵本是著名的工筆花鳥畫家。20 年代，他以「閒人」署名，在《晨報》發表記述北京民俗的文章。1928 年，由晨報出版部納入《都門釣魚記》、《都門藝蘭記》、《都門豢鴿記》三部著作出版，時稱「都門三記」。「三記」大致記述了北京民俗的種種知識，和自金元以來的北京人的休閒生活史料。比如，同是釣魚，分爲南北城兩派，習俗也不一樣：「在東南城者，用鉤既小，竿多敷漆，善用紅蟲」，而西北城則要駕舟、飲酒，甚至烹魚，見出內城之尊貴與南城的貧賤。周作人曾評價于非庵說：「于君在北京是以字畫和印出名的，但是在我的意見上最爲推重的乃是閒人的文章，因爲這個我還比較是知道一點，對於書畫實在是個外行。閒人的那些市井小品眞是有他的一功，鬆脆雋永，沒有人能及，說句俏皮話，頗有他家奕正之風，可以與《帝京景物略》的有些描寫競爽吧。」〔註 42〕另一位民俗大家是金受申，從 1935 年開始，在《華北日報》撰寫《北平歷史上遊賞地記略》與《北平剪影》。此外，系列性專欄文章還有，1937 年的《故都雜綴》發表於《新興報》，《北京通》（45 篇）發表於《正報》，《新京舊語》發表於《全民報》，等等。金受申最著名的民俗著作是 1938 年開始至 40 年代初爲每周一冊的《立言畫刊》撰寫的「北京通」專欄文章，陸續寫了 200 多篇，並擬出版單行本，並附插圖、照片等，後未實現。金受申的寫作材料，並不來自於典籍書刊，而是由北京居住的經驗而來，其所記述的北京生活，多爲前人未言。金受申的文字中有許多珍貴史料。葉祖孚先生曾談到其中《攢兒》一篇，記述了自元明以後的北京「人市」情況：勞動者常常手持瓦刀、鋸子、斧頭等工具，在茶館邊喝茶邊等待雇主。這在《析津志》和《宸垣識略》等略有提及，在解放初期的崇文門、前門外還可以

〔註 40〕夏仁虎：《舊京瑣記・發凡》，遼寧教育出版社，1998 年版，第 77 頁。
〔註 41〕夏仁虎：《舊京瑣記・發凡》，遼寧教育出版社，1998 年版，第 77 頁。
〔註 42〕周作人：《于非庵的筆記》，轉引自姜德明《都門三記》，《姜德明書話》，北京出版社，1998 年版。

見到。葉祖孚認爲這一篇文章是迄今爲止唯一一篇關於北京「人市」的材料。〔註43〕1989年，金受申在《立言畫報》上的「北京通」系列文字，被北京出版社整理爲「四季時令」、「婚喪禮俗」、「吃喝憶舊」、「消遣娛樂」、「舊京百業」、「下層剪影」等6個專題與37個題目，並以「老北京的生活」之名重新出版。

除上述兩位外，以寫北京掌故類名世的當時還有幾種。現擇其要者，略以述之。許指嚴著《十葉野聞》，又名《清秘史十葉野聞》。該書成於1919年至1920年間，爲作者在上海賣文爲生時所作。書中大量涉及有清一代的宮廷秘聞，特別是自咸豐以下諸帝的掌故。諸如多爾袞、孝莊太后、順治帝的關係，康熙帝諸子的爭權奪利，光緒帝與慈禧的鬥爭，袁世凱、慶親王的無恥等等。與此同時，還記述了與宮廷相關的俠士經歷。由於作者是小說家，其記事情節曲折，記人情態畢現。還有徐凌霄、徐一士兄弟的著述。徐氏兄弟出生於常州大族，其伯父是戊戌變法時的重要人物徐致靖。徐凌霄在1928年開始在上海《時報》連載長篇筆記小說《古城返照記》，大量記述清末民初北京官場、學府和藝術界的各種軼聞、掌故。自1929年至1937年，徐凌霄與徐一士在天津《國聞周報》合作開設「凌霄一士隨筆」，大力涉及北京民俗。還有李孟符的《春冰室野乘》。李爲清末工部員外郎、總理衙門章京。因頗得宮廷消息，常轉告張元濟主辦的《國聞報》。民國初，時有記述北京宮室掌故文章發佈於上海《新聞報》。李氏之《春冰室野乘》多記述晚清北京朝野秘史、文壇逸聞、風俗時尚，初發表於宣統年間《國風報》，後於1911年6月由廣智書局出版單行本，至1929年時由世界書局再版，先後再版6次。1932年，又以「關中叢書」之一種出版。此外，還有張次溪編輯《北京史蹟風土叢書》（中華風土學會刊行，1934年），李家瑞《編輯風俗類徵》（上海商務印書館，1937年版），等等。鑒於還有相當多的著作，屬於自刊本、手本、抄本，這裡不再一一列舉。

三、作家散文類作品

記述北京的作家散文類作品大致分爲兩個時期。其中，「五四」爲第一個時期。在「五四」啓蒙文學形態中，將中國的城市與鄉村都作爲了新文化的對立面，北京的城市形象往往是作爲愚昧落後的老中國出現的，因此常常被作爲了否定的對象。李大釗少量記述北京的散文如《新華門前的血淚》、《北

〔註43〕葉祖孚：《老北京的生活·序》，北京出版社，1989年版，第3頁。

京貧民生活的一瞥》、《黃昏時候的哭聲》等，要麼敘寫「幾十個貧苦的女兒孩子在那裡拿著小筐在灰塵裏滾，爭著撿個半塊的還未燒盡的煤渣」，要麼敘寫「沿街叫苦乞憐於闊綽人家的殘羹剩飯的呼號」。〔註44〕陳獨秀則乾脆給北京總結出「十大特色」，全爲惡習。〔註45〕魯迅在談到北京時經常使用「沙漠」一詞。在《有趣的消息》中，魯迅說：「活在沙漠似的北京城裏，枯燥當然是枯燥的，但偶然看看世態，除了百物昂貴之外，究竟還是五花八門，創造藝術的也有，製造流言的也有，肉麻的也有，有趣的也有……這大概就是北京之所以爲北京的緣故，也就是人們總還要奔湊聚集的緣故。」〔註46〕在魯迅筆下，北京還是「活埋庵」：「滿車的『祖傳』，『老例』。『國粹』等等，想來堆在道路上，將所有的人家完全活埋下去。」〔註47〕新文化先驅對於老中國的北京之憎惡可見一斑。因此，在「五四」早期，除了周作人、俞平伯等人，對於北京有好感的作家極少。

20年代中期以後和30年代初，隨著首都的南遷，文化中心也由北京轉移至上海。除了京派諸人，絕大多數作家多都寓居上海。上海發達的現代性，固然給新文化人帶來了事業的發展、居處的便利，但是內心的文化歸屬卻往往體現在他們對北京的情感之中，對北京的嚮往與懷戀漸至濃烈。同時，北京宮室禁地被辟爲公園，先後開放。1914 年，內務總長朱啓鈐提出開放城內外名勝，以期「與民同樂」。〔註48〕先有社稷壇、先農壇被辟爲中央公園、先農壇公園，此後，北海、頤和園、天壇、中南海也紛紛開放。1924 年，遜帝溥儀出宮，1925 年故宮全面開放。當時的《旅行雜誌》專門開闢了「北平七日遊」欄目。〔註49〕這些都引發了南方文人的北遊興致。作家施蟄存曾有自嘲：「三年前就說要逛一趟北平，到今天也還未治裝成行，給朋友們大大的笑話」，而只好「繞室旅行」，寫下了《繞室旅行記》。〔註50〕隨著北京皇家禁地的逐步開放，到北京旅遊成爲南方文人的時尚。1936年，在上海的《宇宙風》

〔註44〕李大釗：《北京貧民生活的一瞥》，《黃昏時候的哭聲》，載《新生活》1921年3月5日第46期。

〔註45〕陳獨秀：《北京十大特色》，《獨秀文存》卷二，亞東圖書館。

〔註46〕魯迅：《有趣的消息》，《魯迅全集》第3卷，第198頁。

〔註47〕魯迅：《通訊》，《魯迅全集》第3卷，第21頁。

〔註48〕《朱總長請開放京畿名勝》，載《申報》1914年6月2日。

〔註49〕《北平七日遊》，載《旅行雜誌》1931年第5卷第9期。

〔註50〕施蟄存：《繞室旅行記》，《施蟄存散文選集》，百花文藝出版社，1986年版，第105頁。

雜誌曾陸續推出「北平特輯」，共出 3 輯，分別載於第 17、18、19 號上，其作者大多數是南方文人，如郁達夫、許欽文、徐霞村、廢名、宋春舫、羅念生等。其中大部分文章，又由《宇宙風》編輯陶亢德編輯、發行，以《北平一顧》爲題結集，於 1936 年由上海宇宙風社出版。〔註 51〕同時，以北京爲題的散文集也有數種，大多也是這種情形下的創作。比如湖南人錢歌川於 1932 年赴京開會並遊覽，回到上海，便將北京遊歷寫成小品文章在《新中華》雜誌發表。1934 年又以《北平夜話》爲題在中華書局出版。浙江作家孫福熙曾由魯迅介紹，於 1919～1920 年在北京大學圖書館工作，隨後赴法留學並回滬杭工作。對於北京的眷戀，使他於 1925 年專程來京「重溫舊夢」，在北京居留 8 個月，寫下 36 篇散文，結集爲《北京乎》，在 1927 年由開明書店出版。此外還有東北淪陷區開明圖書公司於 1942 年編輯的周作人、老舍等著的散文選集《北京城》，黃裳編著《新北京》（1950 年出版）等。

概覽這一時期北京題材的散文，其內容大致可分爲：一、記錄北京政治。如「五四」時期陳獨秀的《六月三日的北京》、周作人《前門遇馬隊記》，抗戰前期老向的《危城瑣記》，蹇先艾的《城下》，齊同《十二・九前後》；淪陷後的李輝英《故都淪陷前後雜記》，曹靖華的《故都在烽煙裏》，冰心的《默廬試筆》，王西彥的《和平的古城》、《屈辱的旅程》；抗戰結束後有徐盈的《「籠城」聽降記》，朱自清的《回來雜記》等等。描寫北京宮殿與城池的有林語堂的《迷人的北平》，鄭振鐸的《北平》，盛成的《北平的天壇》，陸晶清的《再懷北平》；記述北京城市性格與民情的有周作人的《北平的好壞》，俞平伯的《陶然亭的雪》，石評梅的《雪夜》，老向《難認識的北平》，陳學昭《北海浴日》，葉靈鳳的《北遊漫筆》，謝冰瑩的《北平之戀》，唐弢的《帝城十日》，郁達夫《故都的秋》、《北平的四季》，張我軍的《秋在故都》、《當鋪頌》，許訏的《北平的風度》，朱湘的《胡同》；描寫北京民俗的有袁若霞的《天橋》，金容的《北平的土藥店》；也有討論北京中庸、保守性格的，如錢歌川的《飛霞妝》，梁實秋《北平的街道》，沈從文的《北平的印象和感想》，徐志摩的《〈死城〉——北京的一晚》等。當然也應包括魯迅對北京進行尖刻批評的《「京派」與「海派」》。

〔註 51〕1989 年，由梁國健編，重慶出版社出版的《故都北京社會相》，收入《宇宙風》文章 32 篇、《北平一顧》的文章 30 篇，兩者有交叉；又收《歌謠周刊》、《人間世》各 2 篇，《國訊》1 篇。

20、30 年代文人對於北京的記述，主要集中於北京的傳統城市空間。郁達夫曾經寫過《故都日記》，其中提到，他曾經去過的北京勝蹟有北京大學、天壇、景山、故宮博物院、北海、中央公園、琉璃廠、天橋、東安市場以及北京的各種飯店〔註 52〕，體現了當時知識分子筆下作爲田園的北京空間構成。在整個民國時期，出現在知識分子筆下的北京城市空間主要是天壇、北海、陶然亭、釣魚臺、盧溝橋、西山、松堂、圓明園、清華、八達嶺、長城、妙峰山、潭柘寺、先農壇、天橋、胡同等舊京場景。可見，文人眼中的北京並不是一般民俗的北京，而是由「帝都」轉型過來的公共園林景觀和富有文人氣息的文化之都。林語堂就認爲北京是「深具著偉大的帝王氣象」，「世界上寶石城之一」，「北平正像一個帝王的夢，有宮殿，花園，百尺林蔭地，藝術博物館，專修院，大學，醫院，寺廟，寶塔，街上陳列著藝術鋪和舊書店。」〔註 53〕更具有代表性的是吳伯簫的《話故都》，一任熱愛之情恣肆：「偉大的城闕，壯麗的宮院，一目無邊的豐饒的景色」，「坐鎮南城的天壇，那樣莊嚴，使你立在跟前，都不敢大聲說話」，「既樸素又華貴，既博雅又大方，包羅萬象，而萬象融而爲一；細大不捐，而鉅細悉得其當。」〔註 54〕當然，對於舊北京的描寫，也不乏脫開景物，直接表達感情的，但這種情感式的表現，同樣脫離不開北京上述空間性因素的支撐。

北京的人文景觀具有明顯的鄉村特性，接近文人的「田園」經驗。郁達夫當年就說過：北平是「具城市之外形，而又富有鄉村的景象之田園都市」〔註 55〕老北京人甚至在天晴的時候，站在大街上便能望得見西山與北山。所以老舍曾說：「北平在人爲之中顯示自然」，「北平的好處不在處處設備得完全，而在它處處有空，可以使人自由的喘氣；不在有好些美麗的建築，而在建築的四周都有空閒的地方，使它們成爲美景。」〔註 56〕疏闊的庭院與園林自然相融一體，也造成了北京人的雍容與悠閒，如唐弢說的：「走路的少，又慢，一個個悠閒自得，決不像上海人那樣『惶惶不可終日』」。〔註 57〕鄭振鐸

〔註 52〕郁達夫：《故都日記》，姜德明編《北京乎——現代作家筆下的北京》，三聯書店，2005 年版，第 268 頁。
〔註 53〕林語堂：《迷人的北平》，《語堂隨筆》，上海人間書屋，1941 年版。
〔註 54〕吳伯簫：《話故都》，載《華北日報·每周文藝》1934 年 3 月 6 日第 13 期。
〔註 55〕郁達夫：《住所的話》，載《文學》1935 年第 5 卷第 1 號。
〔註 56〕老舍：《想北平》，載《宇宙風》1936 年第 19 期。
〔註 57〕唐弢：《帝城十日》，載《萬象》1944 年第 4 卷，第 5 期。

也說，北京就像駱駝，「安穩、和平、一步步地隨著一聲聲叮叮噹當的大頸鈴向前走；不匆忙，不停頓，而那些大動物的眼裏，表現得是那麼和平而寬容，負重而忍辱的情緒，這便是北平生活的象徵。」〔註 58〕「採菊東籬下，悠然見南山」本是典型的鄉村景觀，而老舍先生將此句的「南」字改為「北」或「西」，竟也成為對北平都市景觀的絕佳描繪。應該說，北京的人文景觀尚未取代自然景觀。老舍說：「北平是個都城，而能有好多自己生產的花、菜、水果，這就使人更接近了自然。從它裏面說，它沒有像倫敦的那些成天冒煙的工廠；從外面說，它緊連著園林、菜圃與農村」，「我不能愛上海與天津；因為我心中有個北平。」〔註 59〕照老舍的話說：「我生在北平，那裡的人、事、風景、味道和賣酸梅湯、杏兒茶的吆喝的聲音，我全熟悉。一閉眼我的北平就完整的，像一張彩色鮮明的圖畫浮在我的心中，我敢放膽的描畫它。」〔註 60〕

由於北京城市的鄉村文化樣態，使許多作家於情感上感到一種親近，「在普遍的都市嫌惡中，把北京悄悄挑除在外」〔註 61〕。老舍就曾說：「假使讓我『家住巴黎』，我一定會和沒有家一樣的感到寂苦。」〔註 62〕在眾多作家心中，「家」的定義是由北京提供的。30 年代的文人曾一再談到北京「住家為宜」。所以，南方等地的文人也將北京視為自己的歸屬，甚至目為第二故鄉。郁達夫在遊歷北京之後曾說，一離開北京，便希望再去，「隱隱地對北京害起劇烈的懷鄉病來」，「這一種經歷，原是住過北京的人個個都有，而在我自己，卻感覺得格外濃，格外的切」〔註 63〕。久居滬上的洋場摩登文人葉靈鳳，也在上海的「十丈紅塵」之中，「渴望一見那沉睡中的故都」〔註 64〕。最典型的是周作人。周作人雖是南方人，但對北京卻情有獨鍾，「不佞住在北平已有二十個年頭了。其間曾經回紹興去三次，往日本去三次，時間不過一兩個月，又到過濟南一次，定縣一次，保定兩次，天津四次，通州三次，多則五六日，少或一天而已。因此北平於我確可以算是第二故鄉，與我很有些情

〔註 58〕鄭振鐸：《北平》，載《中學生》1934 年 12 月第 50 號。
〔註 59〕老舍：《想北平》，載《宇宙風》1936 年第 19 期。
〔註 60〕老舍：《三年寫作自述》，見《老舍論創作》，上海文藝出版社，1982 年版，第 109 頁。
〔註 61〕趙園：《北京，城與人》，上海人民出版社 1991 年版，第 7 頁。
〔註 62〕老舍：《想北平》，載《宇宙風》1936 年第 19 期。
〔註 63〕郁達夫：《北平的四季》，載《宇宙風》1936 年第 30 期。
〔註 64〕葉靈鳳：《北遊漫筆》，《靈鳳小品集》，現代書局，1933 年版，第 96 頁。

分」。從居住在北京開始的二十年間，周作人不過出去十數次而已，而且時間都不長，因爲他對北平確有情分。周作人曾尋找自己喜歡北京的原因：「……大約第一是氣候好吧。……第二，北平的人情也好，至少總可以說是大方……」。〔註65〕

雖然北京城一直是知識分子樂於表現的地方，但是，由於北京已是故都，到了30年代，已經相當破舊。由此而來的是，北京有了「廢都」形象。我們看看周作人的感受。他說：「從別一方面來說，也可以說這正是北平的落伍，沒有統制……」〔註66〕按周作人所說，他喜歡北京，除了氣候原因之外，還有的就是北京的所謂的「大氣」、「沒有統制」。在這個「大氣」背後，隱含的仍然是北京的「廢都」意味——只有被廢，才會沒有「統制」。這樣的北京，雖然仍有舊都的「大氣」，但是如同陶然亭一樣，總不免有些落寞。這一時期，知識分子對北京的感情中有許多的不平之氣。這當然是對國家政治的不滿，但作爲對具體的城市形態的表現，就是北京沒有「統制」的散漫無序，即北京作爲「廢都」給予人們的不良情感基礎。毋庸置疑，其中自然也包含了對北京文化、北京居民的批判。錢歌川說：北京「可以把一切新的東西，於無可奈何之中使之歸眞返璞，化爲舊的、古的。」章依萍也曾經說道：

> 北京，北京是一塊荒涼的沙漠：沒有山，沒有水，沒有花。灰塵滿目的街道上，只看見貧苦破爛的洋車，威武雄赳的汽車，以及光芒逼人的刺刀，鮮明整齊的軍衣在人們恐懼的眼前照耀。駱駝走得懶了，糞夫肩上的桶也裝得滿了，運煤的人的臉上也薰得不辨眉目了。我在這污穢襲人的不同狀態裏，看出我們古國四千年來的文明，這便是胡適之梁任公以至於甘蜇仙諸公所整理的國故。〔註67〕

與此相似的是徐志摩在《〈死城〉——北京的一晚》，作品借主人公廉楓夜遊北京，將北京指爲「死城」，前門「像一個骷髏」，「那外表的熱鬧正使人想起喪事人家的鼓吹」，「北京就是這死定了」。〔註68〕沈從文則認爲北京的閉塞停

〔註65〕周作人：《北平的好壞》，《北平一顧》，宇宙風社，1936年版。

〔註66〕周作人：《北平的好壞》，《北平一顧》，宇宙風社，1936年版。

〔註67〕章依萍：《春愁》，姜德明編《如夢令：名人筆下的舊京》，北京出版社，1997年版，第65頁。

〔註68〕徐志摩：《〈死城〉——北京的一晚》，《中國新文學大系（1917～1927）》，上海良友圖書公司，1936年版。

滯會妨礙文化的交流，難以持續性地成爲文化中心，說「城既那麼高，每個人家的牆壁照例又那麼厚，知識能否流駐交換，能否出城，不免令人懷疑。」〔註 69〕到 1930 年代，「文學中的北京」基本上已經是一種「邊疆敘事」了。恰如當時京派和海派對於北京的表現，是相對於發達的上海而言的。知識分子對於北京的感受，可以從林庚的一段話中看出來。林庚曾說：

> 所說北平的城市，並非即指北平今日的人，今昔人之不同千百年來已有很大的劃分了。也正是因此地人工所該做的前人已做得太好，這些今日的人，雖仍所受的陶冶與江南不同，且時時因前人偉大的遺跡而得著雄厚深遠的啓示，但如今剩下的似只有那若近消極的沉著的風度，卻不見那追上前去的勇敢了！久住在江南的人若初來北平，必仍有一種胸襟開闊的感覺，那是純由於前人歷史上的痕跡是太足驚歎而動心了。而久住北平的人呢，卻是受了百年來旗人懶惰的習氣；五四以來似有希望的一點朝氣，又被壓迫得只可閉門讀書；因此如今的北平似更深沉，卻只是一種的風度了！九一八以來，市面經濟的不景氣，使得北平故都的身份全然失去！漸來的是邊疆之感了！〔註 70〕。

至 1949 年後，記述北京的散文逐漸減少。雖然仍有顧頡剛、沈從文、葉君健、鍾敬文、吳祖光、張友鸞、張恨水等名家仍有作品出現，但大多爲奉命之作，且都發表在《旅行家》、《旅遊》、《旅遊天地》、《北京日報》、《文物》、《北京文藝》等旅遊報刊和官方報刊上，個人性色彩減弱，成爲一種國家的集體性表述了。

第三節　近代外國人的北京記述

一、對庚子年戰爭的記述

西人所著有關北京的書籍，包括了歷史、地理、民俗、旅遊與各種生活指南類的著作。首先是記述近代以來北京重大歷史事件的著作，其中以記述庚子年的戰亂爲主。在報紙專欄文章方面，以澳大利亞記者莫里循最爲詳盡。莫理循是《泰晤士報》的特派通訊記者，同時也是英國的中國事務專家。他

〔註 69〕沈從文：《北平的印象和感想》，《沈從文文集》第 10 卷。
〔註 70〕林庚：《四大城市》，載《論語》1934 年第 49 期。

不僅長於新聞輿論的製造，還影響了英國的對華政策。在使館被義和團圍困時，他向英國發出求救電報，還向《泰晤士報》寄發了約三萬多字的報導，被認爲是英國派兵中國的重要因素。其他的西方記者還有英國「中央通訊社」的斯科特・克里斯頓、《紐約先驅報》的托馬斯・密勒、英國《每日電訊報》的狄龍、日本《朝日新聞》的評論員西村天囚、俄國《新邊疆報》〔註 71〕的阿爾捷米耶夫等。這批記者多數隨戰事進程，從天津到了北京。由於這些記者多數隨軍，因此記述較爲眞切。其中，俄國《新邊疆報》的德米特里・揚契維茨基還曾隨俄國軍隊一起衝鋒。在北京，他兩次隨隊爲俄軍探路，還作爲先遣部隊的嚮導參加了攻打北京的戰鬥。他的報導多是在戰地完成。按照他自己的說法：「有時在高粱地或者玉米地裏，有時在房子裏、雙輪馬車上、樹墩上、柳蔭樹下。最愉快的是在廟裏，在那些偶像、供具和香燭中間寫。」〔註 72〕在書籍方面，J・O・P・布蘭德和 E・伯克豪斯著有《女皇治下的中國》（*China under the Empress Dowager*，林語堂譯名，另一譯名《慈禧外記》），1901 年出版，主要記述了北京義和團運動的情況；上述兩人著的 *The Annals and Memoirs of Court of Peking*，林語堂的譯名爲《北京宮廷年鑒與回憶》）將記述範圍擴大到了明末和 20 世紀初，記述主要根據的是中文資料，1914 年出版。其他記述這一時期北京政治，並主要以 1900 年庚子之亂以及慈禧太后、光緒皇帝的關係爲題材的，還有伊薩克・泰勒・海德蘭著的《中國宮廷生活》（*Court Life in China*），1909 年出版。此外還有美國傳教士羅伯特・科爾特曼《北京被圍記》。科爾特曼曾在北京同文館任生理課教師，還在京師大學堂授課，曾目睹了北京的戰亂。

在此類著作中，英國人普特蘭・威爾的《來自北京的唐突信簡》（*Indiscreet letters From Peking*，此爲林語堂譯名，一般中譯爲《庚子使館被圍記》），主要記述八國聯軍進入北京之後的個人見聞，具有高度的寫實性，被美國漢學家阿靈頓稱爲在記述庚子年北京的著作中「可能是最浪漫、最生動的」。〔註 73〕德國元帥瓦德西的《瓦德西拳亂筆記》也是一部特殊的著作。由於瓦德西作爲八國聯軍的統帥，其記述不僅來自於眞切的實感，而且也相對公允。

〔註 71〕《新邊疆報》1899 年創辦於旅順，初爲周三報。1905 年遷往哈爾濱，改爲日報。

〔註 72〕揚契維茨基：《八國聯軍目擊記》，福建人民出版社，1983 年版，第 260 頁。

〔註 73〕劉易斯・查爾斯・阿靈頓：《古都舊景——65 年前外國人眼中的老北京》，經濟科學出版社，1999 年版，第 14 頁。

在北京遭到佔領之後，他看到的北京滿目狼藉：「此處表現出一種昔日莊嚴偉大之態，但亦久已趨於頹廢凋殘。」〔註 74〕而對八國聯軍佔領後的北京記述最爲直接的，應該是法國作家比埃爾・洛蒂。洛蒂是法蘭西學院的院士，擔任海軍文官 42 年，曾有東方題材的小說《菊花夫人》（後被改編爲《蝴蝶夫人》）。他奉法軍水師提督的指令，乘坐羅督大卜號艦艇，以隨軍軍官的身份於 1900 年 10 月 18 日進入北京。第二年，又重返北京。他以旅行隨筆的手法，記述見聞和感想，陸續寄給《費加羅報》，總字數約在 10 萬字以上。後以《在北京最後的日子》（*Les Derniers Joursde Pekin*）爲名出版。這本書曾由李金髮翻譯，書名即爲「北京末日」）。這是一部很罕見的作品。其中最使人驚奇的是，作者自敘其曾來到皇宮，看到了宮室逃亡時的狼藉景象：皇帝繡花龍被被丟在地上，士兵們在象牙、刺繡、珍珠上踐踏。甚至，他還在宮中穿起皇帝的袍子，在龍床上打滾，還偷得隆裕皇后的紅緞子鞋，甚至抽鴉片煙。在他筆下，北京「在陰暗的天空下，又是那般憂鬱、充滿敵意和令人不安。」〔註 75〕對於佔領者的身份，洛蒂有時也有些許的反思：「我們出現在這裡，舉止粗俗、滿身灰塵，疲憊沮喪，肮髒不堪，貌如未開化的野蠻人，無異於置身仙境的僭越者。」〔註 76〕總體說來，比埃爾・洛蒂視北京爲博物館中的標本，在次年來到北京時，曾爲北京出現了鐵路感到沮喪，認爲是野蠻的西方人「幹了這樣一件褻瀆聖物的事情——他們炸毀了城牆，令這顛覆性的機器長驅直入。」〔註 77〕也因此，洛蒂將他來到北京稱之爲「最後的日子」。從寫作技法上來說，這本書也相當奇特。雖然整體構架是記述性的，屬於紀實作品，但其中又有大量的文學性的描寫，具有小說的意味。同時，文字之華麗，顯然已經超過了記述性質，而成爲以文學爲主體的描寫。按照西方新聞學的學者的說法：對八國聯軍進攻北京的記述的作者，「既是記錄者又是輔導教師，既是教師又是嚮導，既是外交家又是冒險家，甚至在某些場合是——戰士」，〔註 78〕這些由隨軍文人的記述，往往文體不一，寫法多樣，也並非嚴格意義上的新聞報導。

〔註 74〕瓦德西：《瓦德西拳亂筆記》，上海書店出版社，2000 年版，第 45 頁。
〔註 75〕比埃爾・洛蒂：《在北京最後的日子》，上海書店出版社，2006 年版，第 71 頁。
〔註 76〕比埃爾・洛蒂：《在北京最後的日子》，上海書店出版社，2006 年版，第 75 頁。
〔註 77〕比埃爾・洛蒂：《在北京最後的日子》，上海書店出版社，2006 年版，第 177 頁。
〔註 78〕約翰・霍恩伯格：《西方新聞界的競爭》，新華出版社，1985 年版，第 164 頁。

二、西人的史地類著作

史地類的著作更多。阿奇伯爾德·立德夫人是英國在華巨商立德的夫人，在中國生活 20 餘年，著有《穿藍色長袍的國度》和《我的北京花園》（*Round about My Peking Garden*），分別於 1901 年和 1905 年出版。朱麗葉·布萊頓與伊格·米托伐諾夫著有《農曆年》（*The Moon Year*），1927 年在凱利和瓦爾施出版社出版；朱麗葉·布萊頓寫於 1935 年的《北京》（*Peking*）主要記述北京的名勝與建築。該書在短短時間裏三次重印，被林語堂稱之爲：「堪稱是關於這一古都的英語書籍中的典範作品」，〔註 79〕「當之無愧地被認爲是關於北京的最全面的著作」。〔註 80〕奧斯瓦爾德·喜仁龍的名著《北京的城牆與城門》（*The Walls and Gates of Peking*）1924 年出版，另有《北京的皇宮》（*The Imperial Palaces of Peking*）三卷，1926 年出版。美國漢學家 L·C·阿靈頓曾長期在中國海關、郵政工作，甚至於退休後還定居北京。1931 年，曾在英文報紙《北京導報》上連續發表《北京的胡同》。1933 年，他與威廉·路易森合著《尋找老北京》（*In Search of Old Peking*，林語堂譯爲「老北京探尋」，中譯本譯爲「古都舊景——65 年前外國人眼中的老北京」）由亨利·威西出版社出版。該書還將 1935 年前關於北京的西文著作作爲附錄，爲以後的北京研究提供了方便。此外還有阿爾封斯·伐維爾的法語著作《北京歷史描述》，1897 年首先由北京北堂印行，此後再次於 1900 年出版。由德克·波迪所著《北京的日常與年節習俗》（*Annal Customs and Festival in Peking*）1936 年北京出版。莊士敦的《紫禁城的黃昏》（*Twilight in the Forbidden City*），1934 年倫敦出版；唐納德·門尼（Donald Mennie）的 *The Pageant of Peking*（《北京之盛觀》）1920 年在上海出版；悉尼·甘博（Sidney D. Gamble）著的《北京社會調查》（*Peking: A Social Survey*），1921 年在紐約出版；海因茨·馮·佩克哈默爾（Heinz V Perckhammer）的《北京》（*Peking*），1928 年在柏林出版。約翰·伯傑斯（John S. Burgess）著有《北京的會館》（*The Guilds of Peking*），哥倫比亞大學出版社 1928 年版。還應當指出的是，英國毛姆在 1919 年來中國遊歷，從 1912 年開始發表中國題材的作品，其散文被收入散文集《在中國屏風上》（*On A Chinese Screen*），於 1924 年出版。英國哲學家羅素於 1920 年來中國，擔任北京大學客座教授，其《中國問題》中相當篇幅涉及北京。

〔註 79〕林語堂：《輝煌的北京》，陝西師範大學出版社，2003 年版，第 338 頁。
〔註 80〕林語堂：《輝煌的北京》，陝西師範大學出版社，2003 年版，第 150 頁。

在史地類的作品中，對於北京這個古老帝國首都的讚美是西人著作的主流。立德夫人在《穿藍色長袍的國度》中說：「在所有我到過的地方中，北京是最奇妙的。」〔註81〕對於北京嚴格的空間建制，立德夫人尤爲敬畏：「事實上，如果北京是像它規劃的那樣——或許它曾經就是那樣——我想不出有比北京最雄偉的城市。北京城的總體規劃規模宏大，特別是站在鐘樓往鼓樓或站在鼓樓往鐘樓看，其透視和比例的安排極佳，既有距離感又注重細節。」從建築上說，立德夫人甚至於認爲，比之紫禁城，巴黎的杜樂麗宮（通譯「土伊勒里宮」）和倫敦的聖詹姆斯宮都顯得「太逼仄」，甚至於就是「玩具」，「唯一能夠與之相比的只有羅馬的聖彼得大教堂」。〔註82〕阿靈頓則認爲北京是一個藝術之都，「是最有能力、最有文化、最具藝術鑒賞力的地方……即使在今天，在失去了昔日輝煌的她仍充滿了浪漫傳說，是世界藝術的朝聖地，對旅遊者來說即使不是遠東，至少也是中國最具魅力的地方。」〔註 83〕朱麗葉·布萊頓的《北京》一書文字極爲優美，不妨引述一段林語堂的譯文：

> 分析北海這塊被人遺忘的角落的迷人之處……是不可能的。這魅力是一種應仔細品嘗的味道，是一股沁人心脾的香氣，是我們眼中的色彩，倒映湖中的柳；是灰色的石堤，如同沿湖岸扭動的巨龍。這魅力存在於南飛的鴨群中，存在於風吹動的青草中。那青草愛撫著破舊的漢白玉石欄，一如鮮嫩的灌木在金色屋頂中伸展。它們還存於藍藍的水中琉璃瓦的倒影，存在於被淡紫色的通道略微染成紫色的烏鴉翅膀上，存在於黃昏站立在岩石上的挺拔的蒼鷲，蒼鷲們像立在基座上的銅像一樣，凝然不動，也存在於對於惆悵地凝視著我們的歷史的思憶中，存在於輕柔地融入塵埃的今日之憂傷中。〔註 84〕

與東方人對於帝都的讚美形成比照的是，西人著作中對北京的盛讚，也有著明顯的「東方主義」的意味，很難擺脫殖民主義的敘事主體。恰如魯迅所說：「外國人中，不知道而讚頌者，是可恕的；佔了高位，養尊處憂，因此受了蠱惑，昧卻靈性而讚歎者，也還可恕的。可是還有兩種，其一是以中國

〔註 81〕立德夫人：《穿藍色長袍的國度》，時事出版社，1998 年版，第 1 頁。

〔註 82〕立德夫人：《我的北京花園》，北京圖書館出版社，2004 年版，第 48 頁。

〔註 83〕阿靈頓：《古都舊影——65 年前外國人眼中的老北京》，經濟科學出版社，1999 年版。

〔註 84〕林語堂：《輝煌的北京》，陝西師範大學出版社，2003 年版，第 150 頁。

人爲劣種，只配照原來模樣，因而故意稱讚中國的舊物。其一是願世間人各不相同以增自己旅行的興趣，到中國看辮子，到日本看木屐，到高麗看笠子，倘若服飾一樣，便索然無味了，因而來反對亞洲的歐化。」〔註 85〕首先是，在西人眼中，比之歐洲城市，北京顯示出其落後、保守的一面。連讚美過北京的立德夫人在其《穿藍色長袍的國度》中也說北京仍是一個「更野蠻的時代」，「北京城留給我們的只有深深的遺憾：構思完美、規模宏大的北京城竟會如此破舊。」〔註 86〕而對於更多的西方人士來說，北京的保守、停滯，那些由黃包車、駱駝、長袍與低矮的四合院組成的，是一個中世紀的城市，恰恰印證著歐洲的「現代」。

在史地類的作品中，有些屬於對北京城市考古學、地理學等的專業性研究。比如對北京城牆長度的測量。據林語堂的描述，馬可波羅認爲元大都城牆的周長是 24 英里，奧斯伍爾德．喜仁龍和埃米爾．布萊奇奈德均認爲這個數字不確。奧斯伍爾德．喜仁龍「幾乎是一碼一碼地研究了城牆構造。」〔註 87〕他認爲大都城牆周長不會超過 50 華里，後者經過測量，在其《北京研究》中得出的結論是大都城牆周長是 50 華里。對於明城牆周長的看法，《明史》中對北京內城城牆長度的記載是 28 華里，而在阿爾封斯．比爾利．伐維爾《北京的歷史描述》（法國 1900 年出版）中提到，1874 年，由兩位法國軍官弗萊利斯和拉比德的測量，北京內城周長應爲 41.26 華里。這一結論後來被奧斯伍爾德．喜仁龍所證實。另外，西人還提供了北京的科學的地圖。朱麗葉．布萊頓的《北京》，阿靈頓與路易遜的《老北京探故》與 M．法博的法語著作《北京》（1937 年出版）都出示了詳盡的地圖，並指出了不同時期北京城的位置。

還有一種著作較爲特別，即「北京指南」類的書籍。20 世紀初以來，已經有了幾個版本，其中教主要的有阿奇伯爾德．里德夫人的《北京指南》（*Guide to Peking*），1904 年由 Tientsin Press 刊行；Emil Sigmund Fischer（斐士）的 *Guide to Peking and Its Environs*，（一譯《京師地志指南》，1909 年由 Tientsin Press 出版）、Isaac Taylor Headland（何德蘭）的 *A Tourist's Guide to Peking*（一譯《北京旅遊指南》，1907 年出版）、Thomas Cook（庫克）的 *Peking*

〔註 85〕魯迅：《燈下漫筆》，載《莽原》周刊 1925 年 5 月 1 日第 2 期、22 日第 5 期。
〔註 86〕立德夫人：《穿藍色長袍的國度》，時事出版社，1998 年，第 5、6 頁。
〔註 87〕林語堂：《輝煌的北京》，陝西師大出版社，2003 年版，第 310 頁。

and Overland Route（一譯《北京和陸地路線》，1917 年在上海出版。上述著作均未有中譯本）等。與中國人的「北京指南」一類的書籍不同，西人的「北京指南」用了許多篇幅介紹北京的名勝，但對於中國人的生活介紹很少。相比之下，對於在京的西人生活設施卻介紹非常完備，涉及教堂、醫院、郵局、飯店、報刊、俱樂部、學校等，也有西人較多任職的機構，如總稅務公署、總郵政司、郵政局、電報局、匯豐銀行、德華銀行、東方匯理銀行、華俄道勝銀行、橫濱正金銀行等，還有專門爲西人服務的機構與設施。僅在墓地的介紹中，就有英國墓地、法國墓地、俄國墓地、葡萄牙墓地、國際墓地等等。其他的還有爲方便西人旅行與生活的匯率、交通、氣象等知識。

在史地類著作中，穿插圖片、繪畫作品是一種常見情形。《北京的城牆與城門》書中有 109 幅照片和 50 種繪畫作品，《老北京探故》也插入了許多城市平面圖和版畫。朱麗葉・布萊頓的《北京》也附有許多照片。在北京大學有五年任教經歷的英國人燕瑞博著有《北京生活見聞》，用了 100 多幅照片記錄北京各種中低層生活。在赫伯特・懷特著的介紹類著作《美麗的北京》（*Peking the Beautiful*，1927 年上海商務印書館出版），也有大量的旅遊照片。最具代表性的是德國女攝影家赫達・莫里遜的著述。莫里遜於 1933～1946 年間作爲攝影家在北京工作，住在南長街，她拍下來大量照片。直到 1946 年，由於國共內戰爆發才離開北京。莫里遜著有《老北京的攝影師》（*A Photographer in Old Peking*），1985 年由牛津大學出版社出版，中譯本名爲《洋鏡頭中的老北京》。雖然此書出版較晚，但由於其所攝照片多爲 30、40 年代，同時又作爲了美國作家喬治・凱提斯的《豐腴時代：北京 1933～1940》（*The Years That Were Fat, Peking, 1933～1940*）中的插圖。

三、文學與其他

西人著作中還有一類是虛構的敘事作品，其中最著名的是法國作家謝閣蘭的《勒內・萊斯》。不同於比埃爾・洛蒂的《在北京最後的日子》，這些作品是不折不扣的小說。謝閣蘭於 1909 年來到北京，先後任法國駐北京的公使館翻譯、醫生、考古領隊等職，曾隨法國公使館使團在紫禁城覲見皇帝溥儀。1914 年，謝閣蘭離開中國。此後，謝閣蘭於 1917 年再次來到中國，直到 1919 年離開。謝閣蘭對於北京極爲迷戀，曾將北京叫做「我的城」，將其居住的院落叫做「我的宮殿」，還以「我的瓷器室」命名他的書房。謝閣蘭對於北京宮室有著極大的寫作興趣。1912 年，他寫了以光緒皇帝爲原型的小說《天子》，但未完成。1913 年，謝閣蘭開始創作另一部關於宮廷的小說《神秘御園》，後改名爲《勒內・萊斯》，於 1923 年出版。這是一部長篇日記體小說，也是一部幻想小說，敘述了一位名叫勒內・萊斯的法國、比利時混血兒，精通漢語，在北京的貴族學校任教。他可以自由出入紫禁城，擔任宮廷秘密警察的首領，並多次參與了宮廷的政治，還知道光緒帝死時的悲慘情形。甚至在汪精衛、黃復生策劃銀錠橋行刺攝政王載灃的行動中，救了載灃的命，並謀劃袁世凱去南方鎮壓革命黨。萊斯最後被神秘地被謀殺。在小說中，東方的神秘是其主題，這也是殖民文學最常見的形態。在作品中，敘述者面對紫禁城：「一次又一次地圍著它環行，兜著它打轉，設法考察出它的精確的輪廓，如同太陽一般沿著城牆根，由東，而南，而西，倘若可能的話，從北面返回。〔註 88〕」最有意思的是，在《勒內・萊斯》中，作者依循著殖民文學的模式，將現代歐洲與中世紀中國的宗主國與殖民地的關係處理爲男女的關係模式，居然設計了勒內與隆裕皇后的情人關係。甚至於，爲了增加東方異域的神秘性，謝閣蘭還想像北京有一座巨大的地下城：

> 北京並不是像人們可以相信的那樣，是一塊忠誠與奸詐的角逐在其地皮表面進行的棋盤圖形：北京存在著一座地下城，這地下城自有它的城堡，角樓，拐彎抹角之所，毗連鄰接之處，也自有它的威脅，它的比水井更可怕的「水平走向的井」。〔註 89〕

這一典型的想像式的北京敘述，不管是來自於歐洲人的歐洲中心論的殖民心態，還是將東方歸之於「神秘」，顯然都來自於東方主義者「認識的極限」，如學者謝瑛所說：「對中國的當下與未來全無興趣，他惟一的關注，便是如何保存中國的過去。」〔註 90〕中國學者郭宏安也說：「紫禁城的宮牆遮斷了他的目光，金水橋下的護城河擋住了他的腳步，宮廷的內部成了秘密的秘密，『認識的極限』。這是一種象徵，象徵著可見可觸的物質世界，也象徵著他的內心世界，而這殘陽夕照中的古老帝國也就成了他思考現實與想像

〔註 88〕謝閣蘭：《勒內・萊斯》，三聯書店，1991 年版，第 28～29 頁。

〔註 89〕謝閣蘭：《勒內・萊斯》，三聯書店，1991 年版，第 195 頁。

〔註 90〕轉引自宋偉傑：《既「遠」且「近」的目光——林語堂、德齡公主、謝閣蘭的北京敘事》，《北京：都市想像與文化記憶》，北京大學出版社，2005 年版，第 524 頁。

之關係的廣闊天地了。」〔註 91〕有時，其「歐洲中心論」的心態過於強烈，以至於將中國看作是歐洲的玩偶。比如，他將袁世凱看作是「歐洲人的一個發明」，「充其量不過是一個傀儡。」〔註 92〕所以，當萊斯面臨困境時，敘述者評價他說：「這是眞的；他是歐洲人：這不但說明一切，而且挽救一切。」〔註 93〕

此外，德國作家伊瑟・朗格納於 1933 年到北京，並於 1937 年出版長篇小說《紫禁城》。該書敘述了一位從晚清時候來到北京傳教的傳教士尼古勞斯・拉施法，在北京旅居了 52 年，從傳教轉向救助北京的平民，被譽爲「聖人」。該書在第三帝國時期一直被禁，直到戰後才公開發行。另一位德語作家弗里施於 1944 年出版中篇小說《彬，又題：北京之旅》，敘述一個士兵吉廉，在大戰之前來到北京，並改名「彬」，愛上了中國女郎瑪雅。德語作品中，還有卡夫卡的小說《中國長城建造時》，也以北京爲背景。此外，英語作品有英國作家毛姆的戲劇《蘇伊士之東》（*East of Suez*），1922 年出版；安・布里奇的小說《北京郊遊》，1932 年出版；莫里斯・科林斯的《大內》（*The Great Within*），1912 年出版；哈羅德・阿克頓的小說《牡丹與馬駒》（*Peonies and Ponies*），1941 年出版，等等。

在文學類中，值得一提的還有西人所收集的「北京歌謠」類的著作。1896 年，意大利外交官 Baron Guido Vitale（中譯威達雷）出版《北京的歌謠》（*Pekinese Rhymes*），收集編錄有中英文對照的北京歌謠 170 首，由北京北堂刊行。這是中外學術界最早編纂的北京歌謠書籍。胡適曾在《讀書雜志》中選編了威達雷的歌謠，研究北京歌謠的專家常惠還翻譯了威達雷《北京歌謠》的序言，並對他進行了評論。何德蘭（Isaac Taylor Headland）於 1900 年在紐約 Fleming H. Revell 出版《中國歌謠集》（*Chinese Mother Goose Rhymes*）共收集中國民謠 138 首，其中北京歌謠也佔了相當篇幅。1932 年，北京一所大學的外籍教師 Kinchen Johnson 編纂《北平歌謠》（*Peiping Rhymes*），收集北京歌謠 214 首，在 1932 年以中英文對照的形式在北京商務印書館出版。

〔註 91〕郭宏安：《評〈勒内・萊斯〉：中譯本代序》，《勒内・萊斯》，三聯書店，1991 年版，第 4 頁。

〔註 92〕謝閣蘭：《勒内・萊斯》，三聯書店，1991 年版，第 93 頁。

〔註 93〕謝閣蘭：《勒内・萊斯》，三聯書店，1991 年版，第 187 頁。

四、日本人的北京遊記

日本人的北京記述也相當多。屬於史地類的有阿部似二著《北京》（東京新潮社，1941 年版）、村上知行著《北京的歷史》（東京大阪屋號，1941 年版）、佐藤清太著《北京——轉變的古都》（目黑書店，1942 年版）、岡本正文編譯《北京紀聞》（東京文求堂書店，1904 年鉛印本）、中野江漢著《北京繁昌記》（王朝祐譯，北京醒中印刷社，1922 年鉛印本）。1904 年，日本駐屯軍甚至還邀集漢學家編纂了《北京志》，由日本漢學家、帝國大學教授，時任北京大學教習的由服部宇之吉通稿，1908 年由東京博文館出版。全書 39 章，40 餘萬字，主要記述晚清以來的北京各方面情況，並附有幾十幅照片。

日本人的北京記述還有一大類，即北京遊記。大正年間，從日本前往中國大陸的旅行線被固定下來。從 1919 年開始，日本鐵道院以原來的英文東亞指南書爲基礎，出版日文的《朝鮮、滿洲、中國指南》。當時，日本政府還發售了「日中周遊券」，並規定了兩種中國遊歷線路。〔註 94〕隨之，日本文人來中國遂成風尚。芥川龍之介在 1921 年以大阪《每日新聞》海外觀察員員的身份到中國，從 3 月到 7 月，遊歷了上海、杭州、漢口、洛陽等地，然後來到北京。在北京，他住在八寶樓胡同的《每日新聞》北京分社。芥川龍之介穿著中式服裝，在一個月裏整日流連於雍和宮、什刹海、琉璃廠、北海、天壇、萬壽山、白雲觀等地。回國後，他按照在中國訪問城市的順序撰寫旅行記，分別爲《上海遊記》、《江南遊記》、《長江遊記》，發表在《大阪每日》（1921 年 8～9 月，1922 年 1～2 月）、《女性》（1924 年 9 月）等刊，其中的北京遊歷部分名曰《北京日記抄》發表在 1925 年 6 月的《改造》雜誌上，並在 1925 年 11 月結集爲《支那遊記》（《中國遊記》），在改造社出版。由於在芥川龍之介的行程中，北京相對較晚，在他回國後的遊記中，北京的記述也是最後的文字，更因爲身體原因，對北京的記述相對簡略，只用了兩天時間完成，《北京日記抄》也多是採訪的記錄。但考慮到其對倒數第二站天津的記述根本沒有，或者只有明信片上的簡略文字，因此對北京的記述還算是多的。次年 5 月，中國學者夏丏尊就以《芥川龍之介氏的中國觀》爲名，介紹他在中國的遊歷，在《小說月報》第 17 卷第 4 號發表。1927 年，夏丏尊將《支那遊記》收錄在《芥川龍之介集》中，由開明書店出版。另一作家谷崎潤一郎也曾手

〔註 94〕參見劉建輝：《魔都上海——日本知識人的「近代」體驗》，上海古籍出版社，2003 年版。

持鐵道院的「導遊書」，經由朝鮮，於 1918 年來北京，曾發表《憶東京》、《都市情景》、《戀愛與色情》等文章。在更年輕的作家中，吉川幸次郎於 1928 年來北京大學留學三年，直到 1931 年離開，回國後寫下《中國印象追記》。此外，涉及北京的日本人中國遊記還有股野豚 1908 年遊歷中國的《葦杭遊記》，《大阪朝日新聞》的記者內滕湖南記述 1899 年來中國遊歷的《燕山楚水》（1900 年），學者小林愛雄記述 1908 年來中國訪問的《中國印象記》，等等。其中，內藤湖南由於是漢學家，在對北京的遊記中還敘述了自遼金以來的北京城市沿革，並大量引述了中國古代典籍，

對於北京的讚美是日本人中國遊記的主導方面。內藤湖南雖早就耳聞北京之壯麗，但一見之下，仍不免驚歎。他說：「余觀京城，若其規模，則居然乎大國首都也，若得繕治之宜，其壯觀比之泰西諸國首都亦不必相讓。」〔註 95〕芥川龍之介在到達北京的第三天，在給友人的信中就說：「來北京甫三日，即迷戀於北京矣！雖不能住在東京而旅居北京，乃余之夙願，昨夜，觀劇於三慶園，歸途過前門，上弦月高懸，其景色難以形容。與壯大的北京相比，上海如同一蠻市。」〔註 96〕在其《雜信一束》中記述了在其中國旅行的最後一站天津時與友人的一次談話，還是表明了對北京的熱愛：

> 我：「走在如此西洋風格的大街上，也不知爲什麼，我特別感到一種鄉愁。」
>
> 西村：「你還只有一個孩子嗎？」
>
> 我：「不，我可不是想回日本，而是想回北京啊。」

芥川龍之介對天津的印象不佳，其中還是有愛戀北京這個純正東方城市的原因。他在離開天津前，接受了日報記者的採訪，對北京評價說：

> 從南方來到北支那一看，我的眼界大開，所見之物都是大支那，那種在無言之中都好像在向你說明這就是數千年前就已文明了的支那的感覺，那確實是一股使人震撼的雄大的感覺。我想將來去統一這大支那的都城一定還會是這北支那。
>
> 我在從南到北巡迴旅行支那的過程中沒有一個地方像北京這樣使我喜歡的。正因如此在這裡滯留了一個月之久實是讓人心情愉快

〔註 95〕內藤湖南、青木正兒：《兩個日本漢學家的中國遊記》，光明日報出版社，2002 年版，第 34 頁。

〔註 96〕竹中憲一：《北京歷史漫步》，中國文史出版社，1991 年版，第 1 頁。

的好地方。登上城牆放眼望去幾座城門像是被蒼茫的白楊和洋槐的街道一點一點向內編織出來似的。在處處合歡開放著的花也是好的，特別是看到例如在城外廣野上奔走的駱駝的樣子等時，會從內心湧出一股難以名狀的感覺。〔註 97〕

另一作家鶴見祐輔在《北京的魅力》中說：「我一面陶醉在支那生活的空氣中，一面深想著對於外人有著『魅力』的這東西。元人也曾征服支那，而被征服於漢人種的生活美了；滿人也曾征服支那，而被征服於漢人種的生活美了。現在西洋人也一樣，嘴裏雖然說著 Democracy 呀，什麼什麼呀，而卻被魅於支那人費了六千年建築起來的生活的美。一經住過北京，忘不掉那生活的味道。大風時候的萬丈的沙塵，每三月一回的督軍們的開戰遊戲，都不能抹去支那生活的魅力。」〔註 98〕

自然，由於日本在明治維新「進入近代」之後普遍的對中國的輕視，這些日本作家筆下對於北京的描述帶著明顯的殖民者眼光。這一點，連芥川龍之介也不能免。內藤湖南就常常使用廁所來轉喻北京。他說：「大街與胡同之角落，胡同屏側，到處可為糞便堆撒之處。故行於北京街頭，空中隱約飄過糞便臭氣，覺整個北京城乃一大溷圊。然明時都城建築舊規，有壯大下水設備，比之文明國都府毫不遜色，清朝文明如何，則由此可以推想矣。」〔註 99〕對北京歷史懷念中的烏托邦想像，與對北京現實關照中的「日本已經進入近代」的意識形態維護，始終是日本人的中國觀。其對北京的記述，也不脫離這一點。

〔註 97〕載天津《日華公論》1921 年 8 月，第 87～88 頁。

〔註 98〕鶴見祐輔（1885～1972）日本評論家。魯迅曾選譯過他的隨筆集《思想・山水・人物》（《北京的魅力》被選入該書），人民文學出版社，2007 年版，第 201 頁。

〔註 99〕內藤湖南、青木正兒：《兩個日本漢學家的整個行記》，光明日報出版社，2002 年版，第 83 頁。

附錄：古代文學中的開封城市敘述

筆者一直有一個看法，即文學中的城市，不僅僅是作家是經驗中的，相當程度上，是被某種想像意義所賦予的。那麼，一座城市爲什麼被賦予意義，被賦予什麼樣的意義，又是怎樣被賦予意義的呢？通常，這種意義，與人們對這座城市的集體性認知，甚至是集體性的想像性認知有關。前者表現爲一種共同的城市知識，而後者，則可能是一種對現實中並不存在的事物的訴求。不同的意義，通過對於城市的不同敘述表現出來。文學中的開封，肯定並不完全來自於經驗敘述。因爲，自宋以後，一直到明清，開封作爲帝都的故事一直在話本、戲劇和明清小說中出現。在很大程度上，宋以後文學故事中的開封，一直是一個被賦予意義的城市。即使是趙宋時期文學對於開封的記述，許多也都帶有追憶帝都的性質。事實上，自宋以後的文學出現開封故事之後，就表現爲兩個傳統：一者是經驗性的，多以地方性風俗講述爲主；一者爲帝都的追念，甚至是想像爲主，表達對於帝都的集體性城市想像。對於後者來說，越到後來，越是呈現出理念性的訴求。

一

我們對於開封的城市知識，比較集中於帝都的概念上。按照史學家的看法，開封的城市史可以追溯到夏朝。據《古本竹書紀年輯證記載》：「帝寧（杼）居原，自原遷於老丘」。《春秋地名考》中說：「老丘，古地名，在今河南陳留城北」，也就是說，「老丘」已經是國都了，在今河南開封城市東邊不遠的近郊範圍內。開封原來稱爲「啓封」，公元前 156 年，漢景帝劉啓繼位，爲避諱「啓」字，更名爲「開封」。從公元前 364 年到公元 1233 年，開封曾經先後作爲七個封建王朝的都城。隋時煬帝修築汴河，開封得水利之利。唐玄宗時，李白、杜甫和高適在開封結伴遊吹臺，留下《梁園吟》、《古大梁行》等名篇。杜甫有詩《遣懷》:「昔我遊宋中，惟梁孝王都……憶與高李輩，論交入酒壚。兩公壯藻思，得我色敷腴。氣酣登吹臺，懷古視平蕪」，記述的就是三人等吹臺的情景。韓愈也寫過不少關於開封的散文，如《汴州東西水門記》、《汴州嘉禾嘉瓜疏》等。前者記述了當時建築汴州水門的故事，後者描述的是汴州周圍的農業等。唐朝滅亡以後，後梁、後唐、後晉、後漢、後周等五個朝代中有四個曾經在開封建都，開封的政治、經濟、文化開始興盛，自宋達到頂峰。但作爲七朝古都，其實開封自北宋以後就趨於沒落，而且基本上沒有復興。

文學中的開封城市形象始於宋朝。王國維在論述金院本時指出:「開封是宋之東都……故多演宋汴京故事」，〔註 1〕他認爲，院本中的人名、地名如「鄆王、蔡奴，汴京之人也，金明池、陳橋，汴京之地也」。自宋以後的戲劇、小說等對開封的描寫，也成爲了一個持久不斷的傳統，形成了關於開封城市敘述的一個譜系，學者孫遜等人稱之爲「東京故事」。〔註 2〕他認爲，「東京故事」在各個歷史時期主題是不一樣的。開封從都城轉變爲一般性的城市，創作主題主要是以傷逝和懷舊爲故事主題，這一類創作主要體現在宋元話本裏面。從明清時候起，關於開封的城市敘述出現了對東京的「虛化」描寫。其實還有一類，就是具有較大影響的世情風俗的寫實性作品，一直或明或暗地存在。對於開封城市不同的敘述方式，呈現出帝都敘述的國家文本和市井描寫的地方性文本的區別。

首先，是宋元話本中對於開封的地方性風俗敘述。宋朝東京，無疑是開封城市歷史上最繁華的時期。東京成爲北宋的都城時人口在百萬左右，到「北宋後期，東京城市的人口約有 150 萬左右」，〔註 3〕並且是重要的水陸交通要津，「汴梁，扼吳楚之津梁，據咽喉之要地」，〔註 4〕是全國的政治、經濟、文化中心。由於城市地位的發展，開封城裏大小店鋪星羅棋佈。公

〔註 1〕王國維:《王國維文學論著三種》，商務印書館，2001 年版，第 121 頁。

〔註 2〕參見孫蓀，葛永海:《中國古代小說中的「東京故事」》，載《文學評論》2004 年第 4 期。

〔註 3〕程子良，李清銀:《開封城市史》，社會科學文獻出版社，1993 年版，第 89 頁。

〔註 4〕《文苑英華》卷 568。

元 980 年，東京重要的街道景陽門大街出現了侵街現象。逐漸地，御街兩邊的御廊也允許「世人買賣於其間」。還有以「勾欄」為中心的「瓦子」，更是活脫脫的市井形態。話本開始大量生產就是在這一個時期。一般來說，說書人說話的底本叫話本，宋代話本的基礎是口頭文學，而流傳下來的多是在南宋時期產生的說話底本，加上元代少數話本。現存的宋元話本大多數編印於明代，或多或少經過了明代人的修訂。根據程毅中、胡士瑩、譚正璧等諸先生的考訂，綜合來說，現存的宋元話本大約有五十篇左右。話本的出現是白話文學第一次躋身文壇，開創了元明清三代的戲劇、小說創作繁榮的先河。所以，魯迅先生就認為宋元話本的出現「實在是小說史上的一大變遷」。〔註 5〕

宋元話本多以城市市井生活作為故事的內容或背景。因其服務於市民階層，為了迎合市場的需求，小說家多將虛構的故事置於真實的城市背景中。宋元話本有十六篇涉及東京，即：《紅白蜘蛛》、《楊溫攔路虎傳》、《宋四公大鬧禁魂張》、《簡帖和尚》、《合同文字記》、《快嘴李翠蓮記》、《陳巡檢梅嶺失妻記》、《趙旭遇仁宗傳》、《史弘肇龍虎君臣會》、《燕山逢故人鄭意娘傳》、《勘靴兒》、《至誠張主管》、《皂角林大王假形》、《鬧樊樓多情周勝仙》、《金明池吳清逢愛愛》、《三現身》；有五篇話本同時涉及東京和臨安故事，分別是《張生彩鸞燈傳》、《錯認屍》、《五戒禪師私紅蓮記》、《金鰻記》、《沈小官一鳥害七命》。

宋元話本對於開封地域性的描述主要表現在人物、事件和空間等幾個方面。有意思的是，人物與事件多發生於城市世俗性的市井，而非宮室或貴冑禁地。《簡帖和尚》描寫了皇甫殿直與妻子分離又和好的故事。由於受到姦人的矇騙，皇甫殿直認為妻子有外遇，將妻子拋棄，可是不久之後開始懷念妻子。「當年是正月初一日。皇甫殿直自從休了渾家，在家中無好況。……自思量道：『每年正月初一日，夫妻兩人雙雙地上本州島大相國寺裏燒香。我今年卻獨自一個，不知我渾家那裡去？』簌地兩行淚下，悶悶不已。」及至出去燒香，見了已經別嫁的舊日妻子，「兩個四目相視，只是不敢言語」。〔註 6〕等到發現姦人的詭計之後，二者又破鏡重圓。《宋四公大鬧禁魂張》開頭描

〔註 5〕魯迅：《中國小說的歷史的變遷》，《魯迅全集》第 9 卷，人民文學出版社，2005 年版，第 329 頁。

〔註 6〕引自程毅中：《宋元小說家話本集》，齊魯書社，2000 年版，第 313～335 頁。

寫宋四公爲打抱不平，盜去開封商人張富的財物，然後自己和兩個徒弟之間產生衝突和矛盾。最後小說以宋四公運用計策，把商人張富和負責捕盜的官員送進監獄作爲結尾。文本開頭和結尾雖然告誡人們不要貪財和吝嗇，而話本中間卻一再炫耀盜人技藝的高超。勸誡式的主題與話本故事情節敘述形成扭結，造成了複雜的文本思想內容。《張生彩鸞燈傳》講述的故事前半部分發生在北宋的汴京，後半部分則是發生於南宋臨安。前半部分主要講述宋徽宗年間，貴官公子張生「因元宵到乾明寺著燈，忽於殿上拾得一紅綃帕子」，進而引發一段姻緣。宋元話本中還有一類，是國都遷往臨安以後，表現亡國之痛、思念古都的作品。如《金鰻記》，話本以宋徽宗年間計姓婦人由於誤食作爲「金明池掌」的金鰻而產下女兒慶奴開始，講述了這一家人在靖康之變後流離杭州，最終家破人亡的情景；《燕山逢故人鄭意娘傳》更是直接描寫靖康之變後，東京人四散流落，一個名位楊思溫的流落到燕山。在作者的筆下、楊思溫的眼中，一切的人和事都帶上了故都東京的色彩。其中話本對於元宵節這樣描寫：「今日說一個官人，從來只在東京看元宵，誰知時移事變，流寓在燕山看元宵……每年燕山市井，如東京製造，到己酉歲方成次第。」〔註 7〕

宋元話本中的開封敘述具有明顯的地域性，特別是作爲都城特定的開封城市空間。由於宋元話本現存版本大多在南宋時加工而成，帶有北宋移民對東京汴梁繁華追憶的性質，其記述中多出現的開封標誌性的建築，包括金明池、樊樓和相國寺等，都相當詳盡。雖然宋元話本也出現了皇家建築，但卻也具有了一種世俗化的色彩，發生的也往往是市井故事。比如，以金明池爲發生場所的《金明池吳清逢愛愛》、《至誠張主管》、《鬧樊樓多情周勝仙》等，記述的就是市井的愛情故事。《鬧樊樓多情周勝仙》中的空間設置主要發在樊樓和金明池。文中說「如今且說那大宋徽宗朝年東京金明池邊，有座酒樓，喚作樊樓」，但講述的則與皇家無關，而是樊樓老闆范大郎的兄弟范二郎，在金明池邊邂逅一位美女後發生的一系列故事。《至誠張主管》故事發生的地點主要是界身子裏、端門、金明池、萬勝門、天慶觀。《金鰻記》故事也發生在金明池。此外，最主要的城市空間是大相國寺。《張生彩鸞燈傳》故事發生的地點是乾明寺和大相國寺。文中開篇第一段描述張生「因元宵到乾明寺著燈，忽於殿上拾得一紅綃帕子」，然後手持拾到的「紅綃帕子」到相籃後

〔註 7〕引自程毅中：《宋元小說家話本集》，齊魯書社，2000 年版，第 638 頁。

門去約會，坐上車子直接到了乾明寺。《宋四公大鬧禁魂張》故事發生在汴河岸、金梁橋、大相國寺、順天新鄭門、白虎橋、宣德門；《燕山逢故人鄭意娘傳》故事發生的地方包括了五嶽觀、凝祥池、宣德樓、上清宮、大相國寺、白樊樓、遇仙樓，等等。雖然相國寺是皇家寺廟，但在宋元話本中，相國寺主要是遊人觀瞻、燒香禮佛的去所，還有生意人穿梭其中，講述的也主要是商人的故事。如《宋四公大鬧禁魂張》中的趙正、王秀等閒漢和生意人就於此出入。可以看出，宋元話本裏的空間敘述多來自寫作者的經驗，與汴梁的社會形態相關，具有相當的寫實性。比如，對于相國寺與商業活動與商人的描寫，都明顯具有城市的實際形態基礎。

爲了強調所述故事的眞實性，宋元話本市井世俗性的另一種表現方式，是常常將所講述的故事設置在特定的時間。也由於特定時段大多爲節令時日，如元宵節、端陽節、清明節等，因此常常伴隨著對於城市市井的風俗習尙描寫。比如元宵節。孟元老《東京夢華錄》中卷六有《元宵》一節，說「歌舞百戲・鱗鱗相切・樂聲嘈雜十餘里」。而宋人吳自牧的《夢粱錄》開卷第一篇就是《元宵》。秦觀的《念奴嬌》寫道：「花燈家家羅列，來往綺羅，喧閒簫鼓，達旦何曾歇」，實是一種傾城出遊的城市狂歡。辛棄疾的《青玉案・元夕》也有對汴京元宵節的描述。話本中出現的元宵節，其敘述功能在於爲男女人物遇合故事的發生提供契機。《志誠張主管》中張勝與小夫人鬼魂的遇合就發生在元宵燈節。《張生彩鸞燈傳》開篇題云：「五夜華燈應自好。綺羅叢裏競懷春」。懷春的劉素香出門賞燈時已經將情詩藏在了同心方勝裏，遇到如意的郎君張舜美就急忙丟給他，然後發生了一段生離死別的愛情故事。

二

作爲帝都，文學的表現不可能不與之相關。其實，對於開封帝都的敘述傳統在宋元雜劇中已經出現。其劇目主要是對於北宋皇帝及勳舊、包公、水滸、楊家將等的描述。現存北雜劇劇本有一百六十多個，其中七十九種故事發生地涉及河南，而與開封（汴梁、東京、南京）相關的有四十一種之多，占全部現存雜劇的 42%。《宋太祖龍虎風雲會》《包龍圖智賺合同文書》、《十探子大鬧延安府》、《趙匡義智娶符金錠》《宋上皇御斷金鳳釵》等多部劇本都與皇家、官府等帝都形象相關。〔註 8〕這個傳統也被明清文學，特別是小說

〔註 8〕參見任瑩：《金元雜劇之河南現象研究》，學位論文，河南大學，2010 年 5 月。

創作所繼承。不過，明清小說多數所講述的並非是當時的開封故事，而是仍然習慣講述北宋時期的都城開封。由於時代久遠，此中情形當然已經不屬於經驗性敘述，因此對於開封的講述往往呈現出一種想像性。學者孫遜將這種敘述方式成為「虛化」。所謂「虛化」，即一方面正面描寫開封城市景觀，但是不能做到眞實和詳盡，只是延續已有傳統敘述方式而已。另一方面，是對於宋都開封並不進行正面描寫，城市往往作爲一種背景隱入小說的背後。應當說，城市的皇朝政治中心意義是作爲一種象徵被凸顯出來的，而實際的城市形態反而不重要了。事實上，這兩種敘述方式都表現出了一種帝都敘述的傳統。敘述的過程當然無從寫實，只能「虛化」。更有意思的是，帝都敘述，在宋元時期並不明顯，而在遠離宋都的明清時期，反而成爲小說寫作的主流。

明清小說將開封作爲一般性都城的背景，具有想像性敘述的特點，而且顯得非常的程序化。羅貫中根據民間傳說整理的《三遂平妖傳》開篇第一回對於開封這樣的鋪排：「話說大宋仁宗皇帝朝間，東京開封府汴州花錦也似城池，城中有三十六里御街，二十八座城門；有三十六花柳巷，七十二座管絃樓，若還有答閒田地，不是栽花蹴氣球」。相對於宋元話本中對於開封描寫的經驗性，這種概括性描寫，特別是描述汴京繁華景象，顯然是一種套路，帶有中國小說的修辭性習慣，或者說加入了後人對於一般帝都的想像因素。具有代表性的還有開封府尹包公判案的一系列故事。明代的《包孝肅公百家演義》是一部彙集了包公斷案種種傳聞的短篇小說總集，故事多發生在開封府所轄的地區裏。包公由於身爲開封府尹，所以，一系列小說故事展開的背景當然要設置在開封。另一方面，由於包公故事多有採集前代說唱本、雜劇的內容，包括《包孝肅公百家演義》，一直到《龍圖公案》、《龍圖耳錄》、《三俠五義》等等。但是，一系列的「包公故事」，側重表現的是「公案」，而不是市井形態。即使是對於東京世俗人情偶有涉及，也無意詳細展開。同時，我們還需要看到，小說的核心價值系統與宋元話本不同，在於包公斷案背後的皇權力量與國家制度。比如包公所持皇家授予的三個鍘刀，類似的皇權象徵物還有「楊家將故事系列」中佘太君的龍頭拐杖等等。確切地說，「包公故事」和「楊家將故事」一類小說，並非本地性的「開封故事」，其實是一種國家性的政治敘事。

對此，我們可以通過具有關聯性的三部小說進行討論，即《大宋宣和遺事》、《水滸傳》、《金瓶梅詞話》。三部小說的成書年代具有先後的延續性，其內容也有先後繼承的關係。《宣和遺事》爲宋代無名氏所作，元代或有增益；《水滸傳》成書於元末明初，《金瓶梅》成書於明代隆慶至萬曆年間。「宣和」是宋徽宗的最後一個年號。《大宋宣和遺事》從講述歷代昏君的荒淫、誤國開始，一直寫到宋高宗定都臨安爲止。在講述歷代昏君的過程中，又穿插了宋代姦臣以及宋江等人起義的事情，所以《大宋宣和遺事》也成爲後世《水滸傳》的藍本。文本中有較多對於當時開封景象的細緻描寫。《大宋宣和遺事》包括《元集》、《亨集》、《利集》和《貞集》四個部分，在《元集》中介紹了對於蔡京的啓用，其中有這樣的描寫：

> 上曰：「此跬步至宣和。」令子攸掖入觀焉。東入小花逕，南度碧蘆叢，又東入便門，至宣和殿，只三楹：左右掖亦三楹：中置圖書筆硯古鼎彝罍洗，陳兒案臺榻。東西廡側各有殿，亦三楹。東曰「瓊蘭「，積石爲山，峰巒間出，有泉出石竇，注於沼。北有御劄「靜」字，榜梁間以洗心滌慮。西曰「凝芳」，後曰「積翠」，南曰「瓊林」。北有洞曰「玉宇」，石自壁隱出，嶄岩峻立，奇花異木，扶疏茂密。後有沼曰「環碧」，兩傍有亭曰「臨漪」、「華渚」；沼次有山殿，曰「雲華閣」，曰「太寧」；左右躡以登。中道有亭曰「琳霄」、「垂雲」、「騰鳳」，層巒百尺高峻，俯視峭壁攢峰，如深山大壑。次曰「會春閣」，下有殿曰「玉華」。前殿之側，有御筆傍曰：「三洞瓊文之殿」，以奉高眞；有「種玉綠玉軒」相峙。

記述之詳盡可見一斑，更不用說文中對於宋徽宗與李師師相會以及開封元宵節的描述了。在《大宋宣和遺事》中，儘管作者主要是描述皇家的生活，但是文本更多地具有一種寫實化的傾向，很大程度上還是一種經驗性寫作。

以《大宋宣和遺事》爲藍本的《水滸傳》在前者的基礎上發生了變化。《水滸傳》起於開封，最後又止於開封。小說開篇敘述了宋朝在開封的建國史，說趙匡胤「……掃清寰宇，蕩靜中原，國號大宋，建都汴梁」。《水滸傳》的許多故事當然都與開封相關，比如魯智深倒拔垂楊柳，林沖誤入白虎節堂，楊志州橋賣刀，宋江樊樓與李師師相會，柴進簪花入禁苑等。但是，整體上說，東京的背景卻較爲模糊。小說中有兩段詩詞對開封進行讚頌。其中有這樣的句子：「一自梁王，初分晉地，雙魚正照夷門。臥牛城闊，相接四邊村。

多少金明陳跡，上林苑華髮三春。綠楊外溶溶汴水，千里接龍津。潘樊樓上酒，九重宮殿，鳳闕天閽。東風外，竹歌嘹亮堪聞。御路上公卿宰相，天街畔帝子王孫，堪圖畫，山河社稷，千古帝王尊」。同樣，小說第七十二回在另一首詞中開篇也說道：「州名汴水，府號開封」，然後從「周公建國，畢公皋改作京師」開始細述開封的歷史，一直描寫到開封府的紫閣樓臺，在「靄靄祥雲、融融瑞氣」等句中結束。程序化的描寫，表明了作者的開封帝都形象的一種想像性敘述。

脫胎於《水滸傳》故事情節的《金瓶梅詞話》中也多次提到開封。據學者考證，在全書一百回的篇目中，提到開封的有五十八回，占半數還多，〔註 9〕但眞正對開封進行描寫的只有三回。第十八回寫「來保上東京幹事」，第三十回寫西門慶派人向太師蔡京進獻生辰擔，第五十五回描寫西門慶親往開封爲蔡京慶祝壽誕。其中，第十八回描寫的是來保、來旺去開封府打點門路，開脫西門慶的罪行。小說寫來保二人「朝登紫陌，暮踐紅塵，一日到東京，進了萬壽門，投旅店安歇」，然後從蔡京府到李邦彥府。最後，李邦彥將西門慶的名字改成了賈慶，西門慶躲過一劫。在這一回目中，並沒有對於開封城市生活形態的描寫，僅僅有蔡京府上「坐北朝南三間敞廳，綠油欄杆，朱紅牌額，石青鎮地，金字大書天子御筆欽賜『學士琴堂』四字」等句。在這裡，開封作爲實際形態的城市也沒有直接出現，其本身只是一個權力中樞的背景，蔡京、李邦彥背後就是天子的存在。小說第三十回來保和吳主管護送生辰擔進獻蔡京。同十八回一樣，兩人還是經萬壽門進城，然後到蔡京府上。在這一回目中，西門慶獲得了一個上好的前程，而且護送生辰擔的來保和吳管家也都獲得了一官半職。第五十五回寫西門慶親自去開封爲太師蔡京祝壽，對於開封依然沒有做詳細的敘述。同來保以前來開封府時差不多，西門慶也是經萬壽門進入開封。不過，在本回目中出現了對蔡京府的描繪，其中寫到：「堂開綠野，閣起淩煙。門前寬綽堪旋馬，閥閱嵬峨好豎旗。錦繡叢中，風送到畫眉聲巧；金銀堆裏，日映出琪樹花香。左右活屏風，一個個夷光紅拂；滿堂死寶玩，一件件周鼎商彝。室掛明珠十二，黑夜裏何用燈油；門迎珠履三千，白日間盡皆名士。九州四海，大小官員，都來慶賀；六部尙書，三邊總督，無不低頭。正是：除卻萬年天子貴，只有當朝宰相尊」。文中

〔註 9〕王基：《金瓶梅與開封府——〈金瓶梅〉社會價值初探》，載《開封大學學報》2005 年第 3 期。

所寫，特別是「白日間盡皆名士」、「都來慶賀」、「無不低頭」等句，顯然不是人物所見。加之騈文式的鋪排，更加表現出程序化的一面，無非來源於人們對於都城相府的常識性想像而已。不過，需要注意的是，《金瓶梅詞話》寫人物三次去開封的過程稍有不同。第十八回人物去開封用了一天的時間，第三十回用了兩天，而第五十五回西門慶則是一路遊山玩水費時多日，暗示出西門慶逐漸顯貴的身份變化。雖然這對於塑造西門慶等人物形象來說是有益的，但對於城市的描寫卻無不同。在以後的回目中，作爲皇權象徵的開封府再也沒有出現。應當說，小說《金瓶梅詞話》中出現的開封也是一種概念性的帝都形象。

明清時期，開封再也沒有恢復北宋時期的繁華。儘管朱元璋曾經在 1368 年下令「應天爲南京，開封爲北京」，〔註 10〕開封的陪都地位也延續到 1378 年才被廢掉，但對於整個明王朝意義不大。此後，開封也僅僅是周王的藩鎮，且由於水患而衰敗不堪。明清時期的文學對於開封的描寫相對比較少，部分涉及開封的描寫更呈現出虛化特徵，停留在一般帝都皇權的想像層面。小說方面，有金木散人的《鼓掌絕塵》（「風」、「花」、「雪」、「夜」四集）與五色石主人的《快士傳》。後者延續了宋元話本對於世俗人情描寫的傳統，但其描寫大多具有想像性的特徵。《鼓掌絕塵》「花」集中有十回講述關於開封的故事，其中涉及風波湖、杏花廳、楊公廟等地名，不僅極爲簡略，而且大多爲虛構。在第十五回「鳳坡湖龍舟鬥會，杏花亭狐怪迷人」中，對於風波湖的介紹只有一句：「說那汴京城外，有一座鳳坡湖，開闊三十餘里，四圍俱是鄉宦人家建造的莊所」。這基本上是在歷代小說話本中風景描繪的常見模式，幾乎不具有任何寫實意義。

對於開封市井形態描寫較爲豐富的是河南人李綠園的《歧路燈》。這是一部教化小說，作者的初衷是寫一部理學色彩的教化作品，對當下以及後人進行勸誡。從小說題目「歧路燈」就可以看的出來，其意在於爲世間誤入歧途者亮起一盞勸誡的紅燈，期望青年人去惡向善，因而理學色彩貫穿全篇。比如，作者在自序中說：「藉科渾排場間，寫出生存節烈，而善者自卓千古，醜者難保一身，使人讀之爲軒然笑，爲潸然淚，即樵夫牧子廚婦爨婢，皆感動於不容已。」〔註 11〕小說開篇第一回「念先澤千里伸孝思，慮後裔一掌寓慈

〔註 10〕程子良，李清銀：《開封城市史》，社會科學文獻出版社，1993 年版，第 166 頁。
〔註 11〕轉引自欒星：《歧路燈研究資料》，中州書畫社，1982 年版。

情」，以拜祖突出倫理中的「孝」字。而書中主要人物的命名也頗具意味。主人公的父親譚孝移，名忠弼，暗含「移孝作忠，依輔弼王室」的意思。此外，文中不時出現的「我中州乃理學明區」的句子等，也無不表現著作者創作本意中強烈的教化色彩。學界對《歧路燈》這部小說的認識存在著巨大爭議。以藍翎等人爲代表的學者認爲《歧路燈》將《金瓶梅》等小說中的說教色彩發揮到了極致，使人情小說的發展走向了歧路，是中國小說的大倒退。但同時，小說也受到一些學者的極大推崇。張國光的長篇論文《我國古代的〈教育詩〉與社會風俗畫》就稱讚「《歧路燈》是我國古代社會的一幅風俗畫」。〔註 12〕其實，兩種情形都是小說文本所具有的。只不過，明確的寫作動機與實際的寫作、閱讀效果發生了悖離，而這可能正是小說的複雜之處。對於後者來說，小說對於開封城市的人文地理、風土人情、市井人物進行了細緻的描寫。比如小說中對於賭和戲的描寫，集中表現了浪子、債主、戲子、賭徒、嫖客、妓女等人聲色犬馬的生活情形。在對戲劇演出描寫的過程中，涉及了戲班的組建、經營，演出的種類、劇目、程序、道具、服裝等各個方面。其實，戲場之興盛、歡場之繁榮，都是清代開封的市井現象。特別是，小說中譚紹聞以書香子弟，先入讀書正途，後在浮浪子弟盛希僑、夏鼎等的引誘之下墮落。雖經多次勸阻，卻反覆多次重入賭局和妓院。因此，小說中的戲場、賭場與歡場也反覆出現，使得城市蠅營狗苟、藏污納垢之處窮形盡相，成爲主要描寫的部分。同時，小說對開封地方方言的運用也增加了小說本身的市井特性。董作賓甚至在《李綠園傳略》中稱：「李綠園爲吾豫惟一之方言文學家」。小說第五十四回，王氏對王中說道：「王中，你各人走了就罷，一朝天子一朝臣，還說那前話做什麼。俗話說：『兒大不由爺』。何況你大爺已死。你遭遭說話，都帶刺兒，你叫大相公如何容你？」其中的「遭遭」、「帶刺兒」等語，都屬於開封附近的地域方言。小說還有對於開封地方建築、街市、道路等的描寫。對此，已有不少研究者撰文細考開封地名的古今之變，如小說主人公譚紹聞所住爲「開封府祥符縣蕭牆街」。再如朱仙鎮水陸碼頭、大相國寺的廟會和香火、鐵塔、魚市口等等。可以說，《歧路燈》起於理學動機，但沒有止於「理學之城」的一般性描述，而主要是關於清朝開封的地方性風俗文本。

〔註 12〕《歧路燈論叢（一）》，中州古籍出版社，1982 年版。

附記：現在的開封是一個小城市。但在明清之前，其重要性應該位列中國城市的前兩三位。在明清之際乃至民國，也應位列中國城市的前十名。本書作者生於開封舊城，當然無時不在關注它。在民國時期，還有一些著名的現代作家、學者生活於此。即使在我小的時候，因為居住相鄰，還經常見到萬曼、華鍾彥、孫作雲、于安瀾、李白鳳、李嘉言等先生。在我少年時期，開封有著與老北京相似的街道、胡同、字號、書畫、娛樂、飲食與建築，以及與北京話感覺相似的市井語言，滑動、誇張，而且油膩。當然，還有著具有明顯古都氣質的人民。這些東西現在已經不復存在了，讓人深深惋惜！雖然中國古代文學中的開封敘述不屬於民國文學範圍，但本文所使用的學理與方法，與我對中國近現代城市文學的分析有著關聯。所以，將本文附後，也作為我對中國城市看法的一個部分。

代後記：《先飛與執著——我的城市文學研究之路》

（原載《中國社會科學報》2010 年 12 月 7 日）

我生長於開封的河南大學校園。這裡原是河南貢院，1912 年成了留美預科學校。馮玉祥主持豫政時將其改爲中州大學、河南大學。到現在，校園裏還滿布著民初歐式和民族復興樣式的建築。雖然正立面多是折衷主義的歐洲古典形制，還有希臘式的愛奧尼亞、科林斯立柱，但頂層卻是中國古典的歇山、硬山式大屋頂。30 年代，這裡聚集了范文瀾、馮友蘭、姜亮夫、羅章龍、董作賓、姚從吾、高亨、郭紹虞等一批名人。一些作家也在這裡，如饒孟侃、于賡虞，現代派詩人李白鳳，連詩人朱湘想在這裡謀個教職都沒有弄成。我小的時候，萬曼（據說是曹禺的弟弟）、孫作雲等先生都還在。至於任訪秋等先生，則恨不得一天見三回。也許，小時候的見聞使我開始了對學術的興趣。

大約 90 年代初，我開始以城市文學爲主要研究領域。1997 年，《都市文化與中國現代都市小說》出版，2009 年又出了再版本。要說這本書「早」，倒是眞的。因爲寫作的時候，城市文學研究似乎還沒有熱起來。到了新世紀初，我對這本書就不滿意了。此後，我又寫了《中國新文學的文化精神》等書，基本上是說了一些第一本書未講到的零碎，就更不滿意了。這兩本書在內容和方法上都有那個時代學術的烙印。最顯而易見的問題，一是屬於典型的「反映論」式的研究，大致以文學來印證當時的城市社會和城市文化；二是過於將城市文學看成是獨立的文學形態。其實，這也可能代表了當時傳統的城市文學研究的問題：第一，在研究對象上，多數研究將城市文學看作獨立的文學形態。這使某些雖然表述城市但又不是典型的城市題材的文學被排除其外，大量文本長期處於研究的空缺位置。第二，在方法上，傳統的城市文學研究採用「反映論」模式，大都以題材爲限定，並以堅定的社會學、歷史學理論爲基礎，忽略了對城市的敘述城市往往並不等於城市的客觀經驗。

近幾年，現代文學史敘述的闡述格局有了很大的變化，城市文學研究也大致經歷了作家作品論、流派論、形態論、文學史論、現代中國史觀等階段，有日漸超出傳統城市文學題材、流派、形態研究範圍的跡象。美國的拉罕（1998 年）、張英進（1999 年）、國內的陳平原（2005 年）都分別提出「文學中的城市」概念。人們的關注點，也從「文學表現城市形態」開始轉移至「文學對城市性的表達」。基於上述情況，我認爲，傳統的城市文學研究，太強調城市之於作家的經驗性，而忽視了文學應有的「文本性」。城市文學之於城市，絕非只有「反映」、「再現」一種單純的關係，而可能是一種超出經驗與「寫實」的雙向互動。因此，城市的歷史、形態和文學文本之間構成了極其複雜的非對應關係，這一切，可能會以對城市不同的表述體現出來。何況，即使有著相同的城市經驗，表述也是千差萬別的。而城市敘述也絕不以城市題材爲限，它可以存在於各種題材甚至於鄉土題材之中。所以，鑒於城市文學研究自身逐漸以「表述」涵蓋了「再現」，從概念上來說，「文學中的城市」要比「城市文學」能夠揭示更多城市對文學的作用與兩者的複雜關係。後者立足於城市題材與形態，揭示城市文學的發生、發展、流變過程以及其文學形態，基本上屬於傳統的文學或文學史研究；而前者並不局限於城市題材與文學形態，它更關心人們的城市知識所帶來的對城市的不同表述，以印證某一階段的城市意識。從方法論上來說，它接近文化研究。

在具體的研究中，我講了一個說法：在文本中，經驗與想像兩者共存，那麼，文學中的城市（如上海、北京）究竟是經驗中的，還是被想像意義所賦予的？如果我們假定也有後者，那麼，它爲什麼被賦予意義，被賦予什麼樣的意義，又是怎樣被賦予意義的？其實，文學中的上海，並不完全來自於經驗敘述。在很大程度上，它也是一個被賦予意義的符號，也即「文本上海」。我在《文學評論》的另一篇文章中說了一個看法，在 20 世紀，「上海」也是一個概念，表現爲一種現代性意義的堆砌甚至是修辭策略，並主要被表達爲國家解放與工業化意義，以此構成了「文學中的上海」強大的，也是被誇大了的現代性身份。主要原因在於對國家現代化的強烈訴求。在世界主義背景下，近代中國有一種對「中國現代性與中國現代化」這一民族「想像的共同體」。上海作爲中國的首位城市，也就充當了民族國家建構中有關國家與現代化意義的最大載體。

我的其他論文也可視爲這種方法的具體實踐。由於學界對於民初和海派的文學研究已經較爲擁擠，我產生了對於「十七年」、「文革」城市文學的研究興趣。1949 年後，對上海的理解有「血統論」與「斷裂論」兩種因素，上海被作爲社會主義的公共性意義表述，而各種與國家生活無關的城市形態和特性被排除，城市現代性被高度集中於國家工業化方面。在工業題材中，上海等城市被高度抽象爲公共的工業邏輯，體現了推廣意義上的國家意義。這在學界基本上是較新的看法。對 20 世紀「文學中的城市」的研究，我認爲必須包括晚清和左翼文學，也應包括 50～70 年代的文學。所以，我承擔的一個國家社科基金項目就是「中國當代城市題材文學研究（1976～1949）」，想對這個時段的城市題材作一些研究，希望能對於整體的中國城市文學有一點補充。

在北京居住，我也開始接觸文學對北京的城市敘述，有了幾篇文章。我試圖深入地瞭解老北京，經常帶了女兒逛胡同。女兒曾見過開封的胡同，所以對北京的胡同也毫無興趣，撇嘴說：「有什麼可看的，這不是開封嗎？！」我想想倒也是的。從根本上說，我可能還是在受著出生地給我的精神影響。

附記：

這篇《先飛與執著——我的城市文學研究之路》，原是應中國社會科學院的王兆勝先生之邀撰寫的，主要檢視了我多年來對於近現代城市文學方面研究的心得，也藉此與同行們交流。此文發表於《中國社會科學報》的 2010 年 12 月 7 日，權存於此，作爲本書的代後記。

事實上，本書的內容包括兩部分，一部分早已發表於若干刊物，並在此前的著作中有收錄；另一部分是已經發表但未收錄到著作中的文字。承北京師範大學的李怡教授看重，列入了花木蘭文化出版社的「民國文化與文學研究文叢」。需要說明的是，本書中的《海派文學的法國淵源》一文係與我的碩士生郝瑞芳合作。《古代文學中的開封敘述》一文係與我的博士生吳鵬合作，原題《國家性與地方性：開封城市敘述的兩種文本傳統》，收在本書中有刪節。

李怡教授是我舊友，其學術功力向爲學界雅談。而朋友們對他的學術交遊與學術組織能力的評價，也已經快成了「我的朋友某某某」這樣的句式了。近年，他力倡「民國文學」概念，並推動對此的研究。其理其力，其倡其行，都使人感佩殊深。我與花木蘭文化出版社的杜潔祥總編輯與高小娟社長，曾在西安會議的時候謀面。兩位與我等都是儒林中人，心有契洽，交談亦甚歡。感謝他們爲學術事業做出的新努力，也希望我們共同的學術事業不斷發展。

張鴻聲　於北京朝陽

2014-8-24